高等职业教育"十三五"创新型规划教材

财产保险

主 编 张惠兰 李 未

北京理工大学出版社

BEIJING INSTITUTE OF TECHNOLOGY PRESS

内 容 简 介

本教材主要阐述各财产保险险种的条款、单证以及展业、承保、防灾、理赔四个环节的实务工作重点。学生通过学习本课程，掌握企业财产保险、家庭财产保险、机动车辆保险的条款、单证填写、实务工作重点，了解其条款变迁的趋势；理解货物运输保险条款和实务工作重点，学会填写单证；了解工程保险、责任保证保险的条款以及相关单证和实务工作重点。与此同时，通过保险客户服务相关业务的仿真操作与情景模拟，了解保险公司客户服务部不同岗位应具备的知识与技能，掌握各项服务业务的基本流程，初步具备从事保险客户服务与管理的操作技能，具有善于沟通和合作的品质，为学生发展各专业化方向的职业能力奠定基础。

本教材设有八个项目，这些项目是以财产保险营销员、保险客户服务员和查勘定损员一线财产保险服务岗位的基本素质、基本能力、基本规范、基本业务、基本操作要求来设计的。教材内容突出对学生财产保险职业能力的训练，理论知识的选取以项目任务的完成为度，同时融合了相关职业资格证书对知识、能力和素质的要求。

图书在版编目（CIP）数据

财产保险 / 张惠兰，李未主编 . —北京：北京理工大学出版社，2019.3（2019.4 重印）
ISBN 978 - 7 - 5682 - 6581 - 2

Ⅰ.①财⋯ Ⅱ.①张⋯ ②李⋯ Ⅲ.①财产保险 - 教材 Ⅳ.①F840.65

中国版本图书馆 CIP 数据核字（2019）第 001190 号

出版发行 /	北京理工大学出版社有限责任公司
社　　址 /	北京市海淀区中关村南大街 5 号
邮　　编 /	100081
电　　话 /	（010）68914775（总编室）
	（010）82562903（教材售后服务热线）
	（010）68948351（其他图书服务热线）
网　　址 /	http://www.bitpress.com.cn
经　　销 /	全国各地新华书店
印　　刷 /	山东临沂新华印刷物流集团有限责任公司
开　　本 /	787 毫米 ×1092 毫米　1/16
印　　张 /	15
字　　数 /	350 千字
版　　次 /	2019 年 3 月第 1 版　2019 年 4 月第 2 次印刷
定　　价 /	42.00 元

责任编辑 / 王晓莉
文案编辑 / 郭贵娟
责任校对 / 周瑞红
责任印制 / 李　洋

编委会名单

前　言

在人类社会的发展进程中，由于受到长期自然灾害和意外事故的侵袭，为了减少、降低、分散甚至避免灾害，为了应对突发事件和灾难损失对国家经济建设和人民生活造成的损害，财产保险应运而生。财产保险具有经济补偿、弥补损失、社会救济等功能，在构建和谐社会、健全社会保障制度体系中发挥着越来越重要的作用。

本教材注重与实际工作的一致性，符合"任务驱动、项目导向"等有利于增强学生能力的教学模式的要求，属于按照"工作过程系统化"的课程开发原理重构教学内容的、工学结合的教材。本教材与传统教材相比有以下三个方面的特点：

第一，教材的体例摒弃了适应传统知识体系的章节结构形式，改为适应工作体系的项目模块结构形式。教材中的项目来源于根据岗位工作任务分析确定的工作项目所设计的教学项目，教材中的模块来源于完成工作项目的工作过程。教材充分体现了"以行业岗位工作任务为引领、以工作过程为导向"的设计思想。按照本教材组织教学，即可实现按照工作过程的逻辑来组织教学进程，实现教、学、做一体化。一个教学项目的完成，也就意味着一项工作任务的完成，一般都会得到一个与实际工作相同的标志性成果。

第二，教材的内容不再依据相关学科的理论知识体系，而是来源于相应岗位的工作内容。本教材教学内容的选取依据所完成岗位工作任务对知识和技能的要求，建立在行业专家对相应岗位工作任务分析的结果和专业教师深入行业进行岗位调研的结果的基础上，由编者与河北省理财规划师协会的张建华社长、中国人寿保险股份有限公司的李俊汾经理和中华联合财产保险股份有限公司的魏建东经理联合编写。由于课程定位不同，本教材对于必不可少的应用理论采取了嵌入相关工作过程的方法，实现了理论和实践的一体化。通过将行业岗位涉及的新业务、新方法和新工具及时地纳入教材，贴近了行业发展实际，充分体现了职业教育的职业性、实践性和开放性的要求。

第三，教材不再停留在对课程内容的直接描述，而是十分注重对教学过程的设计，注重学生对教学过程的参与。在教材的各个项目之前，一般都提出了该项目应该完成的工作任务，该任务可能是学习性的工作任务，也可能是真实的工作任务。教材注重根据工作情景设计教学情境，教学活动设计内容具体，较好地模拟了岗位业务活动，具有较强的可操作性。

本教材在编写过程中大量参阅了国内外有关文献，在此对文献的作者表示感谢。与此同时，经济的快速发展和保险产品的不断涌现，推动了财产保险市场日新月异地发展，与其相应的知识也在不断地创新。由于编者水平有限，加上时间仓促，难免存在不足之处，敬请广大读者批评指正。

编　者

目　录

认识财产保险

随着普通民众保险意识的提升，主动了解保险的群体也随之增长，财产保险也随着车险的深入发展而逐渐进入了人们的视野。可以说，人身保险以外的保险业务都可纳入财产保险范围内。本项目的目的是认识财产保险。

（1）通过实施本项目，了解财产保险以及财产保险市场的运行状况，对财产保险的概念、特征、分类以及财产保险的产生与发展形成初步认识；

（2）能根据财产保险合同的基本原则进行案例分析。

任务一 界定财产保险

学习目标

通过讨论和学习本任务，对财产保险的概念、特征、分类以及财产保险的产生与发展形成初步认识，并深刻体会财产保险的意义、作用和职能。

≪≪ 引入

老翁与金子

在一座华丽的宅邸中住着一个大富翁，他吃的是山珍海味，穿的是绫罗绸缎，可是他并不开心，每天晚上总是做噩梦，因为他担心万一他的财产失去了，他就会过穷人的生活。一天早晨起来，他听见土地公公在唱歌，就把他的苦恼告诉了土地公公，土地公公说："你先把你的金子给我一袋，我保证在你生病或遇到其他风险事故时给你五袋金子；在你老了的时候，每月都给你半袋金子。"富翁同意了。从此，他再也不做噩梦了。

财富重要，让财富安宁更重要。

活动一 分组讨论财产保险

（1）请列举个人拥有的财产。

（2）这些财产有哪些风险？

（3）引起这些财产风险的原因有哪些？

（4）你如何处理这些风险？

（5）什么是财产保险？

■ 知识平台

一、财产保险的含义与性质

（一）财产的概念

《中华人民共和国民法通则》（以下简称《民法通则》）对其有明确规定：公民通过劳动或其他合法手段取得的财产包括公民的合法收入、房屋、储蓄、生活用品、文物、图书资料、林木、牲畜和法律允许公民所有的生产资料及其他合法财产。这些财产的所有权归公民个人。法律保护公民的合法个人财产。这些财产可分为有形财产（又称"有体物"），如金钱、物资；无形财产（又称"无体物"），如物权、债权、著作权等。其也可以分为：积极财产，如金钱、物资及各种财产权利；消极财产，如债务。

（二）财产风险

财产风险主要表现为损失风险。损失包括直接损失（如财产本身的损失）和间接损失（如责任损失）。

小思考

你更在意直接损失还是间接损失？试举例说明。

（三）损失的原因

1. 自然原因

自然原因是指由于自然力的作用而造成的灾难，包括人力不可抗拒的、突然的、偶发的和具有破坏力的自然现象，如洪水、地震、泥石流、滑坡、崩塌、地面下沉、火山、风暴、海啸和台风等造成的损失。

2. 意外事故

意外事故是指事先没有预料到的突发事故。这些突发事故通常发生在车间、上下班路上以及和工作有关联的其他环境里，并且导致人员伤亡及时间或财产的损失。任何由此类事件导致的经济损失都可以归为意外事故损失。

3. 人为因素

人为因素是指人的行为或使命对特定系统的正确功能或成功性能的不良影响。人为因素有时又称为人为失误，指人未能发挥自身应有的功能，人为地使系统出现故障或发生机能不良事件的一种错误行为。这些错误行为带来的损失就是人为损失。

4. 经济原因

经济原因是指经济体制、经济发展水平、物价变动等经济因素的变化带来的价值减损所形成的损失。

（四）财产保险的概念

财产保险又称产物保险、损失保险、损害保险，是指以各种财产物资和有关利益为保险标的、以补偿投保人或被保险人的经济损失为基本目的的一种社会化经济补偿制度。财产保险的对象是具体的财产和利益。财产是指可以用货币衡量出价值的客观物质，是具有所有权的有形财产。利益是指财产价值和人类社会行为的变化对当事人的经济生活所产生的实际影响，是具有所有权的无形财产。

财产保险标的是指保险合同中阐明的投保对象，它可以是人的生命、身体、财产、利益和责任。例如，在财产保险中，汽车保险的保险标的为汽车，货物运输保险的保险标的为运送的货物。保险标的还可以是无形的，如责任保险的保险标的为被保险人依法应承担的经济赔偿责任。

注意：财产保险的标的必须是可以用货币衡量或标定价值的财产或利益。而不能用货币衡量或标定价值的财产或利益，不能成为财产保险的标的。

活动二　分组讨论，并填制表格

（1）财产保险和人身保险的区别如表1-1所示。
（2）财产保险业务体系如表1-2所示。

表1-1　财产保险和人身保险的区别

区别点	人身保险	财产保险
保险标的		
风险性质		
保险利益		
保险合同的性质		
保险合同的主体		
保险金额的确定方式		
保险期限		
费率厘定方式		
代位追偿权的适用对象		
索赔时效		

表1-2　财产保险业务体系

第一层次	第二层次	第三层次	第四层次（险种）
财产损失保险			
责任保险			
信用保证保险			
提示：第二层次为险种的大类；第三层次为险种的小类；第四层次为具体的险种			

二、财产保险的分类

财产保险的分类标准及各种险种名称都有一个演变过程。例如，海上保险是按风险发生的区域来命名的；火灾保险是按风险事故来命名的；汽车保险则是按保险标的来命名的。目前，一些国家将财产保险改称非寿险，以示与寿险的区别，其范围更加广泛。在我国，习惯上将财产保险划分为财产损失保险、责任保险、信用（保证）保险三大类。

（一）财产损失保险

财产损失保险包括以下几种：

（1）企业财产保险。保险人承保的、因火灾和其他自然灾害及意外事故而引起的直接经济损失的保险称为企业财产保险。企业财产保险有许多种类，其中企业财产基本险和企业财产综合险两个险种最为普遍，另外还有企业财产一切险等。

（2）家庭财产保险。该险种是适用于我国城乡居民家庭的一种财产保险，它的承保责任范围与企业财产综合险基本相同。目前，我国常见的家庭财产保险险种有普通家庭财产保险、家庭财产两全保险，投资保障型家庭财产保险和个人贷款抵押房屋保险等。

（3）货物运输保险。它是指由保险人承保的、在货物运输过程中因自然灾害和意外事故而引起的财产损失。其险种主要有国内水路货物运输保险、国内陆路货物运输保险、国内航空货物运输保险、进出口（海、陆、空）货物运输保险、邮包保险、各种附加险和特约保险等。

（4）运输工具保险。它是指保险人承保的、运输工具因遭受自然灾害和意外事故而造成运输工具本身的损失和第三者责任。我国常见运输工具保险险种主要有机动车辆保险、船舶保险、飞机保险、其他运输工具保险等。

（5）农业保险。它是指保险人承保的、农业生产者和经营者在从事种植业和养殖业的生产过程中因自然灾害或意外事故而造成经济损失的一种财产保险。农业保险包括种植业保险和养殖业保险两大业务种类。

（6）工程保险：工程保险是承保各类工程项目在建设过程中因自然灾害和意外事故造成的物质损失、费用支出和依法应对第三者人身伤亡或财产损失承担的经济赔偿责任的一种综合性财产保险。常见的工程保险险种有建筑工程保险、安装工程保险和科技工程保险等。

（7）特殊风险保险。它是为特殊行业设计的各种保险，保险标的具有较强的专业性。常见的特殊风险保险险种有海洋石油开发保险、航天保险和核电站保险等。

（二）责任保险

责任保险包括以下几种：

（1）公众责任保险。其又称普通责任保险或综合责任保险，是主要承保被保险人在公共场所进行生产、经营或其他活动时，因发生意外事故而造成社会公众人身伤亡和财产损失，依法应由被保险人承担的经济赔偿责任的保险。

（2）产品责任保险。它是指由于被保险人生产、出售、修理的产品或商品在承保责任范围内发生事故，造成使用、消费或操作该产品或商品的人或其他任何人的人身伤害、疾病、死亡或财产损失，依法应由被保险人负责时，保险公司在约定的赔偿限额内负责经济赔偿的一种保险。

（3）雇主责任保险。它是指被保险人所雇用的员工，在受雇过程中从事保险单所载明的与被保险人的业务有关的工作时，因遭受意外事故而受伤、残疾或因患有与业务有关的职业性疾病所致伤残或死亡，被保险人根据法律或雇佣合同，需负担医药费用及经济赔偿责任，包括应支出的诉讼费用，由保险人在规定的赔偿限额内负责赔偿的一种保险。

（4）职业责任保险。它是指承保各种专业技术人员由于工作上的疏忽或过失所造成合同一方或他人的人身伤害或财产损失的经济赔偿责任的保险。

（三）信用（保证）保险

信用（保证）保险所承保的是一种信用风险，分为信用保险和保证保险。

凡权利人要求担保对方（被保证人）信用的保险均属于信用保险；而以合同、产品等为保证的保险属于保证保险。

活动三　分组讨论财产保险的作用与意义

（1）财产保险存在的基础是什么？

（2）财产保险存在的意义是什么？

（3）财产保险的作用有哪些？请从宏观和微观两个方面进行分析。

知识平台

三、财产保险的作用

（一）财产保险的宏观作用

（1）有利于国民经济持续稳定的发展。由于财产保险具有经济补偿的职能，任何单位只要缴付了保险费，一旦发生保险事故，便可得到经济补偿，从而消除因自然灾害和意外事故造成经济损失而引起的企业生产经营中断的可能，保证国民经济持续稳定的发展。

（2）有助于财政收支计划和信贷收支计划的顺利实现。财政收支计划和信贷收支计划是国民经济宏观调控的两个方面。自然灾害和意外事故的发生都将造成财政收入的减少和银行贷款回流的中断，同时还会增加财政和信贷支出，从而给国家宏观经济调控带来困难。如果单位参加了保险，财产损失得到保险赔偿，恢复生产经营就有了资金保障。生产经营一旦恢复正常，就能保证财政收入的稳定，银行贷款也能得到及时清偿。由此可见，财产保险确实对财政收支平衡和信贷收支平衡发挥着保障作用。

（3）有利于对外贸易和国际交往，促进国际收支平衡。财产保险在对外经济贸易和国际经济交往中是必不可少的环节。按照国际惯例，进出口贸易都必须办理财产保险。在当今国际贸易和经济交往中，有无财产保险直接影响到一个国家的形象和信誉。财产保险不仅可以促进对外经济贸易、增加资本输出或引进外资，使国际经济交往得到保障，而且可以带来巨额、无形的贸易净收入，成为国家积累外汇资金的重要来源，对于增强国家的国际支付能力起着积极的作用。

（4）有利于科学技术的推广应用。当代的商品竞争越来越趋向于高新技术的竞争，但是，对于熟悉了原有技术工艺的经济活动主体来说，新技术的采用就意味着新的风险。而损失一旦发生，远非发明者所能承受。财产保险为科学技术在推广应用过程中遭受的风险事故提供了经济保证，加快了新技术的开发利用。例如，现代卫星技术的应用，如果没有卫星保险，卫星制造商和发射商都将受到很大的限制。

（二）财产保险的微观作用

（1）财产保险有助于企业及时恢复经营、稳定收入。财产保险作为分散风险的中介，每个经济单位可通过向保险人交付保险费的方式转嫁风险，一旦其遭受保险责任范围内的损失时，便可及时得到保险人相应的经济补偿，及时购买受损的生产资料，保证企业经营连续不断地进行，同时也减少了利润损失等间接损失。

（2）财产保险有利于企业加强经济核算。通过参加财产保险的方式，将企业难以预测的巨灾和巨额损失化为固定的、少量的保险费支出，并列入营业费用，这样便可平均分摊损失成本、保证经营稳定、加强经济核算，从而准确地反映企业的经营成果。

（3）财产保险能促进企业加强风险管理。财产保险公司作为经营风险的特殊企业，在经营过程中积累了丰富的风险管理经验，为企业提供风险管理咨询和技术服务创造了有利条件。财产保险公司促进企业加强风险管理主要体现在保险经营活动中，包括：通过合同方式证明双方当事人对防灾防损负有的责任，促使被保险人加强风险管理；指导企业防灾防损；通过费率差异，促进企业减少风险事故；从保险费收入中提取一定的防灾基金，促进全社会风险管理工作的开展。

（4）财产保险有利于安定人民生活。通过财产保险安定人民生活主要体现在：通过与人民生活密切相关的险种来稳定人民生活；通过家庭财产保险保障人民家庭财产的安全；通过责任保险保障肇事方因民事损害依法对受害者承担赔偿责任的能力，从而安定人民生活。

（5）财产保险能提高企业和个人的信用。被保险人通过购买责任保险便可在发生保险责任范围内的损失时获得经济保障；信用（保证）保险为义务人的信用风险提供了经济保障。因此，企业和个人因购买财产保险提高了偿债能力，也就提高了自身的信用。

任务二　认识财产保险基本原则

学习目标

通过本任务的学习，学生能够运用财产保险合同的基本原则进行案例分析和责任判定。

≪≪≪ 引入

"抱柱信"和"烽火戏诸侯"

《庄子·盗跖》里记载："尾生与女子期于梁下，女子不来，水至不去，抱梁柱而死。"意思是古代有一青年名叫尾生，与一女子相爱，情深意切。一日，两人相约于某桥下，后来，恰遇泛潮，江水上涨，那女子还没有到来。尾生却始终坚守诺言，死守在桥下，抱着桥柱不放，最后被江水淹没而死。人们被尾生这种诚信精神所感动，就有了"抱柱信"这一典故，李白的诗中曾有"常守抱柱信，岂上望夫台"的句子。

西周的周幽王，为博美人褒姒一笑，在烽火台燃起烽火引附近诸侯赶来救援以戏弄诸侯。后来敌军真的来攻打了，尽管烽火台上连举烽火告急，诸侯们认为这又是周幽王的胡闹，无人理会，周幽王的下场自然可想而知。于是"烽火戏诸侯"也就成了一个不讲信用的典故。

尾生与周幽王两人，朝代不同，地位不同，看似八竿子打不着，然而诚信却让他们有了可比性。尾生的行为在我们现代人眼中似乎有些迂腐，其为情舍命的做法也不值得后世仿效，但我们称颂的是他重诺守信的精神。而周幽王呢，虽然对于他的英雄气短、儿女情长无可厚非，然而他的品格有些让人不敢恭维，当一个人说谎多了没有诚信以后，即便是讲真话，也会没人相信。不管是古代还是现代，社会都在呼唤诚信。

活动一　最大诚信原则案例分析

某年 4 月某机械厂向当地一家保险公司投保，保险金额达 600 万元。同年 8 月，该厂投保的保险标的危险程度增加。保险公司要求该厂增交一定的保险费，该厂不同意，要求退保，保险公司不愿失去这笔业务，答应以后再作商议是否要增交保险费，但双方后来一直未就此事进行商谈。同年 9 月中旬，该厂仓库发生火灾，损失金额达 50 万元，于是机械厂向保险公司提出索赔，但保险公司以该厂未增交保险费为由，不予赔付，为什么？

知识平台

一、最大诚信原则

（一）最大诚信原则的概念

保险合同不仅要遵循一般的诚信原则，而且要遵循最大诚信原则，这是由保险的特点（保险合同的射幸性，即偶然性和不确定性）决定的。第一，保险事故的发生存在偶然性，保险人的赔付无疑为偶然事件所左右。第二，保险人在承保各种保险业务时，无论是有形的房屋、船舶、车辆、货物还是无形的利益、责任，对其危险状况是一无所知的。保险人也不可能花巨大的费用对每一保险标的的危险状况进行实地调查，保险人仅根据投保人的陈述、说明，决定是否承保以及以什么条件承保。第三，保险标的在投保后大多数情况下仍在被保险人的控制下，保险人无法得知其潜在风险，处于被动地位。所以保险领域的"不完全信息"和"信息不对称"要求保险双方都必须遵循最大诚信原则，即要求保险合同双方在订立、履行保险合同规定的各项服务时应诚实不欺、重信守诺。

小知识

最大诚信原则起源

最大诚信原则起源于海上保险。保险人在签订合同时往往不在船货所在地，对保险标的难以实地了解与查勘，那时又无良好的通信设备，单凭投保人的陈述来承保，因而投保人的诚实和信誉就显得尤为重要。在保险活动中，保险人所体现出的最大诚信应当是履行保险合同规定的各项服务及有足够的偿付能力。

（二）最大诚信原则的基本内容

最大诚信原则的基本内容既有对投保人的要求，又有对保险人的要求；既包括订立保险合同时的要求，又包括履行保险合同过程中的要求。

最大诚信原则首先是对投保人的要求。要求投保人在订立保险合同时如实告知。由于保险双方在保险活动中的地位不同，投保人对投保财产的危险情况最为清楚，他可事先了解保险单内容和保险条款，然后决定是否投保，因而处于主动地位。而保险人对保险标的除了调查所得的情况外一无所知，处于被动地位。同时，最大诚信原则也是对保险人的要求，要求保险人在订立保险合同时履行说明义务。保险人应当向投保人说明保险合同的条款内容、责任免除等。保险人表现出的最大诚信是必须具有可靠的偿付能力。

1. 告知

首先要求投保人或被保险人应尽如实告知义务。投保人在订立保险合同时必须如实陈述有关保险标的的重要事实，不得有任何虚假或遗漏。保险人应当向投保人说明保险合同的条款内容。当财产保险合同成立后，被保险人也须承担及时、如实告知义务，如保险标的发生变更或危险增加，保险标的的出险等，均应及时告知保险人。

关于投保人的如实告知义务，在各国保险立法中经历了由无限告知义务到回答告知义务的转变过程。无限告知义务也叫客观告知义务，既投保人对事实上与保险标的的危险状况有关的任何重要情况都负有告知义务。也就是说，有关保险标的重要事实，不论投保人实际上是否知道，都推定为应该知道的事实，必须告知。目前，只有少数国家在保险立法中采取这种规定，多数国家则实行回答告知义务，也叫主观告知义务，即投保人必须如实回答保险人的询问，对保险人询问以外的问题，投保人则不必告知，投保人的告知以其所知为限。

投保人违反告知义务的行为主要有四种：误告、漏报、隐瞒与欺骗。告知不实即误告；不予告知即漏报；有意不报即隐瞒；虚假告知即欺骗。过失不属于违反告知义务的表现。

对于保险人而言，如果保险合同中规定有责任免除条款的，保险人在订立合同时未履行说明义务，则该免除条款无效。

在我国财产保险中，被保险人谎报或隐瞒保险标的的重要事实，甚至故意制造或捏造损失、事故以骗取保险赔款的欺诈案，也屡有发生。诸如，事故发生后投保并提出索赔；纵火烧毁自己保险房屋；采取换牌照的方法，将未投保的汽车伪装成保险汽车等违法行为。若其给保险公司造成了重大损失，则保险人可以根据刑法关于诈骗罪的条款进行追究。

在申请投保时，对于已知的重要事实，如违章建筑、危险房屋，如果被保险人未告知保险人，不论是出于故意或疏忽，保险人均可解除保险合同或拒绝承担赔偿责任。

小思考

王某与张某有私仇，张某多次扬言要纵火烧毁王某家，王某担心自己的财产遭受损失，去保险公司投保了家庭财产保险，但隐瞒了张某扬言要纵火这一重要事实。倘若纵火案发生，保险公司能否拒绝赔偿王某的损失？

2. 保证

在保险合同中，保证条款是指保险人要求被保险人保证做或保证不做某事，或者保证某种事态存在或者不存在。如果违反保证条款，保险人自被保险人违反保证之日起即有权解除合同。保证条款一旦违反就不能补救。

根据保证事项是否已确实存在，可将保证分为确认保证和承诺保证。承诺保证是指保险人或者被保险人保证的事项现在如此，将来也必须如此。如某人购买房屋保险时，保证该房屋在保险期限内不出租，即属承诺保证。如果该房屋后来出租了（在保险期限），就构成了违反承诺保证；确认保证通常只是确认保险标的的目前的状态，而不考虑保险标的以后的变化情况。

根据保证存在的形式，可将其分为明示保证和默示保证。明示保证表现为在保险合同中明确规定的保证条款；默示保证指虽然未在保险合同中明确规定，但根据法律和保险习惯投保人应保证的事项。

📖 小知识

默示保证主要用于船舶保险，如保证船舶的适航（船舶在构造、性能、人员、装备、给养方面应具有适合预定航行的能力）、不变更航程（即不绕航）、合法航行等，不得从事非法运输（如走私）。

默示保证与明示保证在法律上有相同的效力。投保方对其保证的事项必须严格遵守，如有违反，则保险合同无效。

3. 弃权与禁止反言

弃权是合同一方以明示或默示的意思表示放弃其在保险合同中可以主张的权利；禁止反言是合同的一方既然已放弃在保险合同中可以主张的某种权利，便不得再向对方主张该种权利。

在财产保险活动中，保险代理人、保险经纪人和保险公估人会直接参与保险活动的各个环节，若违背诚信原则，则其行为对保险合同当事人不具有约束力，但会直接损害保险当事人的权益，破坏保险市场秩序。对于保险中介人违反最大诚信原则的，要赔偿其给保险合同当事人造成的损失。未取得许可证的中介人，监管部门将予以取缔，并给予处罚，构成犯罪的将追究刑事责任。

活动二 保险利益原则案例分析

某年1月2日，A公司向本市一家印刷厂租借了一间100多平方米的厂房做生产车间，双方在租赁合同中约定租赁期为一年，若一方违约，则违约方将支付违约金。同年3月6日，A公司向当地保险公司投保了企业财产保险，期限为一年。当年A公司因订单不断，欲向印刷厂续租厂房一年，遭到拒绝，因此A公司只好边维持生产边准备搬迁。次年1月2日至18日间，印刷厂多次与A公司交涉，催促其尽快搬走，而A公司经理多次向印刷厂解释，并表示愿意支付违约金。最后，印刷厂法人代表只得要求A公司最迟在2月10日前交还厂房，否则将向有关部门起诉。2月3日，A公司职员不慎将洒在地上的煤油引燃起火，造成厂房内设备损失215 000元，厂房屋顶烧塌，需修理费53 000元，A公司于是向保险人索赔。

案例争议：

本案中印刷厂厂房内的设备属企业财产保险的保险责任范围，保险公司理应赔偿其损失，这一点不存在争议，但租借合同已到期，保险公司对是否仍应对厂房屋顶修理费进行赔偿产生了分歧。

第一种意见：租赁合同到期后，A公司对印刷厂厂房已不存在保险利益。

第二种意见：A公司继续违约使用印刷厂厂房期间，厂房屋顶烧塌，即A公司违约行为在先，在保险标的上的利益不合法，保险公司不应给予赔偿。

问：你同意哪种意见？为什么？

📌 知识平台

二、保险利益原则

（一）保险利益的含义

保险利益是指投保人或被保险人对保险标的具有的法律上认可的经济利益，又称可保利益。保险利益产生于投保人或被保险人与保险标的物之间的经济联系。

（二）构成保险利益的条件

1. 保险利益必须是合法利益

保险利益必须是合法利益，是法律上承认并且可以主张的利益。由不法行为所产生的利益，不得作为保险利益。比如，给偷盗来的财物投保财产保险，保险合同是无效的。

2. 保险利益必须是确定的、可以实现的利益

仅由投保人主观上认定存在，而在客观实际中并不存在的利益，不应作为保险利益。确定的保险利益包括投保人对保险标的的现有的利益和由现有利益产生的期待利益。现有的利益是指投保人已经实际取得的经济利益（如投保人已购买的汽车）、现有的机器设备和已经取得的知识产权等；期待利益是指由现有利益产生的、将来可以获得的利益（如出租房屋而预期可以获得的租金收入、维修设备而预期可以得到的修理费收入等）。

3. 保险利益必须是可用货币形式计算的利益

无法用货币形式计算其价值，发生损失无法用金钱给予补偿的利益，是不能作为保险利益的。

（三）保险利益存在的时间

财产保险的保险利益不仅要求投保时对保险标的具有保险利益，而且要求索赔时也要有保险利益。海上保险合同除外。

📖 小知识

人身保险的保险利益强调在签订保险合同时必须存在，至于在保险事故发生时，这种保险利益是否存在，并不重要。这一规定的目的是：为避免投保人被保险人并无利害关系而危及被保险人生命及身体的安全。投保人指定被保险人或受益人必须经被保险人同意。在人身保险中投保人一般为自己、父母、子女、配偶投保。为他人投保，要出示与其有经济利益关系的证明。

活动三　损失补偿原则案例计算

案例1：一台机床投保时按其市场价确定保险金额为 5 万元，发生全损保险事故时的市场价为 2 万元。

问：保险人应赔偿多少钱？

案例2：某一房屋投保时按其市场价确立保险金额为 20 万元，发生保险事故全损，全损时的市场价为 25 万元。

问：保险人的赔偿金额应为多少？

案例3：在房屋抵押保险中，如果抵押人为借得 60 万元而将 100 万元的房屋抵押给受押人。

问：日后若房屋在保险期限内全部受损，受押人能获得的保险赔款是多少？

案例4：在保险期限内，被保险人将价值 100 万元的财产的 60% 出让给另一合作者。

问：若保险事故发生后，保险标的全部发生损失，则被保险人能获得多少保险赔款？

案例5：王某独立经营一条运输船，投保时船的保险价值和保险金额为 1 000 万元（定值保险），保险期限为 1 年。投保 3 个月后，将其船只的 40% 转让给李某，投保后 8 个月船只全损。

问：王某能获得多少保险赔款？

知识平台

三、损失补偿原则

损失补偿原则也叫保险赔偿原则，是指当保险标的发生保险责任范围内的损失时，被保险人有权按照合同约定，获得保险赔偿，用于弥补被保险人的损失，被保险人不能因损失而获得额外的利益。也就是说，损失补偿应是保险事故发生时，被保险人从保险人那得到的赔偿应正好填补被保险人因保险事故而造成的保险金额范围内的损失。这一原则只适用于财产保险及医疗保险。人寿保险的保险标的是人的寿命，是不能用货币来衡量的。人的价值是无限的，保险事故发生后只能按照约定给付保险金。

（一）补偿原则的目的

真正发挥保险的经济补偿职能；避免将保险演变成赌博行为；防止诱发道德风险。

（二）损失补偿的限制条件

1. 以损失为前提

有损失才有补偿，补偿以损失为前提。而且，该损失必须是保险标的在保险期间内和保险责任范围内的损失。

2. 以实际损失为限

损失补偿以保险标的的实际损失为限。

3. 以保险金额为限

保险金额是指保险人承担赔偿或给付保险金责任的最高限额。保险金额是以保险人已收取的保险费为条件而确定的最高责任限额，超过这个限额，将使保险人处于不平等的地位。

4. 以可保利益为限

可保利益是被保险人索赔的最高额度。保险人的赔偿以被保险人所具有的保险利益为前提条件和最高限额。在财产保险中，如果受损的保险标的财产权益已全部转让，则被保险人无权索赔；若已转让一部分，则只能就未转让部分赔偿。

（三）保险赔偿方式

赔偿原则的实现方式通常有现金赔付、修理、更换和重置。

具体赔偿方法：被保险人如果是足额投保，则赔偿以实际损失计算；如果是不足额投保，则保险人按照保险金额与出险时实际价值的比例来赔偿被保险人的损失。

赔偿金额的计算公式为

$$赔偿金额 = 损失金额 \times 保险金额 / 财产实际价值$$

小知识

所谓第一危险赔偿方式，就是将被保险人的财产价值视为两个部分，投保的一部分为保险金额部分，是保险人负责的第一损失部分；超过的一部分则由被保险人自己负责。当发生家庭财产保险损失时，无论足额投保与否，凡在保险金额限度内的保险标的的损失，均由保险人负责赔偿。采用第一危险赔偿方式不利于保险人，保险人难以提高被保险人的投保金额，保险人无形中会丧失一部分保险市场。在国外，保险人通常将第一危险赔偿方式与比例赔偿方式相结合，以促使被保险人提高自己的投保金额。

活动四　近因原则案例分析

案例 1：莱兰船舶公司对诺威奇保险公司的诉讼案。1918 年，第一次世界大战期间，莱兰船舶公司的一艘轮船被敌潜艇用鱼雷击中，但仍拼力驶向哈佛港。由于情况危急，又遇到大风，港务当局担心该船会沉在码头泊位上堵塞港口，拒绝让它靠港，在航行途中船底触礁，终于沉没。该船只投保了海上一般风险，没有投保战争险，保险公司拒赔。法庭判决损失的近因是战争，保险公司胜诉。

请问：你觉得法庭的判决正确吗？为什么？

案例 2：某船装运一批橘子，途中该船因碰撞而入港修理，所载运的橘子卸船又再装上船。到达目的地后，部分橘子腐烂，部分橘子压坏，损失严重。法院判决此项损失的近因不是碰撞或任何海难，而是野蛮装卸和运输迟延到达目的地这两个原因造成的，野蛮装卸和运输延迟不属于货物运输保险的责任范围，因此保险人不予以赔偿。

请问：你觉得法庭的判决正确吗？为什么？

知识平台

四、近因原则

（一）近因原则的含义

近因是指引起保险事故发生的、最直接、最有效、起主导作用或支配作用的原因。

近因原则的基本含义：在风险与保险标的的损失关系中，如果近因属于被保风险，则保险人应负赔偿责任；如果近因属于除外风险或未保风险，则保险人不负赔偿责任。

一般来说，保险人在保险事故发生后，分析损失原因时，面临三种情况：一是承保风险；二是除外风险；三是未保风险。但是，事实上有些损失是由一连串的危险因素同时或连续发生造成的，要判断损失是否由承保范围内的危险原因引起的比较困难，故而就有了近因原则。近因是直接原因的延伸与发展，不一定是造成事故结果的直接或最后的原因，也不是在时间和空间上最接近损失发生的原因，而是该项结果主要的、有效的、决定性的原因。

在财产保险理赔中，要确定保险标的的损失是否属于保险责任范围，运用近因原则是非常重要的。如果近因是保险责任，那么保险人就要承担赔偿责任。

小思考

假定某商店投保了企业财产基本险，在一次保险事故中，由于火灾引起了抢劫，保险标的因抢劫而遭破坏和丢失。此时，在企业财产基本险中火灾为保险责任，引起保险标的损失的近因是火灾，保险人应该承担赔偿责任。又假定该商店发生抢劫，由于抢劫过程中纵火灭迹，大火将保险标的焚毁，在这种情况下，什么是此次事故损失的近因？

（二）近因原则的运用

近因原则是常用的、用来确定保险人对保险标的的损失是否负保险责任以及负何种保险责任的一条重要原则。理论上，近因原则比较简单，但在实践中要从几个原因中找出近因则有相当难度，往往因所处地位不同、思维方式不同而做出不同的判断。

在确定原因时，如果造成保险标的损失的原因相对比较单纯，即损失是由单一原因造成的，与其他事件没有紧密联系，则该原因即为近因。此时，该近因属于保险责任，保险人应负赔偿责任。这是保险赔偿案中较为常见，也较易区分的情况。当损失是由两种或两种以上的原因造成的，则应区别对待，认真辨别。

1. 多种原因相互延续

在多种原因连续发生所造成的损失中，如果后因是前因直接导致的必然的结果，或者后因是前因的合理连续，或者后因属于前因自然延长的结果，那么前因为近因。前因属于承保风险的，即使后因不属于承保风险，保险公司仍需承担赔偿责任。

2. 多种原因交替

在因果关系链中，有一个新的、独立的原因介入，使原有的因果关系链断裂并直接导致损失，那么这个新介入的独立原因为近因。例如，当火灾发生时，一部分财产被抢救出来后又被盗走，保险公司不对被盗部分损失承担责任。

3. 多种原因各自独立、无重合

损害可以以原因划分，保险公司对承保风险承担责任。如果因车祸入院，急救过程中因心肌梗死死亡的被保险人同时在车祸中丧失一条腿，则人身意外保险公司在拒绝给付死亡保险金的同时，并不免除意外伤残保险的给付责任。因为死亡的近因是除外风险——疾病，而丧失肢体的近因是保险责任范围内的意外事故——车祸。

4. 多种原因相互重合，共同作用

各种原因之间的关联性使得从中判定某个原因为最直接、有效的原因有一定的困难，甚至从中强行分出主次原因会产生自相矛盾的结论。如果损失是多个近因共同作用的结果，同时保单至少承保一个以上近因且未明确除外另外任何一个近因，则保险公司应负赔偿责任。

（三）投保风险、可保风险、保险风险

投保风险就是投保人要求保险人承保的风险。投保人对于可能造成其物质财富和经济利益的风险都可以投保，但保险市场和保险人并非可以承保任何风险。可保风险是保险市场可以接受的风险。在保险市场上，只有符合保险人经营要求的自然灾害和意外事故才能成为可保风险。保险风险是具体的保险人可以承保的风险。保险人必须根据自身的经营需要，筛选部分可保风险成为保险风险。

投保风险是可保风险成立的基础，可保风险是保险风险成立的前提。因此，投保风险≥可保风险≥保险风险。

活动五　权益转让原则案例分析

某年 1 月 17 日，个体户王某在河南西平火车站托运花生果和花生米，共计价值 75 412 元，到站乌鲁木齐西站，共缴纳运费 5 884 元。同时王某向某保险公司西平县支公司火车站代理处投保了运输综合险，保险金额为 75 000 元，并按约定缴纳了 300 元的保险费。1 月 24 日，该批货物到达乌鲁木齐西站。但停车八车道的油罐车漏油引起火灾，致使停在六车道的装运该批货物的几节车厢起火，除了抢救出小部分残货，其余货物均被烧毁。乌鲁木齐西站于 1 月 24 日编制了三份货运记录，予以确认。1 月 28 日，王某的投保公司乌鲁木齐保险支公司头屯河区办公室接到报案后，勘察了事故现场，并于 2 月 3 日出具了国内货物运输保险勘察报告，为承保公司做了查勘定损工作。2 月 6 日，乌鲁木齐铁路分局卫生防疫站会同乌鲁木齐西站对残货进行了鉴定，并提出处理意见。3 月 10 日，承保的保险公司派人来乌鲁木齐了解情况。此外，王某为发运该批货物，支付了 1 500 元的包装费、1 200 元代办服务费、1 500 元短途运输费及 150 元的卫生监测费。王某多次要求承运方乌鲁木齐西站赔偿其遭受的损失及支付的费用，乌鲁木齐西站以托运人已向保险公司投保运输综合险，发生事故后应由保险公司负责赔偿为由拒绝赔偿。无奈，王某向承保的保险公司提出索赔。但保险公司认为，货运记录、查勘报告和防疫站的监督笔录，都证明本案事故是由承运人重大过失造成的，应有乌鲁木齐西站负责赔偿，从而拒绝赔偿。

案例分歧：

观点一：保险公司对于第三者造成的损失应该先予赔付，其拒绝赔偿的理由不能成立。

观点二：第三责任人乌鲁木齐西站不能因为有保险公司的赔款而推脱自己应承担的民事法律责任，应给予赔偿。

问：你同意哪种观点？为什么？

⸛ 知识平台

五、权益转让原则

（一）权益转让原则的概念

所谓权益转让，是指被保险人在其全部或部分损失由保险人按照保险合同予以补偿后，依法应将保险标的的所有权和追偿权转让给保险人。权益转让是财产保险特有的原则，在实务中的运用主要是代位追偿和委付，所以权益转让原则又叫代位追偿原则。

📖 小知识

权益转让原则的意义：一是可以防止被保险人在一次损失中获得双重或多重补偿，即防止道德风险；二是可以使被保险人及时得到经济补偿，并促使有关责任方承担赔偿责任；三是可以维护保险人的合法权益。

（二）代位追偿

代位追偿也称权利代位，是指第三者的权利由被保险人向权利人转移。在财产保险中，代位追偿是指保险人在赔偿了全部保险金额后，受损保险标的的相应权利归于保险人。

（三）代位追偿权成立的条件

代位追偿权成立的条件有四项：首先，保险标的的损失是由第三者的原因造成的；其次，保险人对该保险标的的损失负有赔偿义务；再次，被保险人不能放弃向第三方追偿的权利；最后，保险人已支付了赔偿金。保险人在行使代位追偿过程中所获得的超过其对被保险人支付的赔款部分必须返还给被保险人。当被保险人的追偿权只是部分转移给保险人时，被保险人自己拥有的追偿权同时有效。

小思考

假定某项保险金额为 80 万元的固定资产发生保险责任范围内的损失，该项保险责任是由第三者造成的，该项固定资产损失时的实际价值为 100 万元，损失额为 50 万元，那么保险人在向被保险人支付多少钱后才能取得向第三者追偿的权利？若追偿款为 30 万元，则应如何分配？若追回 50 万元，则应如何分配？

在保险公司的实际业务操作中，被保险人在取赔款时要签权益转让书。

在一定条件下，有时保险人可以自动放弃对第三人的追偿，比如铁路上给保险公司代办货物运输保险和民航给公司代办航空货物运输保险和行李险，其大部分损失是由铁路和民航上的种种原因造成的，但实际操作中是不能追的，否则，就会丢失大片业务，这也是保险市场不规范所致。

小知识

《中华人民共和国保险法》（以下简称《保险法》）规定，保险人行使代位追偿权的时间从保险事故发生之日算起；保险人行使代位追偿权而得到的收益应小于或等于保险人的赔款；保险人行使代位追偿权时不影响被保险人具有的剩余追偿权（即对未取得赔偿的那部分行使追偿权）。

（四）保险委付

保险委付也称物上代位，是指保险标的处于推定全损状态时，被保险人将其所有权及派生的一切权利和义务转移给保险人，而请求支付全部保险金额。委付是被保险人首先提出申请，保险人会仔细权衡得失，有些保险人往往不接受委付。因为委付一旦成立，保险人要承担与该保险标的有关的一切责任，如航道清理费等；保险人也可能因此获益，比如保险船舶的运费、出售利润等。它主要适用于船舶保险和货物保险等。

小思考

假定某艘保险金额为 8 000 万元的船舶因保险责任范围内的事件而在某海域发生沉船事故，由于技术条件的限制暂时无法打捞，因此保险人很难确定沉船损失状况，只能接受被保险人的委付申请，对于这起事故推定全损，并且赔付了全部保险金额。事故发生两年后，保险人委托打捞公司将船打捞成功，经修复后将该船按照 8 200 万元的价格出售。请问获利的

200 万元是否归保险人所有？

（五）保险委付成立的条件

1. 保险委付应以推定全损为条件

若保险标的实际全损，则没有物权可转让，被保险人也无须转让权利即可获得全部赔偿。《中华人民共和国海商法》（以下简称《海商法》）规定，船舶发生保险事故后，认为实际全损已不可避免，或者为避免发生实际全损所需支付的费用超过保险价值的，为推定全损；货物发生保险事故后，认为实际全损已经不可避免，或者为避免发生实际全损所需支付的费用与继续将货物运抵目的地的费用之和超过保险价值，为推定全损。

2. 保险委付具有不可分性

保险委付应就保险标的的全部提出委付请求，即委付具有不可分性。但如果保险标的由可分的独立部分组成，即各部分标的是独立的，那么其中只有一部分发生委付原因，也可就该部分保险标的请求委付。

3. 保险委付不得附有条件

4. 保险委付须经保险人承诺方能成立

保险委付一经保险人接受，则不得撤回。

小思考

代位追偿与保险委付（权利代位与物上代位）的区别是什么？

活动六　分摊原则案例计算

案例 1：某财产的实际价值为 100 万，投保的保险金额总和是 140 万元，投保人与甲、乙保险人订立合同的保险金额分别为 80 万元和 60 万元。保险事故造成的实际损失是 80 万元。

问：甲、乙各自应承担的赔款是多少？

案例 2：A、B 两家保险公司承保同一财产，A 保险公司承保 4 万元，B 保险公司承保 6 万元，实际损失 5 万元。那么 A 保险公司在没有 B 保险公司重复保险的情况下应赔付 4 万元，B 保险公司在无 A 保险公司重复保险的情况下应赔付 5 万元。

问：在重复保险的情况下，如果以责任限额来分摊，则 A、B 两个保险公司应分别赔付多少钱？

案例 3：发货人及其代理人同时向甲、乙两家保险公司为同一财产分别投保 10 万元和 12 万元，甲公司先出单。被保财产实际损失 16 万元。

问：甲、乙保险公司应分别支付多少钱？

知识平台

六、分摊原则

（一）分摊原则的含义

在重复保险和共同保险的情况下，当保险事故发生时，各保险人应当采取适当的分摊方法分配赔偿责任，使被保险人既能得到充分的补偿，又不会超过其实际损失而获得额外的利益。

1. 重复保险的含义

重复保险是指投保人对同一保险标的、同一保险利益、同一保险事故分别向两个或两个以上保险人订立保险合同，且其保险金额的总和超过保险价值、被保险人持有多份保险单的保险。

2. 共同保险的含义

共同保险是两个或两个以上的保险人共同承保同一保险标的、同一保险利益、同一保险事故，保险总金额不会超过保险标的实际价值，被保险人只有一份保险单，保险赔偿根据各保险人承担的责任比例赔付。

（二）分摊原则产生的原因

防止被保险人利用重复保险在数个保险人处重复得到超过损失额的赔偿；确保保险补偿目的的实现；维护保险人与被保险人、保险人与保险人之间的公平原则。

（三）重复保险的分摊方式

1. 比例责任分摊方式

该方式下，各保险人承担的赔款的计算公式为

各保险人承担的赔款＝损失金额×该保险人承保的保险金额/各保险人承保的保险金额总和

2. 限额责任分摊方式

该方式下，各保险人承担的赔款的计算公式为

各保险人承担的赔款＝损失金额×该保险人的赔偿限额/各保险人赔偿限额总和

3. 顺序责任分摊方式

各保险公司按出单时间顺序赔偿，先出单的公司先在其保额限度内负责赔偿，后出单的公司只在损失额超出前一家公司的保额时，在自身保额限度内赔偿超出的部分。

小知识

我国《保险法》第四十一条规定："重复保险的保险金额总和超过保险价值的，各保险人的赔偿金额的总和不得超过保险价值。除合同另有约定外，各保险人按照其保险金额与保险金额总和的比例承担赔偿责任。"所以，我国采用的是比例责任分摊方式。在保险实务中，各国采用的较多的是比例责任和限额责任分摊方式，因为顺序责任分摊方式有欠公平。

任务三 认识财产保险合同

学习目标

通过本任务的实施，掌握财产保险合同的基本特征、种类、形式、主客体、内容以及订立、变更、中止、终止方式等内容。

《《《 引入

某公司购买了一辆捷达轿车，价值15万元，当天就在一家保险公司投保了车损险、第

三者责任险，共交保险费 4 320 元，保险期限一年。三日后，该保险车辆被盗，但该车尚未检验，也没有拿到行驶证和牌照。该车失窃后，车主立即向保险公司报案，并提出索赔。保险公司在查明情况后，依据《机动车辆保险条款》第 29 条规定，以车辆未经检验合格、未领取行驶证和牌照为由，拒绝赔付。投保人坚持以保险公司名知道该车无证、无牌照下，仍同意承保，并收取保险费，保险合同应该有效，保险公司拒赔不合理为由上诉法院，法院认定保险公司拒赔有理，此保险合同为无效合同，因为保险条款内容已列明在保险单背面，明确告知了投保人。由此，保险公司返还投保人保险费及利息。

活动：根据给定的财产保险综合险保险单（见表 1-3），分组讨论并分析保险单的填制要点有哪些？

表 1-3　财产保险综合险保险单（正本）

保险单号：

项目	投保标的项目		以何种价值投保	保险金额（元）	费率（‰）	保险费（元）
综合险						
	特约保险标的					
总保险金额（大写）				（小写）		
附加险						
总保险费（大写）				（小写）		
保险责任期限自　年　月　日 0 时起至　年　月　日 24 时止						
特别约定：						
被保险人地址： 电话： 邮政编码：						
标的坐落地址：						

×××财产保险有限公司（签章）

年　月　日

鉴于　　　（以下称"被保险人"）已向本公司投保财产保险综合险以及附加险，并按本保险条款约定缴纳保险费，本公司特签发本保险单并同意依照财产保险综合险条款和附加险条款及其特别约定条件，承保被保险人下列标的的保险责任。

经理：　　　会计：　　　复核：　　　制单：

知识平台

一、财产保险合同概述

财产保险合同是保险人与投保人之间订立的关于财产保险关系的建立、变更、中止、终止及双方权利义务关系的一种经济合同。依照保险合同，投保人承担支付保险费等义务，保险人承担损失赔偿责任。财产保险合同作为保险双方法律关系的凭证，是规范保险双方行为的直接依据。保险活动的全过程，实际上就是保险双方订立、履行保险合同的过程。

《保险法》第三十三条规定："财产保险合同是以财产及其有关利益为保险标的的保险合同。"财产保险合同订立的法律依据主要是《保险法》和《中华人民共和国合同法》（以下简称《合同法》）中有关合同的一般规范；但海上保险合同有《海商法》进行规范，未尽事宜，参照《保险法》等法律。

二、财产保险合同有别于人身保险合同的特征

（一）具有补偿性质

人身保险合同的保险金具有定额给付性质，在发生保险事故时，保险人按照合同约定的金额给付保险金；而普通财产保险合同的保险金具有补偿性质。

（二）保险金额由保险标的的价值大小确定

人身保险合同的保险金额主要由双方当事人在订立保险合同时，根据被保险人的经济收入水平和危险发生后经济补偿的需求协商确定。财产保险合同的保险金额则是根据保险标的的价值大小确定的。

（三）保险期限大多为一年

人身保险合同的期限具有长期性。保险有效期往往可以持续几年或几十年甚至终身，这主要是为了降低费用和保障老年人的利益。普通财产保险合同的保险期限大多为一年。

（四）投保时有金额限制

人身保险合同只要求在合同订立时，投保人对被保险人有可保利益，但没有金额上的限制，因而不存在超额保险和重复保险问题；普通财产保险则禁止超额保险，即重复保险的赔付的保险金不能超过实际受到的损失。

三、财产保险合同的内容

财产保险合同的内容，即以保险双方的权利义务为核心的全部记载事项，主要通过保险条款来具体反映。保险条款的内容包括：当事人（投保人，被保险人，保险人）和关系人的名称和住所；保险标的；保险金额；保险费及其支付方式；保险价值；保险责任和责任免除；保险期间和保险责任开始的时间；保险金赔偿或者给付方法；违约责任和争议处理；订立合同的年月日。

标准的保险单应包括以下内容：

（一）保险人名称和固定地点

保险人又称"承保人"，是保险合同当事人的一方，与投保人订立保险合同并承担赔偿

或者给付保险金的责任。保险人的权利是在经营保险业务中收取保险费；保险人的义务是在保险事故发生时赔偿损失或在约定的事件发生时、约定的期限到达时给付保险金。保险人必须经过政府有关部门审查批准，方可经营保险业务。

（二）投保人、被保险人的名称和固定地点

被保险人又称"保户"，是保险合同的重要关系人，是受保险合同保障、享有保险金请求权的法人或自然人。在财产保险中，被保险人应当是对保险标的依法享有特定的权利或相关利益的人。在人身保险中，被保险人应是以其身体机能或寿命为保险标的的人。当投保人为自己的利益投保财产保险，或以自己的身体机能或寿命为标的投保人身保险时，投保人在合同生效后就转化为被保险人。

（三）保险标的名称和坐落地点

保险标的是指保险合同载明的投保对象，或者是保险保障的对象。例如家庭财产保险中有关家庭财产、人寿保险中人的寿命等。不同的保险标的，面临的危险种类、性质和程度是不同的，所适用的保险费率也有差别。许多险种就是按保险标的的不同划分而设计的。

（四）保险条款

保险条款就是保险单上规定的有关保险人与被保险人的权利、义务及其他保险事项的条文，包括把保险责任和责任免除。保险责任就是所承担的具体的风险项目，是保险条款中的重要构成要素；责任免除就是保险人不予承担的风险项目。保险单上都印有保险责任条款和责任免除条款。

（五）保险金额或赔偿限额

保险金额又称"保额"，指经保险合同双方当事人确定并在合同中载明的金额，也是保险人计算保险费的依据和负责赔款或给付保险金的最高限额。财产保险的保险金额可以按照保险财产的实际价值、重置、重建价格或估计等方法来确定。人身保险的保险金额是根据被保险人的实际需要和缴付保险费的能力来确定的，因为人的生命价值很难有客观标准。赔偿限额是指保险人赔偿或给付的最高金额。

（六）保险价值

保险价值是指投保人与保险人订立保险合同时，作为确定保险金额基础的保险标的的价值，即投保人对保险标的所享有的保险利益在经济上用货币估计的价值额。

（七）保险期限

保险期限又称"保险期间"，指保险合同的有效期限，即保险人依约承担保险责任的期限，也叫保险责任的起讫期限。保险合同的保险期限通常有两种计算方法：

（1）用年、月计算。如财产保险一般为 1 年，期满后可以再续订合同。人身保险的保险期限较长，有 5 年、10 年、20 年、30 年等。

（2）以某一事件的始末为保险期限。如货物运输保险、运输工具保险有可能以一个航程为保险期限，建筑安装工程则以工程施工日至预约验收日为保险期限。

📚 小知识

对于具体的起讫时间，各国法律规定不同。我国目前的保险条款通常规定保险期限为约定起保日的 0 时开始到约定期满日 24 时止。值得一提的是，保险期限与一般合同中所规定的当事人双方履行义务的期限不同，保险人实际履行赔付义务可能不在保险期限内。

（八）保险费

保险费就是签订保险合同的投保人或被保险人为取得保险保障而缴付给保险人的费用。保险费一般按保险金额和保险费率的乘积计算。也有的是按规定的金额收取保险费，例如承保公众责任险，有时不按费率计算，而是收取一笔固定的数额作为保险费。保险费可以根据双方约定分年、分季、分月收取。

（九）保险费率

保险费率指每一保险金额所应支付的对价比率，通常用百分比或千分比表示，人寿保险则按每个人的年龄及保险期限的平均比率计算。保险费率一般由纯保险费率和附加保险费率两部分组成。纯保险费率也称净费率，构成保险费率的基本部分，在财产保险中主要根据保险标的的损失率（保险金额与损失赔偿金额的比例）来确定；在人寿保险中，则是根据人的死亡率或生存率和利率等因素来确定。保险赔偿基金是由保险人以纯保险费率计算收取保险费形成的。附加费率是指一定时间内，保险人业务经营费用和预定利润的总数同保险金额之间的比率。

（十）免赔率（额）

免赔率（额）就是保险人对于规定的损失额或比率内的保险标的的损失不承担保险责任，要求被保险人自行承担保险标的的小额损失的一种保险分摊方式。其也是保险人为了限制保险标的的小额损失所引起的保险索赔，要求投保人自行承担部分损失的一种方法。只要保险标的发生保险责任范围内的损失，保险人一定要扣除规定的免赔额。免赔率（额）有相对免赔率（额）和绝对免赔率（额）。

相对免赔额（率）：是指保险标的的损失额必须超过保险单规定的金额或百分比，保险人才会不做任何扣除而全部予以赔付。如果保险标的的损失没有达到保险单规定的金额或百分比，则保险人不予赔偿。

绝对免赔额（率）：是指保险标的的损失必须超过保险单规定的金额或百分比，保险人才负责赔付其超过部分。如果保险标的的损失没有超过保险单规定的金额或百分比，则保险人不予赔偿。

小思考

保险单规定的免赔率为5%，保险金额为80万元，保险标的损失时的价值为100万元，损失额为50万元，在相对免赔率和绝对免赔率的条件下，赔款各是多少？

任务四　解读财产保险条款

学习目标

通过本任务的实施，能够解读财产保险主要条款的含义。

引入

小张于某年4月21日在陕西某保险公司购买了"家庭财产保险"三份，当日，保险公司向其出具了该险种的保险单。该保险的承保范围为：房屋及附属设施、房屋装修。保险期间为：当年 4 月 22 日至次年 4 月 21 日。当年 9 月 21 日，一场大雨后，小张的房子出现墙体裂缝。小张遂到保险公司报案，认为损失属于承保范围，请求按保险合同的约定给予赔偿。保险公司对造成裂缝的原因进行鉴定后，认为损失是由房屋存在固有的缺陷造成的，在免责范围内，故拒绝赔偿。双方协商未果后，小张诉至法院。

活动：根据给定的财产综合险条款，分组讨论财产保险合同条款的要点有哪些？

财产综合险条款

保险标的范围

第一条　下列财产可在保险标的范围以内：

（1）属于被保险人所有或与他人共有而由被保险人负责的财产；

（2）由被保险人经营管理或替他人保管的财产；

（3）其他具有法律上承认的与被保险人有经济利害关系的财产。

第二条　下列财产非经被保险人与保险人特别约定，并在保险单上载明，不在保险标的范围以内：

（1）金银、珠宝、钻石、玉器、首饰、古币、古玩、古书、古画、邮票、艺术品、稀有金属等珍贵财物；

（2）堤堰、水闸、铁路、道路、涵洞，桥梁、码头；

（3）矿井、矿坑内的设备和物资。

第三条　下列财产不在保险标的范围以内：

（1）土地、矿藏、矿井、矿坑、森林、水产资源以及未经收割或收割后尚未入库的农作物；

（2）货币、票证、有价证券、文件、账册、图表、技术资料、枪支弹药以及无法鉴定价值的财产；

（3）违章建筑、危险建筑、非法占用的财产；

（4）在运输过程中的物资；

（5）领取执照并正常运行的机动车；

（6）牲畜、禽类和其他饲养动物。

保险责任

第四条　由于下列原因造成保险标的的损失，保险人依照本条款约定负责赔偿：

（1）火灾、爆炸；

（2）雷击、暴雨、洪水、台风、暴风、龙卷风、雪灾、雹灾、冰凌、泥石流、崖崩、突发性滑坡、地面下沉下陷；

（3）飞行物体及其他空中运行物体坠落。

第五条　保险标的存在下列损失时，保险人应负责赔偿：

（1）被保险人拥有财产所有权的自用的供电、供水、供气设备因保险事故遭受损坏，引起停电、停水、停气以致造成保险标的的直接损失；

（2）在发生保险事故时，为抢救保险标的或防止灾害蔓延，采取合理的必要措施而造成保险标的的损失。

第六条　保险事故发生后，被保险人为防止或者减少保险标的的损失所支付的必要的合理费用，由保险人承担。

责任免除

第七条　由于下列原因造成的保险标的损失，保险人不负责赔偿：

（1）战争、敌对行为、军事行动、武装冲突、罢工、暴动；

（2）被保险人及其代表的故意行为或纵容所致；

（3）核反应、核子辐射和放射性污染；

第八条　保险人对下列损失也不负责赔偿：

（1）保险标的遭受保险事故而引起的各种间接损失；

（2）地震造成的一切损失；

（3）保险标的本身缺陷、保管不善导致的损毁，保险标的因变质、霉烂、受潮、虫咬、自然磨损、自然损耗、自燃、烘焙而造成的损失；

（4）堆放在露天或罩棚下的保险标的以及罩棚，由于暴风、暴雨造成的损失；

（5）行政行为或执法行为导致的损失。

第九条　其他不属于保险责任范围的损失和费用。

保险金额与保险价值

第十条　固定资产的保险金额由被保险人按照账面原值或原值加成数确定，也可按照当时重置价值或其他方式确定。固定资产的保险价值是出险时的重置价值。

第十一条　流动资产（存货）的保险金额由被保险人按最近 12 个月任意月份的账面余额确定或由被保险人自行确定。流动资产的保险价值是出险时的账面余额。

第十二条　账外财产和代保管财产可以由被保险人自行估价或按重置价值确定。账外财产和代保管财产的保险价值是出险时的重置价值或账面余额。

赔偿处理

第十三条　保险标的发生保险责任范围内的损失，保险人按照保险金额与保险价值的比例承担赔偿责任，按以下方式计算赔偿金额：

（一）全部损失。保险金额等于或高于保险价值时，其赔偿金额以不超过保险价值为限；保险金额低于保险价值时，按保险金额赔偿。

（二）部分损失。保险金额等于或高于保险价值时，其赔偿金额按实际损失计算；保险金额低于保险价值时，其赔偿金额按保险金额与保险价值比例计算。

（三）若本保险单所载保险财产不止一项，则应分项按照本条款规定处理。

第十四条　发生保险事故时，被保险人所支付的必要的、合理的施救费用的赔偿金额在保险标的损失以外另行计算，最高不超过保险金额的数额，若受损保险标的按比例赔偿，则该项费用也按与财产损失赔款相同的比例赔偿。

第十五条　保险标的遭受损失后的残余部分，协议作价折归被保险人，在赔款中，作价折归被保险人的金额按第十四条所定的比例扣除。

第十六条 被保险人向保险人申请赔偿时，应当提供保险单、财产损失清单、技术鉴定证明、事故报告书、救护费用发票以及必要的账簿、单据和有关部门的证明，各项单证、证明必须真实、可靠，不得有任何欺诈。被保险人欺诈行为给保险人造成损失的，应当承担赔偿责任。保险人收到单证后应当迅速审定、核实。

第十七条 因第三者对保险标的的损害而造成保险事故的，保险人自向被保险人赔偿保险金之日起，在赔偿金额范围内代位行使被保险人对第三者请求赔偿的权利。

第十八条 保险标的遭受部分损失经保险人赔偿后，其保险金额应相应减少，被保险人需恢复保险金额时，应补交保险费，由保险人出具批单批注。保险当事人均可依法终止合同。

第十九条 若本保险单所保财产存在重复保险，则本保险人仅负按照比例分摊损失的责任。

被保险人义务

第二十条 投保人应当在保险合同生效前按约定交付保险费。

第二十一条 被保险人应当履行如实告知义务，如实回答保险人就保险标的或者被保险人的有关情况提出的询问。

第二十二条 被保险人应当遵照国家有关部门制定的保护财产安全的各项规定，对安全检查中发现的各种灾害事故隐患，在接到安全主管部门或保险人提出的整改通知书后，必须认真付诸实施。

第二十三条 在保险合同有效期内，如有被保险人名称变更、保险标的占用性质改变、保险标的的地址变动、保险标的的危险程度增加、保险标的的权利转让等情况，被保险人应当事前书面通知保险人，并根据保险人的有关规定办理批改手续。

第二十四条 保险标的遭受损失时，被保险人应当积极抢救，使损失减少至最低程度，同时保护现场，并立即通知保险人，协助查勘。

第二十五条 被保险人如果不履行第二十条至第二十四条约定的各项义务，保险人有权拒绝赔偿，或从解约通知书送达15日后终止保险合同。

其他事项

第二十六条 被保险人与保险人之间因本保险事宜发生争议，可通过协商解决，也可申请仲裁或提起诉讼。

第二十七条 凡涉及本保险的约定均采用书面形式。

知识平台

一、财产保险合同的主要条款

财产保险合同的主要条款即保险合同的主要内容，规定了合同双方当事人的权利和义务，是双方当事人履行合同的依据。其可分为：

（一）基本条款

基本条款的内容包括保险财产范围、保险责任范围、除外责任、保险金额的确定、赔款的计算、被保险人的义务以及其他事项。

（二）扩展责任条款

扩展责任条款是指在基本责任条款的基础上，应被保险人的要求，除承保基本条款的各项保险责任外，还将进一步增加新的保险责任，以扩大对被保险人的保障范围。

一般采用附贴的办法，即以批单的形式附贴在保单上，如在企业财产保险保单上附加露天堆放财产特约条款。

（三）限制责任条款

该条款是保险人对某些特殊情况下的特殊危险责任加以限制。如在列举一般可保风险的同时做出限制或排除规定。例如，财产保险对金银、首饰等贵重物品通常"除非经被保险人与保险人做特别约定，并在保险单上列明，否则不予承保"。

（四）保证条款

保证条款是最大诚信原则的重要内容，可分为明示条款与默示条款两种。两者的效力相等。

二、财产保险主要条款术语解释

（一）总释

在保险条款中，有部分名词或定义是通用的，适用于任何一个险种以及保险人和被保险人。现将其列明并解释如下：

（1）自然灾害：指雷电、暴风雨、飓风、台风、龙卷风、洪水、冰雹、山崩、雪崩、火山爆发、地面下陷下沉及其他人力不可抗拒的破坏力强大的自然现象。

（2）意外事故：指被保险人不可预料的以及无法控制并造成物质损失的突发性事件，包括火灾和爆炸。

（3）被保险人的故意行为或重大过失：指明知自己的行为会造成损害后果，仍然去做或放任这种后果发生；重大过失指被保险人应当预见自己的行为可能发生损害后果，因为疏忽大意而没有预见或已预见但轻信能够避免而导致损害后果发生。法律意义上的行为指受思想支配而表现在外面的活动。在保险中的行为分为作为和不作为两种，这两种行为都可能引起损害后果，保险人对这两种行为引起的损害后果拒绝赔偿。

（4）被保险人及其代表：指被保险人和受被保险人委托或指派代其办事或表达意见，或代表其进行某种活动，或为其利益服务的人。

（5）被保险人的家属：指被保险人的直系亲属及配偶。

（6）被保险人的雇佣人员：指受雇于被保险人并为其服务或工作的人。

（7）战争：国家之间、民族之间、阶级之间或政治集团之间的武装斗争。

（8）类似战争行为：与战争相类似的武装斗争或冲突。

（9）敌对行为：因利害冲突不能相容而相互仇视，发生有形或无形地对抗。

（10）没收：把违法或犯罪的个人或集团的财产强制地收归公有，也指把违反有关当局禁令或规定的东西收去归公。

（11）征用：国家依法或根据需要使用个人或集体土地、房产、财物等。

（12）罢工：雇佣人员为实现某种要求或表示抗议而集体停止工作。

（13）暴动：阶级或集团为了破坏当时的政治制度、社会秩序而采取的集体武装行动。

（14）核反应、核子辐射和放射性污染：重元素的原子核裂变或轻元素的原子核聚变过程可产生很大的能量，这种能量一旦失去控制并外泄，对人体或物体具有极强的穿透力，这种穿透力能够对人体或物体造成伤害或损坏。

（15）爆炸：包括化学反应和物理性两种原因引起的爆炸。

（16）免赔额：保险公司对某些保险标的规定在一定限度内的损失不负赔偿责任的金额。保险公司在计算赔款时，凡损失超过这个免赔额而进行全部赔偿的叫"相对免赔额"，只赔偿超出免赔额那一部分的叫"绝对免赔额"。

（17）保险期限：保险生效日至保险终止日之间的期限。

（18）损失通知：发生损失后保险公司必须立即着手调查案情，并督促被保险人避免损失扩大，以减少赔款金额。如因被保险人延误通知而无法查明原始损失情况并造成进一步损失，则保险公司有权拒赔，因此要求被保险人在发生损失后立即通知保险公司，并要求其提供书面的事故报告。

（19）索赔单证及时效：被保险人在索赔时除提供事故报告外，还需提供保险单、损失清单、损失证明及其他保险公司认为必要的单证。索赔时效就是在被保险人知道保险事故发生之日起两年不行使索赔权而消失。

（20）变更通知：当保险财产或危险有变动时，被保险人必须及时以书面通知保险公司，并获保险公司书面同意。保险公司同意后应立即出具相应的批单进行更改，必要时还需增收保险费。如被保险人不履行这一义务，则保险公司可以拒赔。

（21）保单注销：保单规定保险公司与被保险人双方都有注销保单的权力。被保险人可随时书面申请注销保单；保险公司终止保险合同，应当提前十五天通知被保险人，并将保险标的未受损失部分的保险费，扣除自保险责任开始之日起至终止合同之日止期间的应收部分后，退还投保人。

（22）争议处理：保险人与被保险人就保险合同的履行发生争议时处理方法及地点。

（23）除外责任：指保险公司保险合同列明的不予承保或不予赔偿的责任。

（24）近因：是造成保险财产损失的最直接主要的原因。近因并不一定是与发生的损失在时间上最接近的原因，而是在实际上造成损失的最直接的原因。

（25）直接损失：指保险事故造成保险标的本身的损失。

（26）间接损失：由于保险标的受损而引起的间接损失。

（27）市价：在特定时间特定地点的市场价格。

（28）重置价值：在特定时间重新购置、建造或建筑安装同样的全新的该项固定资产所需的全部支出，包括造价或购进价、安装费用和其他有关费用。

（二）财产保险条款解释

1. 保险责任

由于下列原因造成保险财产的损失，保险公司负赔偿责任：

（1）火灾：在时间或空间上失去控制的燃烧所造成的灾害。构成本保险的火灾责任必须同时具备以下三个条件：

①有燃烧现象，即有热、有光、有火焰。

②偶然、意外发生的燃烧。

③燃烧失去控制并有蔓延扩大的趋势。

因此，仅有燃烧现象并不等于构成本保险中的火灾责任。在生产、生活中有目的的用火，如为了防疫而焚毁玷污的衣物，点火烧荒等属正常燃烧，不属火灾责任。因烘、烤、烙造成焦煳变质等损失，既无燃烧现象，又无蔓延扩大趋势，也不属火灾责任。电机、电器、电气设备因使用过度、超电压、碰线、弧花、走电、自身发热所造成的本身损毁，不属火灾责任。但如果发生了燃烧并失去控制蔓延扩大，才构成火灾责任，并对电机、电器、电气设备本身的损失负责赔偿。

（2）爆炸：分物理性爆炸和化学性爆炸。

①物理性爆炸：由于液体变为蒸气或气体膨胀，压力急剧增加并大大超过容器所能承受的极限压力，因而发生爆炸。

②化学性爆炸：物体在瞬息分解或燃烧时放出大量的热和气体，并以很大的压力向四周扩散的现象。如火药爆炸、可燃性粉尘纤维爆炸、可燃气体爆炸等化学物品的爆炸。

（3）雷电：积雨云中、云间或云地之间产生的放电现象。雷电造成的灾害称为雷击。雷击的破坏形式分直接雷击与感应雷击两种。

①直接雷击：由于雷击直接击中保险财产造成的损失。

②感应雷击：雷击产生的静电感应或电磁感应使屋内对地绝缘金属物体产生高电位放出火花引起火灾，导致电器本身的损毁，或雷电的高电压感应致使电器部件的损坏。

（4）风暴：风速在 28.3 米/秒以上，即风力等级表中的 11 级风。本保险条款的风暴责任扩大至 8 级风，即风力在 17.2 米/秒以上即构成风暴责任。

（5）龙卷风：是一种范围小而时间短的猛烈旋风。

（6）暴雨。指每小时降雨量达 16 毫米以上，或连续 12 小时降雨量达 30 毫米以上，或连续 24 小时降雨量达 50 毫米以上的强降雨。

（7）洪水。山洪暴发、江河泛滥、潮水上岸及倒灌致使保险财产遭受浸泡、冲散、冲毁等损失都属洪水责任。

规律性的涨潮，自动灭火设施漏水以及在常年水位以下或地下渗水、水管爆裂造成保险财产损失不属洪水责任。

（8）台风：是发生在太平洋西部海洋和南海海面上的热带空气旋涡，风力常达十级以上，同时伴有暴雨。

（9）地面下陷下沉：地壳因为自然变异、地层收缩而发生突然塌陷。此外，对于因海潮、河流、大雨侵蚀或在建筑房屋前因为没有掌握地层情况，地下有孔穴、矿穴，以致地面突然塌陷所致保险财产损失，也在保险责任以内。对于因地基不固或未按建筑施工要求而造成的建筑物地基下沉、裂缝、倒塌等损失，不在本保险责任内。

（10）地崩、山崩。石崖、土崖受自然风化、雨蚀、崩裂下塌，或山上岩石滚下，或大雨使山上沙土透湿而崩塌。

（11）火山爆发。火山爆发是一种极强烈的火山活动，能喷出各种较粗的火山碎屑物质，从而造成保险财产的损失。

（12）水管爆裂。水管由于气温低于零度造成的冻裂和因意外而造成的爆裂。

对于因锈蚀而造成的爆裂不在此列。

（13）飞机坠毁、飞机部件或飞行物体坠落。凡是空中飞行或运行物体的坠落，如陨石坠落，飞行物体落下，吊车、行车在运行时发生的物体坠落都属本保险责任。

在施工过程中，因人工开凿或爆破而致石方、石块、土方飞射、塌下而造成保险财产的损失，可以先予赔偿，然后向负有责任的第三者追偿。

建筑物倒塌、倒落、倾倒造成保险财产的损失，视同空中运行物体坠落责任负责。如果涉及第三者责任，可以先予赔偿，然后向负有责任的第三者追偿。但是，对建筑物体本身的损失，不论是否属于保险财产，都不负责赔偿。

2. 除外责任

由于下列原因造成的保险财产损失，保险公司不负责赔偿：

（1）战争：国家与国家、集团与集团之间为了一定的政治、经济目的而进行的武装斗争。

（2）核子辐射和污染：指核武器爆炸或核反应堆事故产生的光辐射、贯穿辐射和放射性污染。对战争、军事行动、暴乱等原因引起的火灾、爆炸等灾害事故造成的损失，因其破坏范围，损失程度难以估计，因此列为除外责任。

（3）被保险人的故意行为：法律上，故意行为指明知自己的行为可能造成损害结果，而仍希望其结果发生或放任这种结果的发生。

（4）地震、海啸。地震是因地壳发生急剧的自然变化，地面发生震动。海啸是因地震或风暴而造成的海面巨大涨落现象。地震和海啸属巨灾，损失范围和程度非商业性保险公司所能承受。

（5）政府命令或任何公共当局的没收、征用、销毁或毁坏。

（6）大气、土地、水污染。环境污染所造成的损失往往是巨大的、短时间无法改变的，保险公司不予负责。

（7）因贬值、丧失市场或使用价值等造成的其他后果损失，保险公司只能承担直接物质损失；对于因市场风险造成的价值丧失、无出售可能等造成的损失，保险公司不予负责。

📖 小思考

持实习驾驶证的王某驾驶一辆小客车，在高速公路上与同向行驶的两辆汽车相撞，该车已投保了车辆损失险和第三者责任险。当地交警认定王某在此次交通事故中负全部责任。出险后，保险公司拒赔。车主诉诸法院。法院判定原告、被告间签订的保险合同合法有效。但王某持实习驾驶证，按《高速公路交通管理办法》第四条"实习驾驶员不准驾驶车辆进入高速公路"的规定，王某没有资格驾车进入高速公路，本案纠纷责任在原告，此案拒赔有理。驳回诉讼请求。

问：实习驾驶证能否获得赔偿？

【项目小结】

重点掌握财产保险以及财产保险市场的运行状况；对财产保险的概念、特征、分类以及财产保险的产生与发展形成初步的认识；能根据财产保险合同的基本原则进行案例分析。

【项目训练】

（1）通过网络查询相关资料，填写《中国 2017 年产险保险费收入排名一览表》，见表1 -4。

（2）通过网络查询主要保险门户网站，填写《中国各大产险公司比较表》，见表 1 - 5。

（3）通过浏览相关网站，分小组撰写《中国财产保险市场发展现状调研报告》。

表 1 - 4　中国 2017 年产险保险费收入排名一览表

排名	公司名称	保险费收入	备注
1			
2			
3			
4			
5			
6			
7			
8			
9			
10			

表 1 - 5　中国各大产险公司比较表

公司名称：		网址：	
在石家庄有无分支机构	有（　）无（　）	地址：	
主要股东	1.	2.	3.
经营范围			
主打产品			
提供服务			
经营收入及排名			
公司名称：		网址：	
在石家庄的分支机构	是（　）否（　）	地址：	
主要股东	1.	2.	3.
经营范围			
主打产品			
提供服务			
经营收入及排名			

续表

公司名称：	网址：		
在石家庄有无分支机构	有（　　） 无（　　）	地址：	
主要股东	1.	2.	3.
经营范围			
主打产品			
提供服务			
经营收入及排名			
公司名称：	网址：		
在石家庄有无分支机构	有（　　） 无（　　）	地址：	
主要股东	1.	2.	3.
经营范围			
主打产品			
提供服务			
经营收入及排名			

（4）案例分析题。

到期承租房屋遭火受损，保险公司是否赔偿？

2016 年 1 月 2 日，A 公司向本市一家印刷厂租借了一间 100 多平方米的厂房做生产车间，双方在租赁合同中约定：租赁期为一年，若单方违约，则违约方将支付违约金。同年 3 月 6 日，A 公司向当地保险公司投保了企业财产保险，期限为一年，当年 A 公司因订单不断，欲向印刷厂续租厂房一年，遭到拒绝，因此 A 公司只好边维持生产边准备搬迁，次年 1 月 2 日至 18 日间，印刷厂多次与 A 公司交涉，催促其尽快搬走，而 A 公司经理多次向印刷厂解释，表示愿意支付违约金。最后，印刷厂法人代表只得要求 A 公司必须在 2 月 10 日前交还厂房，否则将起诉。2 月 3 日，A 公司职员不慎将洒在地上的煤油点燃起火，造成厂房内设备损失 215 000 元，厂房屋顶烧塌，需修理费 53 000 元，A 公司于是向保险人索赔。

案例争议：

①租赁合同到期后，A 公司对印刷厂厂房已不存在保险利益。

②A 公司继续违约使用印刷厂厂房期间，厂房屋顶烧塌，A 公司违约在先，标的利益不合法，保险公司不赔偿。

问：请问保险公司该不该赔偿？为什么？

（5）分析以下案例，并计算相应赔款，填写权益转让书（见图 1 - 1）和赔款通知书（见图 1 - 2）。

2017 年 4 月 26 日，海北大厦六楼的星星服装厂向当地的平安保险有限公司投保了财产综合险，保险金额为 168 万元，保险费 3 362 元一次缴清。2017 年 6 月 10 日下午，该大厦二楼的竞红器材公司发生火灾，火势迅速蔓延，滚滚浓烟将星星服装厂准备运往法国销售的一批童装全部熏坏，造成直接经济损失 85 922 元，星星服装厂遂向保险公司索赔。

权 益 转 让 书

_______保险有限公司：

你公司签发的_________险_________号保险单承保我单位之_________，保险金额为________元，于_________年_________月__________日因___________出险受损，根据______________________应由第三者________________负责赔偿损失。请你公司按照保险单条款第_______________条规定，将上述损失金额（大写）___________（小写）____________________先予赔付。现将追偿权转移给你公司，并协助你公司共同向第三者追偿损失。

特立此据。

签章：

年　　月　　日

图 1－1　权益转让书

赔 款 通 知 书

赔案号码：

应付你单位_________险_________号保险单_________损案。赔款金额（大写）______________________（小写）_________

上款请在所附赔款收据盖章后前来领取。

此致

×××保险有限公司

年　　月　　日

图 1－2　赔款通知书

项目二

财产保险业务流程

项目描述 ////

作为一名一线的财产保险业务人员，需要了解财产保险业务流程，即财产保险展业、承保、勘查及理赔，并能根据该流程开展相应的工作，更好地为客户提供优质服务。

项目目标 ////

1. 通过本项目的实施，掌握财产保险的业务流程，并能根据财产保险业务流程开展业务；

2. 能结合各种财产保险产品特点及条款内容，进行企业财产保险展业和承保；

3. 能根据各种财产保险条款内容结合财产保险基本原则，进行财产保险理赔相关操作。

任务一 财产保险展业

学习目标

通过本任务的实施，能够运用财产保险产品特点及条款内容，进行财产保险模拟展业。

《《《 引入

问：《国家税务总局关于保险营销员取得佣金收入征免个人所得税问题的通知》（国税函〔2006〕454 号）的主要内容是什么？

答：《国家税务总局关于保险营销员取得佣金收入征免个人所得税问题的通知》明确了保险营销员的佣金由展业成本和劳务报酬构成。按税法规定，对佣金中的展业成本，不征收个人所得税；对劳务报酬部分，扣除实际缴纳的营业税金及附加后，依照税法有关规定计算征收个人所得税。根据目前保险营销员展业的实际情况，佣金展业成本的比例暂定为 40%。此通知自 2006 年 6 月 1 日起执行。《国家税务总局关于保险营销员（非雇员）取得的收入计征个人所得税问题的通知》（国税发〔1998〕13 号）第二、三、五条和《国家税务总局关于保险营销员取得收入征收个人所得税有关问题的通知》（国税发〔2002〕98 号）同时废止。

活动一　分组模拟保险展业人员如何克服拒绝

当客户分别为家庭主妇、职业妇女、已婚先生、单身人士、公司老板、刚步入社会的新人或高级知识分子时，保险展业人员应如何处理以下拒绝？

（1）我不需要。

（2）我最讨厌保险了。

（3）我觉得保险费太高了。

（4）我对保险一点也不感兴趣。

（5）保险都是骗人的，我才不会相信。

知识平台

一、保险展业的含义

（一）保险展业

保险是通过展业和承保，收取保险费，建立保险基金的。雄厚保险基金的建立和补偿、给付能力的保证，有赖于良好的展业和承保。展业和承保有两层含义，即业务的争取和业务的选择。前者是业务的量，后者是业务的质，保险业要求做到量和质的统一。

展业俗称"拉保险"或"揽保险"，是指保险的销售活动，它是保险运行的起点。

保险展业就是争取保户，推销保险单，不断扩大承保面。大数法则表明，承保面越大，风险越分散。保险人只有通过展业才能争取到众多的投保人，才能符合大数法则这一保险经营原则，才能达到以众人之力补偿少数人的损失的目的。展业效率越高，财产保险市场占有率越大，财产保险的财务就越稳定；而且，保险人承保的保险标的数量越多，越能最大限度地发挥财产保险的职能作用。因此，展业是保险业务活动的起点和基础。保险展业的基本环节是保险宣传和展业渠道的开拓。

（二）保险展业的方式

保险展业主要包括直接展业、保险代理人展业、保险经纪人展业和互联网展业。

1. 直接展业

直接展业是指保险公司依靠自己的业务人员去争取业务，这适合于规模大、分支机构健全的保险公司以及金额巨大的险种。直接展业能够充分发挥专职业务员的熟练业务水平和经营技巧，并把展业、核保、理赔、防灾等几个环节紧密结合起来，保证业务质量。但是，直接展业需要配备大量的业务人员，增设机构，容易增加经营成本。因此，很多大的保险公司既有自己的推销人员，又广泛地运用代理人展业，一般保险公司则主要依靠代理人展业。

2. 保险代理人展业

对许多保险公司来说，单靠直接展业是不足以争取到大量保险业务的，在销售费用上也是不合算的。如果保险公司仅靠直接展业，就必须配备大量展业人员和增设机构，大量工资和费用支出势必会提高成本，而且展业具有季节性特点，在淡季时，人员会显得过剩。因此，国内外的大型保险公司除了使用直接展业外，还广泛地建立代理网，利用保险代理人展业。

3. 保险经纪人展业

保险经纪人不同于保险代理人，保险经纪人是投保人的代理人，对保险市场和风险管理富有经验，能为投保人制订风险管理方案和物色适当的保险人，是保险展业的有效方式。

4. 互联网展业

随着互联网的深入，许多公司纷纷开始通过互联网开展保险业务，通过互联网与客户交流信息，利用互联网进行保险产品的宣传、营销和提供服务。

（三）展业准备

1. 掌握保险相关的基本知识

熟悉和掌握保险条款、条款解释、费率规章等有关知识及投保单的填写要求。

2. 掌握相关法律法规和业务办理程序

学习并掌握我国《保险法》《合同法》《民法通则》等相关法律法规及办理业务的程序。

📚 小思考

保险展业人员的展业包括哪些内容？

（四）展业宣传

1. 展业宣传的意义

保险提供的是一种无形的经济保障，其必要性和迫切性不易为一般人所理解，必须通过宣传去唤醒人们的风险意识，并使其转化为投保行动。这就是通常所说的保险单都是被"推销"出去的，而不是被"买"去的。在我国，一般民众对保险还比较陌生，对保险在国民经济中的作用认识比较模糊，参与保险的意识薄弱。因此，加强展业宣传，扩大影响，显得尤为重要。在保险市场竞争日益激烈的情况下，展业宣传还有利于提高保险人的知名度，并能约束保险人切实履行保险责任，接受人们监督，为保户提供优质服务。

2. 展业宣传的形式

展业宣传要注重形式和技巧，讲究趣味性、知识性和实用性，以便收到较好效果。保险宣传的形式多种多样，诸如各种保险促销活动；电视、广播等声像形式；报刊、标语、传单等文字传媒形式；利用网络等综合传播功能。此外，保险业务人员还应在承保、理赔、防灾等业务环节中，经常面对面地、有针对性地向投保人进行宣传。

展业宣传应结合该地区特点和典型案例，来宣传参加保险的必要性，并详细告知投保人财产保险条款的主要内容，如保险责任、责任免除、保险金额的确定方式、赔偿处理规定及被保险人义务等。展业宣传要积极主动，并争取有关部门的配合与支持。

📚 小知识

展业宣传的重点内容

（1）本公司的品牌优势、实力优势、信用优势和服务优势。

（2）本公司机构网络、人才技术、名优工程等优势。

（3）本公司财产保险商品（险种）和价格（费率）等内容。

活动二　分组讨论承保员的职能

1. 承保员是否要接受所有的投保申请并发售保单呢？请解释原因。
2. 保险公司应采取什么办法来维持和扩大它们的承保能力？

知识平台

二、承保员的主要职能

在保险人收到投保人提出的保险申请后，经审核认为符合保险条件，同意接受其投保的行为，就是承保。

承保员是指在保险合同上签署自己的名字，对风险做出接受、拒绝、部分接受等各种抉择的人。承保的总目标是选择和保持能够使公司的利润迅速增长的业务。围绕这样一个总目标，承保员的职能主要包括确定供需规模、确定价格、确定保单条件和承保条件分析四项内容。

（一）确定供需规模

保险公司可能每天都要收到许多投保申请，那么，承保员是否要接受所有的投保申请并发售保单呢？在现实中，由于逆选择和公司的承保能力这两个因素的存在，保险公司不可能接受所有的申请者。

1. 逆选择

在现实中，由于逆选择的存在，保险人必须特别谨慎地对被保险人做出选择。逆选择通常是与信息的非对称相联系的。对于任何一家保险公司来说，它当然预期到了赔偿损失的问题，否则保险也就没有存在的必要了。然而，从投保人的角度来说，那些有很大可能遭受风险损失的人要比一般的人更希望购买保险。例如，一个身患癌症的人就比一个健康的人对保险的需求更强烈；一个经常出车祸的人也比驾驶车辆非常小心谨慎的人更希望购买保险。这种对于投保者个人来说是有利的选择，对于保险公司来说，显然是一种很不利的选择。这种情况即被称作保险中的逆选择。正是由于逆选择的存在，保险公司才必须严格筛选申请者以避免由逆选择带来的不利影响。

2. 公司的承保能力

承保能力就是基于公司净资产规模基础之上的公司业务容量。它是通过净承保保险费对公司净资产的比率，即业务容量比率来衡量的。保险人在一个给定的时期内（通常为一个会计年度）所发售的所有有效保单的保险费之和为总承保保险费。它既包括原保险保险费，也包括再保险保险费。而净承保保险费指只包括原保险保险费，但不包括再保险保险费在内的保险费总和。

$$业务容量比率 = 净承保保险费/净资产$$
$$总承保保险费 = 净承保保险费 + 再保险费$$

小知识

承保能力成为限制公司接受新业务的原因：

第一，保险费实际上是保险人对投保人的负债。保险人接受的保单越多，其负债越大。同时，发售新保单还意味着保险人要支付新的费用，如保单的制作费、代理人的佣金、展业成本费用等。这在短期内必然会减少公司的净资产。

第二，如果公司接受的业务太多，损失和费用又超过了净承保保险费，公司就必须动用以前的盈余来偿还债务。这两种情况无疑都将增大保险人的经营风险，使被保险人面临不能按时得到赔偿和给付的风险。

因此，保险公司必须在其业务容量允许的范围内保持业务的增长，以便维持公司经营的稳定。

当然，从长期来看，如果公司经营得好，发售新保单所带来的保险费收入能够超过其支出，那么，接受新的业务也会提高保险人的盈利水平。可见，保险人应当通过稳定的、持续的业务增长来达到扩大承保能力的目的。一般来说，保险人可以通过以下三种方法来维持和扩大它们的承保能力：风险的分散；现有资源的最佳使用；运用再保险。

1）风险的分散

由于每一个保险人的承保能力都是受到一定限制的，因此，保险公司要尽可能在这个范围内有效地分配这种能力。对于保险公司而言，就是"不把所有的鸡蛋都放在一个篮子里"。只有通过不同类型的业务、不同的市场、不同的地区来分散自己的业务，保险公司才可以减少那种集中发生在一个地区或一种保险标的上的损失，由此提高盈利率。

保险公司还可以通过对任何一种保险业务设定限额的方式来分配承保能力。一般来说，有的保险业务的限额规定要严格一些，有些则宽松一些。严格还是宽松主要取决于这些业务所代表的风险的性质。例如，保险公司可以对坐落在乡村的、几乎没有防火设施的房屋保险设定一个很严格的限额，而对坐落在城市、有着良好的公共和私人防火设施的房屋设定一个宽松的限额。

2）现有资源的最佳利用

除了财务资源以外，每个保险公司还要依赖于其他的一些有效资源。例如，办公室和机器设备之类的有形资源，以及包括保险代理人或保险经纪人、精算师、承保员、投资分析员、风险管理人员、理赔员和律师等在内的人力资源。

对于任何一家保险公司来说，一个重要的原则是：不要承保公司不熟悉的业务。换句话说，你在哪一险种上最具优势，你就优先发展和承保哪一类业务，发挥自己的比较优势。比如说，某保险公司对农业保险并不在行，它过去在这一方面没有多少实践，承保员和理赔员这方面的知识和经验也都非常有限。要识别可能引起重大损失的风险因素、要确定理赔，都可能是很困难和很昂贵的。因此，该公司就应当避免承保农业保险业务。

3）运用再保险

简要来说，再保险即原保险人和另一个保险人（即再保险人）分享保险费和损失的一种保险。再保险人收取一定比例的保险费，在损失发生的时候，承担一定的损失。原保险人所能保留业务规模的大小通常是受其承保能力限制的。如果能够得到再保险，原保险人就可以通过向再保险人转移部分保险费和潜在的损失来扩展新业务。可见，再保险的可能性也会影响保险人的业务承保能力。

（二）确定价格

确定价格就是根据风险的不同性质和程度来收取保险费。确定价格职能包括两方面的内容：首先，对被保险人做出适当的分类。对被保险人的分类主要是根据年龄、性别、职业、生活习惯等因素的不同，将其归入不同的类别中。其次，针对不同的保险标的和风险单位确定适当的费率。

小知识

风险单位是指发生一次保险事故可能造成保险标的损失的范围。它是保险人确定其能够承担的最高保险责任的计算基础。风险单位在不同的场合有不同的含义。例如，在工伤保险中，通常以每100元工资为一个风险单位；在车辆保险中，以每一辆车为一个风险单位。

由于风险的特征和风险因素是在不断变化的，所以费率也必须得到修正以反映这些变化。虽然费率是由精算师确定的，但承保员的工作也是定价过程中的一个非常重要的部分。事实上，对一些罕见的风险和损失标的来说，其费率是由承保员根据以往的经验来决定的。从这个意义上来看，承保员也是一个费率的制订者。

（三）确定保单条件

一般来说，大多数被保险人都适合于使用标准保单。在西方国家，标准保单通常是由一个权威机构制作的。从这一点来看，不同公司发售同一险种的保单可以说没有太大区别。但是，各公司也可以根据自己的情况，使用所谓的非标准保单，即公司自己制作的保单。非标准保单在总体上与标准保单没有很大的区别，只是在某些方面作了一些改变。各保险公司可以自己决定是完全遵照标准保单的形式，还是作某种程度的修改。有些类型的险种没有一个标准形式，因此，不同的公司必须制作自己的非标准保单。

在大多数场合，保单条件的决定很简单，即承保员只是向投保人提供一个他所需要的保单，并不修改附加条款；但在某些场合，承保员与投保人可能需要就险种、保险条件、免赔数额、除外责任和附加条款等进行进一步的协商。协商的最后结果与标准保单相比可能有很大的不同。

（四）承保条件分析

承保员要定期检查风险因素、损失状况和被保险人的其他情况，以便观察这些风险因素和条件是否发生了重大改变。由于承保决定涉及对潜在损失的评估，因此，承保员必须对风险因素和其他的条件进行定期地回顾、检查和分析。

如果一个被保险人的风险因素增加了，承保员就要对他进行重新归类。例如，从可接受的投保人的类别中转到不可接受的投保人的类别中。假定一个被保险人将他的停车地点改到了一处生产有毒气体的实验室附近，那么承保员可能需要提高他的保险费，以反映风险因素的增加这一客观事实；或者不接受该投保人的续保。

承保分析实际上是在保险费额和损失率之间进行比较和取舍。一份非常严格，即选择标准很高的保单可能降低损失率（这是有利的结果），但同时也可能会减少保险费额（这是不利的结果），而保险费额本身又是获取收益和支付损失（即费用开支）的基础。但一份选择标准很低的保单将提高损失率，有的时候，甚至额外增加的保险费也并不足以支付额外的损失和费用。因此，对于承保员来说，他需要在保险费额和损失率之间慎重地选择。在很多情况下，他可以运用经济学中的成本与收益相比较的思路和方法。

三、保险展业的业务流程

确定准客户 → 准客户资料调查（资料收集、整理、分析、得到结论）→ 制订保险计划书（包括说服说辞和环节假设）→ 接触（最好能通过第三方介绍）→ 沟通（了解真实需要）→ 修改计划书 → 成交。

任务二 财产保险承保

学习目标

通过本任务的实施，能够运用财产保险产品特点及条款内容，分析财产相关信息及财产风险，进行财产保险模拟承保。

≪≪ 引入

家庭财产保险赔偿纠纷案

原告：王某；被告：某保险公司某分公司（以下简称"保险公司"）。

某年 5 月 30 日王华向保险公司投保家庭财产保险，保险金额为 16 000 元，其中楼房两间，保险金额为 6 000 元，保险费为 12 元；房屋以外财产保险金额为 10 000 元，保险费为 20 元，保险期限自当年 5 月 30 日 0 时至次年 5 月 30 日 24 时止。由本村承保员张亮收取了王华缴纳的保险费 32 元并出具保险公司家庭财产保险费收据。王华于 2 月租用本村祠堂来堆放家具、杉木、三轮残疾人用车以及杀猪卖肉。10 月 23 日因祠堂内电线老化漏电引起火灾，致使王华堆放在祠堂内的家具、杉木、农副产品和三轮残疾人用车、新鲜猪肉等不保财产均被烧毁，共计损失 19 800 元。事故发生后，保险公司派人员到现场对起火原因、施救经过、损失情况进行调查核实。王华向保险公司提出索赔遭到拒绝，遂诉至法院。

法院认为，王华以参加村集体投保的形式向保险公司投保家庭财产，保险公司收取了保险费，应认定保险合同成立。王华未向保险公司申明投保的财产中有部分存放于祠堂内，保险公司亦未审核保险标的及坐落地点即按承保员填具的财产分户清单做出承保表示，双方对本案纠纷产生均有过错。最后法院主持调解，双方当事人达成协议结案，由保险公司赔偿给王华 4 000 元。

请思考：

（1）原告王华存放于祠堂内的财产是否属于保险公司的承保财产范围？

（2）承保员的行为性质如何认定？

活动：分组讨论财产保险承保的注意要点。

（1）承保人员如何搜集财产信息？

（2）承保人员如何识别财产风险？

知识平台

承保决定是在每一份保险申请、续订保单和附加条款的基础上做出的。承保过程主要包括信息的收集和整理、风险的识别和分析、承保的抉择和实施等步骤。

在某些场合，承保的某些过程是用计算机程序化了的，这种情况通常运用在数量很大的保险标的场合，像汽车保险和家庭财产保险等。它的做法是：由计算机来筛选申请者。如果申请人满足了所有的条件，则接受申请人为被保险人；如果没有满足这些条件，则拒绝接受其为被保险人。如果接受或者拒绝的理由并不是那么显然，则需将此份申请交由承保员以做出具体的评价。因此，在许多场合中，特别是在商业保险的场合，可以说，承保在很大程度上是一个加入了个人判断因素的过程。下面是承保的过程分析：

一、信息的收集和整理

承保员是在综合各种信息和个人判断的基础上做出有关承保决定的。此外，信息对承保员的作用还在于它能使承保员改进决策的制订。为了做出决策，承保员需要从各个方面得到各种信息，以便分析每个申请者所具有的潜在的损失。在保险业发达的国家，信息的来源主要有：

（一）中介人

中介人包括保险代理人、保险经纪人等。中介人通常能够提供一些并不包括在申请表上的信息，例如对申请者的个人评价。

（二）消费者调查报告

一些独立的消费者服务机构会调查并提供有关未来或潜在的被保险人的背景材料和信息。

（三）地区销售经理

许多保险公司都有地区销售经理，这些人通常长期与保险代理人或经纪人打交道，了解情况，因此，他们经常能够提供一些与投保人有关的有用信息。

（四）中介人的经营业绩

在评价投保申请时，承保员通常十分重视保险代理人和保险经纪人的经营业绩。如果他们的业绩一直非常优良，那么，在有的情况下，即使他们交来的投保人的投保申请并没有满足所有的承保条件，承保员可能也会接受。

有的时候，保险公司也可以从被保险人所保存的一些单据中获得某些信息，例如珠宝鉴定的复印件、购买货物的账单等。对于一些企业家来说，说明公司经营状况和未来计划的年度报告以及财务报表也可以提供许多有用的信息。

二、风险的识别和分析

对于承保员来说，一旦得到了所需信息，他就必须识别和分析投保人所具有的或呈现出的一些风险因素。换句话说，他必须确定那些会提高损失发生的不确定性和严重性的事件和条件。例如，一个车主的汽车刹车有问题，这一事件很显然会增加损失发生的不确定性和严重性。再如，生产者在产品的生产中使用一些危险的化学物质（例如铅，铅很容易导致工人铅中毒，引起工伤事故赔款）。承保人一旦确定了这些风险因素，他就必须做出分析，这种物质的毒性有多大，可以采用什么方法避免它，可以采取什么措施来防止它产生过度的危害。除此之外，承保员还必须对投保人的所有情况进行总体评估，这些风险因素综合在一起是否加大了损失发生的不确定性和严重性。因此，承保员必须进行多方面的比较，例如，将这个风险因素和其他的风险因素进行比较，将生产某一产品的生产者与另外的生产者进行比较。这种比较将决定相关风险程度是高于平均水平还是低于平均水平，平均水平即承保员可以接受的风险的基准。

风险因素的识别和分析主要包括以下几个方面：

（一）有形风险

有形风险即提高损失发生的可能性和严重性的个人、财产和经营的物质方面的特征。例如，在审查是否接受一个火灾保险的投保人的申请的时候，承保员必须考虑他的房屋结构、居住情况、保护措施和外部环境。如果有一间办公室，其隔壁是一所没有任何有效的防火措施的饭店，另一间办公室则坐落在有着非常现代化防火措施的大楼里，那么，很显然，后一种场合的风险因素要比前一种场合少得多。

（二）道德风险和行为风险

这两种风险都属于无形风险。道德风险指人们以不诚实、不良企图、欺诈行为故意促使保险事故发生，或扩大已发生的风险事故所造成的损失，以便从中获利；行为风险则是指由于人们行为上的粗心大意和漠不关心，增加了风险事故发生的机会并扩大损失的程度。相对于有形风险来说，无形风险较难识别，但承保员还是可以通过一些线索和指标，如投保个人或单位的财务状况，投保人的生活习惯和个性等观察和了解到。

（三）法律风险

法律风险通常有以下几种情况：主管当局强制保险人使用一种过低的保险费标准；要求保险人提供补偿范围很广泛的保险；限制保险人使用撤销保单和不予续保的权利等。法律风险还可能包括法院的判决，比如说，法院以一种并不是保险人本意的语言来解释保单。例如，商业责任保险所提供的环境污染保险要求损失必须是突发或意外的。然而，在法院判决的案例中，保险人认为，污染很明显不是突发或意外的，而是逐渐发生的，因此不予理赔；但法院判决这是一种突发的或意外发生的污染。在这种情况下，保险人就要承担这种由法院判决引起的法律风险。

除了风险因素本身，承保人还应当审查投保人在风险控制和防范方面所做的一些积极、有效的工作。例如，如果一个投保人采取了损失控制的方法，他的财政实力很强，声誉也不错，这说明他的投保条件优于标准水平。相反，如果一个投保人没有采取任何损失防范措施，在过去的五年中经营情况也不好，那么这个投保人的投保条件就劣于标准水平。可见，如果某一投保人的风险低于平均水平，则说明他的投保条件优于承保员要求的标准水平，这个风险就是可以接受的，保险人也是有利可图的；如果某一投资人的风险高于平均水平，则说明他的投保条件低于标准水平，此时承保员必须认真做出选择。

因此，一般来说，如果一个投保人的风险因素大于正常的风险因素，那么，保险公司不可能在标准保单的条件下接受其为被保险人，除非这种风险因素能够被消除、控制，或者可以通过大幅提高保险费而抵消。如果一个投保人的风险因素相当于正常的风险因素或小于正常的风险因素，从保险公司的角度来说，那他当然是非常理想的投保人。

三、承保的抉择和实施

（一）做出承保抉择

对承保员来说，他经常面临以下三种抉择：接受投保；拒绝投保；接受投保，但要做出一些变动。第三种情况最需要承保员的创造性活动。当要做出选择时，承保员必须同时考虑风险单位、风险因素、保单期限和条件以及保险费等条件。通常来说，承保员不应当孤立地考虑某一因素，除非在一些极端的场合，这一个因素极端的糟糕，以致不论投保人的其他条件多么好，承保员也不愿接受他。但我们不能由此得出相反的结论，即不论其他的条件多么差，只要有一个条件非常好，承保员就可以接受投保人。通常来说，一个投保人在最初申请保险的时候，可能由于某种原因而遭到了拒绝。但如果做出一些变通的话，就可能接受其为被保险人。

例如，承保员对投保人说，"不，我们不能接受你，除非你……"；或者是，"我们可以接受你，但你必须……"；或者对投保人说，"如果你答应这样做，我们将接受你的投保"。最常见的情况是，投保人同意采取并实施一些防范和控制损失发生的措施。例如，承保员对一个书店的主人说："如果你同意在书店里安装一套灭火装置的话，我就接受你的投保"。另一种常见的情况是，承保员修正费率或修正保单的另外一些条件。例如，有个人来投车辆险，他要求购买一份无免赔方式的保单。承保员在审查了他的各种条件以后，发现该人由于经常将车辆停放在碎石路上，汽车的挡风屏被砸碎了好多次，保险公司曾受理过多次索赔。除了这一个因素以外，应当说，这个投保人其他的条件都是很理想的。在这种情况下，承保员可以对投保人说："我们可以接受你，但你必须购买带有100元或200元免赔额的保险才行"。这样的话，承保员既接受了这份投保，又在一定程度上抑制了投保人的行为风险，避免保险人遭受一些不必要的损失。如果承保员说："我们可以接受你的投保，但你必须……"，而投保人也按照承保员的要求去做了，保险公司以后就不能食言。

小知识

承保员抉择的作用：第一，避免投保人的逆选择，减少公司不必要的损失；第二，通过对不同的地理位置、不同类型业务的选择，扩大业务量，最大限度地获取利润。这种分散业务的方式有助于保险人避免特大灾难，并使其产品能够在很大的市场范围内销售。

（二）实施抉择

一般来说，每一个承保员都是有自己的业务范围和授权范围的。在此范围内，承保员可以拒绝或接受投保，然后再将此转至下一个部门。但如果投保单超出了承保员的授权范围或业务范围，他就只有向上一级主管部门或经理的建议权而没有批准权。通常来说，上一级主管或经理可以对承保员的建议做出三种决断：批准、否定、将投保单转给更专业的承保员或高级承保员处置。

任务三　财产保险勘查

学习目标

通过本任务的实施，能够根据案件的描述情况，模拟出具查勘报告。

引入

某年12月13日7时55分在和平路体育大街交叉口，某公司的桑塔纳轿车由于超车与前方的运钞车相撞。事故发生后，由于运钞车还有工作所以当时没有与保险公司联系，待运钞车送钞后才与保险公司取得了联系，并与保险公司定损人员商定定损地点在裕华路上。

活动一　轻微事故的车险事故现场勘查前的准备工作

（1）查勘前要准备哪些工具？

（2）携带的查勘单证主要有哪些？

一、查勘前的准备

查勘人员在接到查勘派工指令后，应立即做好以下准备工作：

（1）在接到查勘派工指令后 5 分钟内，及时与报案人取得联系，进一步核实地点，告知预计到达时间；因特殊原因不能按约定时间到达现场的，应及时与客户联系并向客户说明原因。

📖 **小知识**

联系客户标准用语

某先生（小姐）您好（不要用"喂"开头）！我是××保险公司查勘员（自我介绍）。

请问您的具体地点（提示客户说明路名、车辆行驶方向、周边标志建筑物或广告牌、商店的方位等）？

事故是怎么发生的？有没有人员受伤？有没有报交警？交警到场了吗？现在处理得怎么样了？

我现在在××位置，大约××分左右就可以到达，请稍候。（若与车主联系不上或遇同时初始处理其他现场、路上塞车等情况无法及时赶赴现场时，要及时向调度反馈或向车主说明，联系不上的情况下可以以发送短信的方式告知客户）

（2）根据《机动车出险信息表》提供的资料，了解出险车辆的承保、出险情况。

（3）携带相机、计算机等设备和相关单证，赶赴查勘地点。

（4）携带的查勘单证主要有：《索赔申请书》、《机动车辆保险索赔须知》、《机动车辆保险事故查勘报告》及附表、《机动车辆保险事故案情询问笔录》及附页等。

活动二　现场查勘定损

请分小组讨论分析你作为保险公司的查勘定损员，到了现场需要做哪些工作？

二、到达现场后的首要工作

（1）到达查勘地点后，应使用标准服务话语向报案人进行自我介绍。

（2）如果保险标的或受伤人员尚处于危险中，则应立即协助客户采取有效的施救、保护措施，避免损失扩大。

（3）认真核对客户的保险单是否与《机动车出险信息表》内容相符。

如果发现标的车的其他有效保险单（机动车交通事故责任强制保险（以下简称"交强险"）交强险或商业机动车辆保险（以下简称"商业险"））在此次案件中未被关联，则应认真记录相关保单信息，及时反馈给接报案人员。

（4）涉及两辆以上机动车辆的事故，要查明事故各方车辆的强制保险（可通过是否具有强制保险标识进行初步判断）和商业机动车辆保险的投保情况，若我公司最先到达现场，查勘人员应提示其他车辆当事人将已有保险公司介入处理事故的情况告知其投保的保险公司，以便其他保险公司尽快确定是否委托我公司代为查勘定损。

（5）指导标的车的事故当事人正确填写《机动车辆保险索赔申请书》，提示客户阅读《机动车交通事故责任强制保险索赔告知书》，并要求客户签字确认。

（6）对客户不明白的事项进行详细解释。

（7）对于损失超过交强险责任限额或涉及人员伤亡的案件，应提醒事故当事人向交通管理部门报案。

三、事故勘查

（1）确认肇事驾驶人员和报案人身份，核实其与被保险人关系。

（2）查验肇事驾驶人员的驾驶证。

确认驾驶证是否有效；驾驶的车辆是否与准驾车型相符；驾驶人员是否是被保险人或其允许的驾驶人员；驾驶人员是否为保险合同中约定的驾驶人员；特种车驾驶员是否具备国家有关部门核发的有效操作证；营业性客车的驾驶员是否具有国家有关行政管理部门核发的有效资格证书。若前述证件有不合格的，则应用数码相机拍照，取得证据。

（3）若发现标的车驾驶人员有酒后或醉酒以及有吸食或注射毒品、被药物麻醉嫌疑且当时未向交管部门报案的，应主动要求肇事驾驶人员和报案人立即向交管部门报案并做好询问及取证工作。

（4）准确记录被保险人或驾驶员的联系方式。

（5）如果发现本次事故的损失未在标的车的其他有效保险单上被关联，应认真记录相关信息，及时反馈给接报案人员。

小知识

现场查勘的要求

（1）及时迅速。现场查勘是一项时间性很强的工作。要抓住案发不久、痕迹比较清晰、证据未遭破坏、证明人记忆犹新的特点，取得证据。反之，到案不及时，就可能由于人为和自然的原因，破坏现场，给查勘工作带来困难。所以，事故发生后查勘人员要用最快的速度赶到现场。

（2）细致完备。现场查勘是事故处理程序的基础工作。现场查勘一定要做到细致完备、有序。在查勘过程中，不仅要注意发现那些明显的痕迹证物，而且，特别要注意发现那些与案件有关的不明显的痕迹证物。切忌走马观花、粗枝大叶的工作作风，以免事权因一些意想不到的过失而变得复杂化，从而使事故处理陷于困境。

（3）客观全面。在现场查勘过程中，一定要坚持客观、科学的态度，要遵守职业道德。在实际中可能出现完全相反的查勘结论，要尽力防止和避免出现错误的查勘结果。

（4）遵守法定程序。在现场查勘过程中，要严格遵守《道路交通事故处理程序》和《道路交通事故痕迹物证勘验》的规定。要爱护公私财物，尊重被讯问、访问人的权利，尊重当地群众的风俗习惯，注意社会影响。

四、查验出险车辆情况

（一）查验保险车辆信息

（1）查验车型、车牌号码、牌照底色、发动机号、VIN 码/车架号、车辆颜色等信息，并与保险单以及行驶证和保险标志所载内容进行核对。

📚 **小知识**

VIN（Vehicle Identification Number）的中文名叫作车辆识别代号。或许您已经注意到，身边车辆的铭牌上多了一个由 17 位字母、数字组成的编码，这就是车辆识别代号，又称 17 位识别代码。车辆识别代号经过排列组合，可以使车型生产在 30 年之内不会发生重号现象，这与我们的身份证不会产生重号类似，它具有对车辆的唯一识别性，因此又有人将其称为"汽车身份证"。车辆识别代号中含有车辆的制造厂家、生产年代、车型、车身型式、发动机以及其他装备的信息。

（2）查验标的车辆保险期限是否有效。

（3）标的车辆出险时的使用性质与保单载明的是否相符。

（4）车辆结构有无改装或加装，是否有车辆标准配置以外的新增设备。

（5）是否运载危险品。

（6）是否有超载情况。

（二）查验第三方车辆信息

（1）查验并记录第三方车辆的车牌号码、车型，交强险和商业险的承保公司。

（2）记录第三方驾驶员姓名、联系方式等信息。

（3）核对交强险标志与保单内容是否相符并拍照。

五、查明出险经过

（一）核实出险时间

（1）对出险时间接近保险起讫期出险的案件，应特别引起注意，认真查实。

（2）了解车辆启程或返回的时间、行驶路线、委托运输单位的装卸货物时间、伤者住院治疗的时间等，以核实出险时间。

（3）核对报案时间是否超过出险时间 48 小时以上。

（二）核实出险地点

（1）查验出险地点与保险单约定的行驶区域范围是否相符。

（2）对擅自移动现场或谎报出险地点的，需进一步深入调查。

（3）查验事故现场是否存在碰撞散落物、碰撞痕迹是否吻合等，以此判断是否为事故第一现场。

（4）盗抢险案应在车辆被盗地点周围进行调查询问和调取监控录像等措施，以确定出险时间内车辆是否被真实停放过。

（三）查明出险原因

（1）根据车辆的损失状况和现场情况，对照报案人所陈述的出险经过，进行科学分析和判断，确认事故原因和损失结果中是否存在合理的逻辑关系。

（2）注意查证事故中是否存在故意行为。

（3）对存在疑点的案件，应对事故真实性和出险经过做进一步调查，必要时可到交管部门请求查阅事故资料，对有较高技术性的勘查，可聘请专业部门进行调查鉴定。对肇事相关人员的询问应按照询问程序做好询问笔录。

（4）对于单方事故，应认真核对事故痕迹、做好询问笔录；没有事故现场又缺乏充分证据证明事故经过的，按第三方查找不到处理。

六、判断保险责任

（1）对事故是否属于保险责任进行初步判断。应结合承保情况和查勘情况，分别判断事故是否属于交强险或商业险的保险责任，对是否立案提出建议。

（2）对不属于保险责任或存在条款列明的责任免除、加扣免赔情形的，应收集好相关证据，并在查勘记录中注明。

（3）暂时不能对保险责任进行判断的，应在查勘记录中写明理由。

（4）查勘人员应根据事故所涉及的损失情况和损失金额，初步判断事故涉及的责任险别。

（5）对本次查勘案件在系统内有历史赔付记录的，必须调出近两次历史赔付记录，核对历史记录中的损失照片及定损资料，确认是否与本次损失有联系。如存在同一损失重复索赔的，则应剔除该损失或予以拒赔。

（6）初步判断责任划分情况：

①交警部门介入事故处理的，依据交警部门的认定。

②交警部门未介入事故处理的，可指导当事人根据《中华人民共和国道路交通安全法》和《中华人民共和国道路交通法实施条例》《交通事故处理程序规定》和当地有关交通事故处理法律法规，协助事故双方协商确定事故责任并填写《协议书》。

③当事人自行协商处理的交通事故，应根据协议书内容，结合有关交通事故处理法律法规核实事故责任。发现明显与实际情况不符的，应要求被保险人重新协商或由交警出具交通事故认定书。

七、查勘拍照工作要求

（一）定损核价照相内容

（1）现场方位、概览、中心（重点）、细目照相。

（2）现场环境、痕迹勘验、人体（伤痕）照相。

（3）道路及交通设施、地形、地物照相。

（4）分离痕迹、表面痕迹、路面痕迹、衣着痕迹、遗留物、受损物规格／编码照相。

（5）车辆检验（车架号、发动机号）、两证检验照相。

（二）定损核价照相步骤：

现场方位 → 现场概貌（含牌照的标的损失全貌）→ 重点部位 → 损失细目。这四个步骤的照片，要彼此联系、相互印证。

（三）定损核价照相原则

（1）先拍摄原始状况，后拍摄变动状况。

（2）先拍摄现场路面痕迹，后拍摄车辆上的痕迹。

（3）先拍摄易破坏易消失的，后拍摄不易破坏和消失的。

总之，要根据定损核价实际情况要求，既能说明事故的保险责任，又能详细反映事故损失，灵活运用，采取交叉拍摄的方法。

（四）查勘拍照要求

（1）准确、全面地反映保险责任及事故车的受损范围和程度。

（2）拍照保险车辆特征，包括车牌号，车架号/车辆识别代码/车架号照片。

（3）拍摄保险车辆的行驶证（客运车辆准运证）、驾驶员的驾驶证（驾驶客运车辆驾驶员准驾证，特种车辆驾驶员操作资格证）。

（4）双方或多方事故，应拍摄三者车辆的交强险标志（正面及背面均需拍摄），条件允许的应拍摄所有车辆的交强险保单。

（5）必要时可要求相关证人（包括我方人员）与受损车辆拍摄合影照片。

（6）夜间拍摄时，可使用查勘专用手电筒或现场其他照明工具（车辆大灯、手灯灯），提高现场照度，保证照片清晰可辨。

（7）第一现场（包括补勘第一现场）照片能够反映出事故现场的全貌，有明显的参照标志物，如道路全貌（交叉路口情况、道路宽度）、路标、建筑物等，以便于确定大致地理位置；顺车辆运动方向（包括刹车痕迹），拍摄事故撞击点。

（8）网上车险理赔系统上传照片的顺序。照片按先远后近、先外后内、先全貌后配件顺序上传；

（9）在车场或现场对事故车定损拍照时，先拍整车（能反映出车牌号码），以判断标的出险行驶方向和碰撞着力点和碰撞走向；车牌脱离车体时，用粉笔标记车号，严禁单独拍摄车牌及损失部位。

（10）对受损部位整体相向拍照，以确定碰撞痕迹和损失范围。

（11）凡需要更换或修理的部件、部位均必须进行局部特写拍照。

（12）内部损失解体后，必须对事故部位补拍照片，并能反映事故损伤原因。

（13）对照片不能反映出的裂纹、变形，要用手指向损坏部位拍照或对比拍照或标识拍照，并能反映损伤原因，尤其对事故造成轴、孔损伤拍摄的，一定要有实测尺寸照片。

（14）拍摄玻璃照片时注意玻璃的光线反光，玻璃单独破碎险中玻璃损坏不严重，先拍一张照片；之后，击打玻璃受损处使损伤扩大明显，再拍一张照片。

（15）一张照片已能反映出多个部件、部位受损真实情况的不需单个或重复拍照，但重大配件或价格较贵的配件必须有能反映损伤、型号规格或配件编码的单独照片。

（16）局部拍照时，需持稳相机，同时相机要聚焦，照片要求清晰并有辅助照片反映所处部位。

（17）受损货物、路产照片。照片应能够反映出财产损失的全貌及损失部位，多处受损应分别拍摄；带包装的物品受损应将包装拆下后拍摄，并注意拍摄包装物上的数量、类型、型号、重量等；价值较高的货物在分类后单独编号拍摄。

（18）照相机的日期顺序调整为年、月、日，且显示日期必须与拍摄日期一致，严禁以各种理由调整相机后备日期。

（19）照相机的焦距调整准确，光线适用得当。

（20）数码相机像素调整为 480×640，照片大小不超过 150k。

（21）为了提高系统资源的使用效率，要求提高照片的使用效率，严禁同类型照片的重复拍摄与录入。

任务四　财产保险理赔

学习目标

通过本任务的实施，能够在坚持财产理赔原则的基础上正确处理客户的理赔申请，包括接受损失通知、审核保险责任、进行损失调查、赔偿保险金、损余处理及代位求偿等。

引入

上海某运输公司的工人李毅，男，1979 年 8 月 13 日出生，身份证号码为 31010119 6908131314。2017 年 7 月 6 日，他在保险公司为自己购买了两份保障保险，投保单号码为 3101196808133。他选择的缴费方式为趸缴，支付形式为现金，分配方式法定，领取形式为一次性。保单生效，号码为 P20071210000277。2017 年 7 月 9 日，李毅在上交路 76 号发生车祸造成上肢伤残和头部受伤，李毅向保险公司报案，要求赔偿。请按照理赔流程正确处理该案。

活动：财产保险模拟理赔。

保险事故发生后，保险人按照合同约定，应对投保人进行相应的赔偿。投保人或被保险人在事故发生后，必须在保险公司规定的时间内报案，保险公司接到报案后，应尽快对保险事故进行查勘、定损和理赔，以发挥保险的经济补偿作用。保险公司的理赔业务是比较复杂的工作，必须经过一定的程序和步骤。因此，要求操作人员必须具备相应的知识和经验，以处理各种可能出现的问题。

一、保险理赔业务模块概述

（一）功能

该业务模块主要负责客户的理赔申请，包括录入报案信息、立案、调查、理赔计算、出纳、结案、查询等。

（二）使用前提

录入人员必须是在职业务员；出险人应有保险合同、保险费缴费凭证、被保险人有效身份证明。如由他人申请，则应同时提供授权委托书和委托人的有效身份证明，或当被保险人身故时申请人应为受益人，并提供有效身份证明、有效出险相关证明材料。

（三）一般性限制条件

（1）查询时不可修改。

（2）理赔出纳后不允许赔案重做。

（3）结案后表示本案生命周期已经结束，只能对其进行查询或报新案而不能进行其他任何操作。

（4）审核人与经办人不能相同。

（四）总流程

操作员对报案申请进行登记，保存成功后进行立案处理。立案时，如果在输入报案号时无保单显示或没有符合调查处理的保单，则立案不成功，退回到"报案登记"界面；反之，在立案保存成功后进入"调查"流程。如果调查后发现出险日期保单无效，则调查报告不保存，退回到"立案处理"界面，修改立案内容；如果调查报告已保存，但需要修改立案内容，则需运行"重做"模块，重做完成后重新立案。当调查保存正确后，才可进行理赔计算。理赔计算保存后需修改立案记录、调查报告、重新审核调查报告或重新理赔计算时，则必须再次运行"重做"模块，当理赔计算正确保存后才可执行出纳，出纳完成后对本案结案，结案完成后本理赔案结束。保险理赔流程如图 2 - 1 所示。

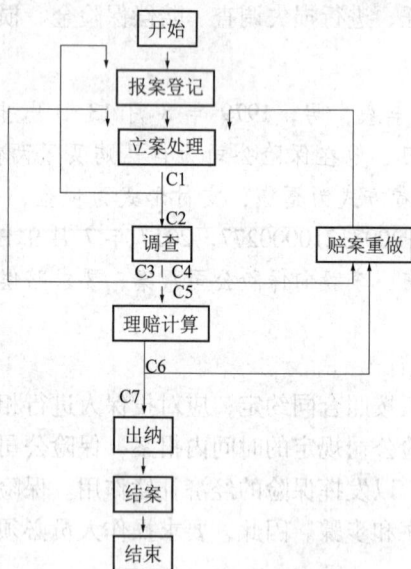

图 2 - 1　保险理赔流程

C1：录入报案号时无保单显示或没有符合调查处理的保单。

C2：立案正确。

C3：经过调查后，确认出险日期保单无效。

C4：调查报告保存后需修改立案记录。

C5：调查正确。

C6：理赔计算保存后需修改立案记录、调查报告、重新审核调查报告或重新理赔计算。

C7：计算正确。

二、案例操作

（一）报案登记

报案登记时应检查申请人的各项有效证明及其他条件，条件满足后报案登记才录入保存，否则不受理报案申请。报案登记输入错误需修改及删除时操作员必须得到允许修改的单据。报案登记正确保存后才可以执行后续立案模块。报案登记流程如图 2 - 2 所示。

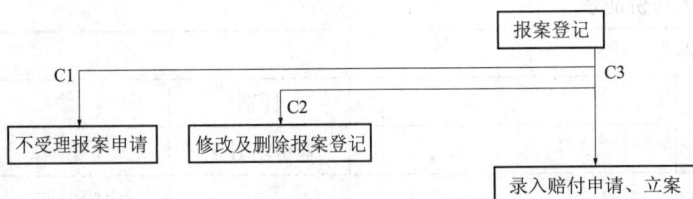

图 2 - 2 报案登记流程

C1：客户无保险合同；无被保险人有效身份证明；无保险费缴费凭证；由他人申请，无授权委托书和委托人的有效身份证明，或当被保险人身故时，申请人非受益人，且无有效身份证明；出险日期没有有效保单；同一被保险人已报案但未立案。

C2：报案登记输入错误，需修改及删除报案登记。

C3：报案登记正确。

1. 模块的功能

（1）录入报案登记信息。

（2）为客户建立一个报案号。

2. 模块的使用范围

（1）使用本模块的前提和限制条件如下：

①对同一被保险人（身份证号码相同）未立案不能报二次案。

②客户表中有该被保险人。

（2）模块处理的主要内容如下：

①检查被保险人是否已报案，但未立案。

②检查客户表中是否有被保险人。

③若只录入被保险人保险单号，则根据保单号查询身份证号，再根据身份证号查询客户表中是否有被保险人。

④检查各录入域数据的正确性，产生报案号并把报案记录存入数据库。

（3）输出结果：

①产生报案号。

②生成报案记录。

3. 模块间的关系

（1）前承模块：无。

（2）后续模块："修改及删除报案登记"模块，在报案输入错误需修改及删除时运行；或"录入赔付申请及立案"模块，当报案登记正确时运行。

4. 处理流程

（1）操作人员登录到"报案登记"模块。

（2）录入保险单号 P20071210000277 后，按"Enter"键，系统显示该保单的相关信息。

（3）根据客户的出险情况录入相关信息和数据。

（4）单击"确定"按钮，生成报案号 P20075000000249（不同机器生成的报案号可能不同）及报案登记表，告知报案人，如表 2 - 1 所示。

表2-1 报案登记表

请录入被保险人身份证号				
或保险单号				
姓名			性别	
业务员号码			业务员姓名	
出险地点			出险时间	
出险经过、结果				
申请人身份证号		姓名	电话	
联系地址			邮政编码	
申请人与被保险人关系			受益人与被保险人关系	
报案日期			报案号	

5. 填写说明

本模块是用于登记客户报案信息的，是全部理赔处理流程的第一步。操作员输入被保险人身份证号或保单号后，检查是否有该被保险人未立案的报案记录，若有则显示"未立案不能报二次案"出错信息，否则查客户表检查是否有该客户记录，若无则显示"无此对应的被保险人身份证号"出错信息。无出错时，显示该被保险人姓名、性别字段，然后输入出险地点、出险时间、出险经过、结果、申请人身份证号、姓名、电话、联系地址、邮政编码、报案人与被保险人关系和受益人与被保险人关系，当各录入域数据正确时就可以保存了。

各录入域具有一定的约束条件：

（1）被保险人身份证号。

身份证有效性检查必须符合身份证号的结构要求。

②根据被保险人身份证号检查是否有该被保险人未立案的报案记录。若有则显示"未立多不能报二次案"出错信息。

③根据身份证号，检查是否有该客户已经购买保险的记录。

（2）保险单号。

①若被保险人身份证号字段为空，则保单号不能小于15位。

②该保单号保单存在。

③检查是否有该被保险人未立案的报案记录。

（3）业务员必须为在职的员工代码，但也可不输入。

（4）出险地点：不能为空。

（5）出险时间：不能为空，不能小于所有保单的责任起始日期。

（6）出险经过、结果：不能为空。

（7）申请人身份证号

①身份证有效性检查，符合身份证号的结构要求。

②若客户记录中存在，则姓名字段会显示对应姓名。

（8）姓名。

①若已显示，则不能输入其他姓名。

②不能为空。

（9）电话号码：不能为空。

（10）联系地址：不能为空。

（11）邮政编码：长度必须为6位。

（12）申请人与被保险人关系：长度为3位，第一位应为"3"。

（13）受益人与被保险人关系：长度为3位，第一位应为"3"。若有多个受益人，则可任选一个。

（14）报案日期。

①报案日期必须小于等于系统日期。

②报案日期不能小于出险日期。

③报案日期不能大于出险日期加5年。

（二）录入赔付申请及立案

报案登记正确完成后，开始录入赔付申请及立案。当录入报案号时无保单显示或没有符合调查处理的保单时，立案不成功，退回到"报案登记"界面。当录入赔付申请及立案保存，但发现错误需修改时，操作员必须得到允许修改的单据。立案正确保存后，才可执行后续调查处理模块。立案流程如图2-3所示。

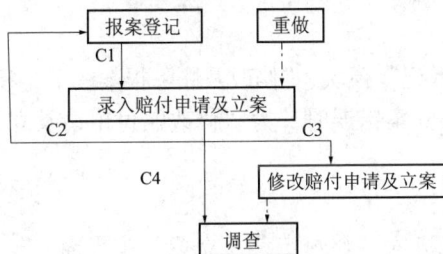

图2-3　立案流程

C1：报案登记正确。

C2：录入报案号时无保单显示或没有符合调查处理的保单。

C3：录入赔付申请及立案错误。

C4：录入赔付申请及立案正确。

1. 模块的功能定义

本模块的功能为录入赔付申请及立案，确定对哪些保单及责任进行调查。

2. 模块的使用范围

（1）使用本模块的前提和限制条件如下：

①由被保险人或被保险人委托的其他人，或当被保险人身故时由受益人于有效日内填写的保险金给付申请书，并凭保险合同、被保险人有效身份证明、保险费缴费凭证、有效出险相关证明材料等向保险人提出给付保险金的申请。如由他人申领，则应同时提供授权委托书和委托人的有效身份证明，或当被保险人身故时申请人为受益人，并提供有效身份证明。

②该客户有理赔责任属性的保单且报案出险日期大于保单责任起始日期，出险日期保单有效。

③查询保单的变更信息。

④已经报案，有报案记录。

⑤已立案且非结案或重做状态不允许立新案。

（2）模块处理的主要内容如下：

①输入报案号：检查是否存在报案记录，若有则根据身份证号查询立案处理标志。对已立案且非结案或重做状态不允许立新案，否则取得相应值显示在域中。

②被保险人身份证号显示后，根据身份证号查客户表显示该被保险人所有的理赔责任属性，且报案出险日期大于保单责任起始日期、出险日期保单状态为"有效"或"给付期"的保单号，险种代码等抄单信息。

③对调查处理的保单选择"处理"选项。

④检查各录入域数据的正确性，产生立案号并存入数据库。

（3）输出结果：

①产生立案号。

②产生理赔计算记录。

③产生立案记录。

④报案状态为"已立案"。

⑤保单状态为"理赔中"。

3. 模块间的关系

（1）前承模块："报案登记"模块、"修改及删除报案登记"模块或"赔案重做"模块。

（2）后续模块：当录入立案错误时，为"修改赔付申请及立案"模块；当立案完成时，为"录入调查报告"模块。

4. 处理流程

（1）操作员登录后首先进入"赔付申请及立案"主界面。

（2）录入报案号"P20075000000249"后，按"Enter"键，系统显示该保单报案的详细信息。

（3）输入证明材料5份，选择意外残疾对应处理否。

（4）确定，生成立案号"P20073000000278"（不同机器生成的号码可能不同），如表2－2所示。

表2－2 赔付申请及立案

报案号					
被保险人身份证号		姓名		性别	
出险地点				出险时间	
出险经过、结果					
申请人身份证号		姓名		电话	
联系地址				邮政编码	

续表

与被保险人关系			报案时间		
证明材料份数					
理赔原因		□1. 死亡　□2. 残疾　□3. 医疗		预选	
保单号码	险种代码	责任描述	保险费缴至日期	保单状态	处理否
立案时间			立案号		

5. 填写说明

在"赔付申请及立案"界面，当操作员输入报案号后，检查是否有该报案记录，若无，则显示"无此报案号"，否则检查是否处于已立案且非结案或重做状态。若是，则显示"该身份证号有其他已立案且非结案或重做状态的立案，不允许立新案"出错信息。无出错信息时显示被保人身份证号、姓名、性别、出险地点、出险时间、出险经过、结果、申请人身份证号、姓名、电话、联系地址、与被保险人关系，处理标志、符合条件的保单号、险种代码、责任类型、保险费缴至日期，保单状态信息，立案日期缺省为系统日期但可修改。输入理赔原因和证明材料份数，当确认某张保单责任需要调查处理时，作相应的处理，否为"√"，完成后即可保存。

各录入域具有一定的约束条件：

（1）报案号：长度为15位，检查是否存在报案记录。若无，则重新录入报案号；若有，则根据身份证号，查立案处理标志。对已立案且非结案或重做状态者，不允许立新案。否则按客户身份证号，把该客户理赔责任属性且报案出险日期大于保单责任起始日期的所有保单及责任显示出来。

（2）理赔原因：

①死亡：本次理赔的原因，可以选择或不选择，但死亡、残疾、医疗必须而且只能选择一种。

②残疾：本次理赔的原因，可以选择或不选择，但死亡、残疾、医疗必须而且只能选择一种。

③医疗：本次理赔的原因，可以选择或不选择，但死亡、残疾、医疗必须而且只能选择一种。

（3）证明材料份数：提交的证明材料，份数要求大于0而小于99。

（4）处理否：必须选择其中之一。作相应的处理，否为"√"，否则为空白，处理的目的是确认是否对该保单责任进行调查，处理域置为"√"的保单，出险日期保单必须有效，可以按"明细"选项显示光标所在行的保单信息，为进一步确认出险日期保单是否有效，需手工记录已显示在屏幕上的保单号，退出"录入赔付申请及立案表"，进入"变更及批单查询"界面，根据保单号查询该保单的变更信息，确认该保单在出险日期是有效的。

（5）立案时间：不能大于系统日期、出险日期和报案日期。

注意：第一，本模块提供对客户赔付申请的录入功能，录入保存后整个立案正式开始，一直到结案结束；第二，保单信息界面只供查询使用，不能用于录入或保存保单信息。

（三）录入调查报告

1. 模块功能定义

本模块的功能为录入调查信息，确认责任拒赔或赔付。

2. 模块的使用范围

（1）使用本模块的前提和限制条件如下：

①有报案、立案记录。

②有手工填写的调查报告表。

③调查表未录入保存。

④可查询保单的变更信息。

（2）模块处理的主要内容如下：

①录入立案号，检查立案是否未调查，如果未调查，则得到相应的立案记录。

②根据立案号查表，显示该被保险人要求理赔的各种责任类型以便录入调查意见。

③对伤残责任类型，要求按明细输入伤残代码，显示该伤残代码的赔付比例并人工判断该伤残代码是否处理。若处理，则该责任赔付比例与同责任其他伤残代码的赔付比例累加；若不处理则忽略该赔付比例。某一责任的伤残代码录入保存后，该责任的累计赔付比例显示于第一主界面"伤残赔付比例"域。

④检查各录入域数据的正确性，并存入数据库。

（3）输出结果：

①产生调查报告。

②产生伤残责任记录。

③立案为调查状态。

3. 模块间的关系

（1）前承模块："赔付申请及立案"模块或"修改赔付申请及立案"模块。

（2）后续模块："修改调查报告"模块，在录入调查报告错误时运行；或"修改赔付申请及立案"模块，当调查后确认的出险日期保单无效时运行；或"赔案重做"模块，当录入调查报告保存后需修改立案记录时运行。

4. 处理流程

（1）操作员登录进入"录入调查报告"界面，如表2-3所示。

表2-3 录入调查报告

立案号								
被保险人身份证号			姓名		生日		性别	
出险地点					出险日期			
出险经过、结果								
各项责任调查情况录入（当前共有　个责任需要调查）								
责任类型							上一责任	下一责任

续表

伤残赔付比例		%		
调查经过				
调查意见				
经调查后确认的出险日期		确认是否理赔		□赔 □拒赔
调查人代码		调查人姓名		

（2）输入立案号"P20073000000278"，按"Enter"键，系统显示相应的事故信息。

（3）责任类型为伤残时，按"明细"按钮进入"同一责任各项伤残代码修改"界面，选择"2222、3333"选项，如表2-4所示。

表2-4 同一责任各项伤残代码修改

责任类型		当前日期	
伤残代码	伤残标准详细描述	赔付比例	是否累加

（4）录入数据，确认赔偿，保存。

5. 填写说明

1）"录入调查报告"界面

当操作员输入立案号时，检查是否有该立案记录。若无，则显示"无此立案记录"；若该立案已理赔计算，则显示"已理赔计算"；若已上报则显示"已上报"；若已结案则显示"已结案"；若已重做，则显示"该立案已重做"；若已录入调查报告则显示"该立案已录入调查报告"。若无以上出错信息，显示被保人身份证号、姓名、生日、性别、出险地点、出险日期、出险经过、结果和各项责任类型，然后输入调查经过、调查意见、经调查后确认的出险日期，当输入调查代码时显示调查人姓名。对伤残责任需按明细触发多项伤残代码录入界面，该界面完成后伤残赔付比例在本界面显示，最后对调查结果确认赔付或拒赔，所有责任都输入完成后才可保存。

2）"同一责任各项伤残代码修改"界面

当操作员输入伤残代码时，显示该代码说明、赔付比例，并确定是否累加伤残赔付比例，确定的处理方式为输入"√"。当需输入多个伤残代码时置是否增加域为"√"，然后输入新增的伤残代码，录完伤残记录输入完成后就可确认保存。累计赔付比例显示于主界面伤残赔付比例中。

注意：第一，本模块为对已立案录入调查报告，并确认该责任赔付或拒赔。第二，所有责任的调查经过、调查意见、调查后确认的出险日期、调查人代码均不为空。

（四）审核调查报告

1. 模块功能定义

本模块的功能为审核调查报告，确认每一责任赔付或拒赔。

2. 模块的使用范围

（1）使用本模块的前提和限制条件如下：

①由被保险人或被保险人委托的其他人，或当被保险人身故时，由受益人于有效日内填写保险金给付申请书，并凭保险合同、被保险人有效身份证明、保险费缴费凭证、有效出险相关证明材料等向保险人提出赔偿的申请，如由他人申领，则应同时提供授权委托书和委托人的有效身份证明或当被保险人身故时申请人应为受益人，并提供有效身份证明。

②有报案、立案记录。

③有手工填写的调查报告表。

④调查表已录入保存。

⑤已调查，但未调查审核。

⑥审核操作员与调查操作员不能是同一个人。

⑦可查询保单变更信息。

（2）模块处理的主要内容如下：

①录入立案号，显示录入或修改调查报告后保存的调查报告内容。

②对于每个责任修改相应的确认赔付或拒赔。

③对伤残责任类型，可以审核伤残代码。

④检查各域数据的正确性，并存入数据库，若各项责任均拒赔，则可打印拒赔通知书。

（3）输出结果：

①拒赔时，置立案标志为拒赔。

②更新调查赔付内容及审核标志。

③拒赔时，可打印拒赔通知书供查阅。

3. 模块间的关系

（1）前承模块："录入调查报告"模块或"修改调查报告"模块。

（2）后续模块："理赔计算"模块，审核调查报告完成后，通常计算时运行；或"赔案重做"模块，当审核保存后需修改立案内容、修改调查报告内容或重新审核调查报告时运行。

4. 处理流程

（1）操作员 10000001 登录后，进入"审核调查报告"界面。

（2）输入立案号"P20073000000278"，按"Enter"键，系统显示本次案件的相关信息（即审核调查报告），对每个责任类型会有对应的审核界面，如表 2-5 所示。

表 2-5　审核调查报告

立案号							
被保险人身份证号			姓名		生日		性别	
出险地点					出险日期		
出险经过、结果							
各项责任调查情况录入（当前共有——个责任需要调查）							
责任类型						上一责任	下一责任
伤残赔付比例			%				

续表

调查经过			
调查意见			
经调查后确认的出险日期		确认是否理赔	□赔　□拒赔
调查人代码		调查人姓名	
复核人代码		复核人姓名	

（3）当责任类型为伤残时，按"明细"选项进入"同一责任各项伤残代码"界面进行修改。

（4）单击"确定"按钮，将数据存盘。

5. 填写说明

在"审核调查报告"界面，当操作员输入立案号时，检查是否有该立案记录。若无则显示"无此立案记录"；若未调查则显示"没有调查报告"；若已理赔计算则显示"已理赔计算"；若已上报则显示"已上报"；若已结案则显示"已结案"；若已重做则显示"该立案已重做"；若无理赔审核则显示"已理赔审核"；若已调查审核则显示"已调查审核"。若无以上出错信息，屏幕显示所有字段内容。单击"明细"按钮可进入"同一责任各项伤残代码审核"界面，退出该界面后，对每一责任可确认是否理赔。审核完毕后即可保存。

注意：第一，本模块为调查的最后一个环节，审核正确后可进行理赔计算。第二，有责任确认标志均为"0"时，置立案为拒赔标志，拒赔时会提示"是否打印拒赔通知书"。

（五）理赔计算

调查报告审核通过后开始计算、执行"理赔计算"模块。理赔计算正确保存后才可审核，审核操作员必须为非计算操作员。当理赔计算保存后需修改立案记录、调查报告、重新理赔计算，或当赔案审核保存后，申请人或受益人对理赔处理提出异议要求重新处理并经保险人同意后需执行重做模块，重做操作员必须得到允许重做的单据。当赔案审核正确保存后，产生理赔计算书，客户同意处理结果后执行后续理赔出纳模块。理赔计算流程如图 2-4 所示。

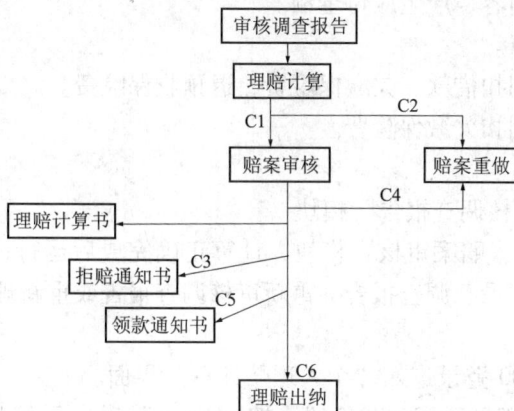

图 2-4　理赔计算流程

C1：理赔计算完成后。

C2：理赔计算保存后需修改立案记录、调查报告或重新理赔计算。

C3：拒绝赔付。

C4：申请人或受益人对理赔处理提出异议要求重新处理并经保险人同意。

C5：赔付。

C6：客户同意理赔处理。

1. 模块功能定义

本模块的功能为计算理赔金额。

2. 模块的使用范围

（1）使用本模块的前提和限制条件如下：

①有报案、立案记录。

②有调查报告及赔付或拒赔结论。

③已调查审核且未计算的立案方可理赔计算。

（2）模块处理的主要内容如下：

①检查立案标志，对已调查审核且未计算的立案进行理赔计算。

②若拒赔，输入查勘费用、核赔费用，否则查表将理赔责任的保单按责任代码、险种代码、保单责任终止日期按升序显示。计算本保险年度首次赔付的保险金额，查表看是否有本保单年度的保额消耗，进而得到目前保额，查表得相应责任的伤残代码，查表得给付率，并计算出给付金额，如果本保单年度有保额消耗，则置消耗标志为"√"，否则置消耗标志为空白，然后计算出目前保额合计和给付金额合计。

③若是死亡责任，则扣借款、欠缴保险费，退预收保险费；若非死亡责任，扣欠缴保险费。

④检查相关立案记录，对本次调查出险日期6个月内的所有立案记录进行审核，与本案有关应扣除的赔案置相关处理标志为"√"。

⑤重新计算给付金额和合计金额。

⑥检查各录入域数据的正确性，并存入数据库。

（3）输出结果：

①更新理赔计算项内容，产生应付金额。

②立案状态为已计算。

③若是死亡责任，则扣借款、欠缴保险费，退预收保险费。

④若非死亡责任，则扣欠缴保险费。

3. 模块间的关系

（1）前承模块："审核调查报告"模块。

（2）后续模块："个人赔案审核"模块，计算正确完成后运行；或"赔案重做"模块，计算保存后需修改立案记录、调查报告、重新审核调查报告或重新理赔计算时运行。

4. 处理流程

（1）操作员10000000登录进入"个人理赔计算"界面。

（2）输入立案号"P20073000000278"，按"Enter"键，系统显示本次案件的相关信息，如表2-6所示。

表2-6　个人理赔计算

立案号						
被保险人身份证号		姓名		生日		性别
出险地点				出险日期		
出险经过、结果						
保单号	责任类型	险种代码	目前保额	给付率	给付金额	消耗标志
提示：伤残类一给付率可以更改，但不能超过计算出的最大给付率						
目前保额合计			给付金额合计			
扣欠缴保险费			应退预收保险费			
相关立案赔付总额			应付金额			
查勘费用			核赔费用		合计金额	

（3）单击"相关立案"按钮进入"个人理赔计算相关立案赔付记录"界面，如果相关立案有多个的话，则还会有多个对应的界面，如表2-7所示。

表2-7　个人理赔计算相关立案赔付记录

保单号		当前日期	
立案号		共有相关立案赔付记录第一条，当前处在第一条	
出险日期		结案日期	
责任名称			
理赔原因			
给付金额		确认是否扣除	□扣除　□忽略

（4）填写完毕后，单击"确定"按钮，将录入数据存盘。

5. 填写说明

1）"个人理赔计算"界面

操作员输入符合条件的立案号后，检查是否有该立案记录。若无则显示"无此立案记录"；若未调查则显示"没有调查报告"；若已理赔计算则显示"已理赔计算"；若已上报则显示"已上报"；若已结案则显示"已结案"；若已重做则显示"已重做"；若已理赔审核则显示"已理赔审核"；若没有调查审核则显示"没有经过调查审核"。若无上述出错信息，则显示被保险人身份证号、姓名、生日、性别、报案出险地点、报案出险日期、报案出险经过、结果，并将有理赔责任的保单，按责任代码、险种代码、保单责任终止日期升序显示。若立案状态为"拒赔"时，则只能输入查勘费用和核赔费用，然后显示合计金额。赔付时，对伤残责任可以输入给付率或给付金额。对于给付率字段，在"住院补贴"栏中输入住院天数，在"其他医疗责任"栏中输入相关金额。给付率或给付金额变化后给付金额合计、应付金额字段显示内容会产生相应变化。按"相关立案"选项进入"个人理赔计算相关立案赔付记录"界面。该界面退出后，主界面相关立案赔付金额字段、合计金额字段显示会产生相应变化。这时理赔计算已经完成，可以保存了。

此时，各录入域具有一定的约束条件：

（1）立案号包括

①长度必须为 15 位。

②有该立案记录。

③已调查审核，且未计算。

④若调查结论为拒赔，光标转到查勘费用字段，只允许输入查勘费用和核赔费用。

⑤若出险日期小于责任起始日期，置相应目前保额、给付率、给付金额，消耗标志为空白。

⑥对出险日期大于责任起始日期，若消耗属性为"0"，不消耗，则计算该保单该责任的理赔计算日前的所有保额消耗；若保额消耗大于 0，置消耗标志为"√"。若消耗属性为"√"，则计算此保单出险年度的保额消耗，若保额消耗大于 0，置消耗标志为"√"。

（2）给付率。

①若拒赔则该域为 0。

②若出险日期小于责任起始日期，则屏幕会提示出险日期小于责任起始日期，且置该域为 0。

③若为死亡责任，则给付率等于 100。

④给付率不能为负。

⑤若为住院费补贴责任，则该域输入的值被认为是住院天数。

⑥若为其他住院医疗责任，则该域输入的值被认为是相关金额。

⑦对伤残责任，给付率不能大于计算出的最高给付率。

⑧若计算出的给付金额（不包括应退保险费）大于目前保额，则置给付金额（不包括应退保险费）等于目前保额。

⑨实际给付金额 = 给付金额（不包括应退保险费）+ 应退保险费。

⑩对医疗费理赔类型的责任（指有医疗费用发票凭证），判断该责任出险日期是否已符合赔付条件。若不符合给付率，则给付金额字段为 0。

若该责任出险日期已符合给付条件，则：第一，当只有一张医疗责任保单，且计算出的给付金额大于目前保额时，置给付金额等于目前保额。第二，当有两张以上医疗责任保单，且保单及责任已按升序显示，即根据先失效保单优先处理的方式，对同一责任的多张保单，只有第一张"有效保单"可以输入该责任的总发票金额，计算出该责任理赔金额。首先将其填入该责任的第一张"有效保单"给付金额字段中，若该责任计算出的理赔金额大于第一张"有效保单"的目前保额数，则第一张"有效保单"的给付金额为目前保额。然后，计算出的该责任理赔金额减第一张"有效保单"的目前保额的余额称第一张"有效保单"余额，将其填入第二张"有效保单"的给付金额字段中。若第一张"有效保单"余额仍大于第二张"有效保单"的目前保额，则第二张"有效保单"的给付金额为目前保额。第二张"有效保单"的余额 = 计算出的理赔金额 − 第一张"有效保单"的目前保额 − 第二张"有效保单"的目前保额。第二张保单的余额处理方式同第一张"有效保单"余额的处理方式。其余保单依次类推。

（3）给付金额。

①若拒赔，则该域为0。

②若出险日期小于保单责任起始日期，则屏幕会提示，然后置给付金额等于0。

③若为死亡责任，则置给付金额等于目前保额。

④若为住院费补贴，则为计算值。

⑤若为其他医疗责任，当该保单责任出险日期不符合赔付条件时置0，否则为计算值。

⑥若为伤残，且给付率为0时，给付金额可直接输入但不能小于零或大于目前保额。若给付率不为0，则根据基本保额乘给付率算出不包括应退保险费的给付金额。

⑦当给付金额（不包括应退保险费）大于目前保额时，置给付金额（不包括应退保险费）等于目前保额。

⑧实际该责任给付金额 = 给付金额（不包括应退保险费）+ 应退保险费。

（4）查勘费用：必须不小于0。

（5）核赔费用：必须不小于0。

2）"个人理赔计算相关立案赔付记录"界面

本界面为多屏幕显示。每个责任显示一屏，处理时必须对每个责任的相关处理字段都置"√"或不选择，才可单击"确定"按钮退出该屏幕。与本赔案相关需扣除历史赔付金额的责任，相关处理输入"√"，否则不输入。单击"确认"按钮退出该界面，第一主界面"相关立案赔付总额"字段显示需扣除的相关金额总和。

注意：第一，本模块为通常情况下的计算模块，根据各种理赔责任算出相应赔付金额。第二，应付金额 = 给付金额合计 - 欠缴保险费 + 应退预收保险费 - 相关立案赔付金额。

（六）赔案审核

1. 模块功能定义

本模块的功能为审核理赔计算的结果。

2. 模块的使用范围

（1）使用本模块的前提和限制条件如下：

①有报案、立案记录。

②有调查报告及赔付或拒赔结论。

③已理赔计算，未赔案审核的立案方可进行赔案审核。

④审核操作员与理赔计算操作员不能是同一个人。

⑤审核操作员的核保金额上限应大于给付金额。

（2）模块处理的主要内容如下：

①录入立案号，查表得相关信息。

②若拒赔，则只查查勘和核赔费用。

③非拒赔查理赔计算项。

④赔付时，审核出险日期6个月内的所有立案的赔付记录。

⑤检查各录入域数据的正确性，并存入数据。

（3）输出结果：满足权限时立案标志为已审核。

3. 模块间的关系

（1）前承模块："个人理赔计算"模块。

（2）后续模块："赔案重做"模块，当申请人或受益人对理赔处理提出异议要求重新处理并经保险人同意时运行；或"个人赔案出纳"模块，当审核正确完成后运行。

4. 处理流程

（1）操作员 10000000 登录，进入"个人赔案审核"界面。

（2）输入立案号 P20073000000278，按"Enter"键，系统显示本次案件的相关信息，如表 2－8 所示。

表 2－8   个人理赔审核

立案号							
被保险人身份证号		姓名		生日		性别	
出险地点					出险日期		
出险经过、结果							
证明材料份数			结案类型				
保单号	责任类型	险种代码	目前保额	给付率	给付金额	消耗标志	
提示：理赔计算审核不可以编辑							
目前保额合计			给付金额合计				
扣欠缴保险费			应退预收保险费				
相关立案赔付总额			应付金额				
查勘费用			核赔费用			合计金额	
审核确认			□同意 □不同意				

（3）单击"相关立案"选项进入"个人理赔计算相关立案赔付记录"界面，如果相关立案有多个的话，还会有多个对应的界面，如表 2－7 所示。

（4）在"审核确认"界面中"同意"栏的框内打"√"，单击"确定"按钮，显示理赔计算审核成功。

5. 填写说明

在"个人理赔审核"界面，当审核操作员输入立案号后检查是否有该立案记录，若无则显示"无此立案记录"，若未调查则显示"没有调查报告"，若未计算则显示"已调查未理赔计算"，若已重做则显示"该立案已重做"，若已结案则显示"已结案"，若已理赔审核则显示"已理赔审核"，若已转为实给付则显示"已转为实给付"。若无上述出错信息，屏幕显示所有字段内容。按"相关立案"选项进入相关立案赔付记录界面。如果审核操作员认为计算不正确，则退出赔案审核；操作员认为计算正确后保存，审核通过。

注意： 第一，本模块为理赔计算审核，审核操作员需有相应的审核权限。审核通过后单击"确定"按钮，否则单击"退出"按钮，审核通过后才可进行理赔出纳；第二，赔付时，检查操作员的核赔等级，若赔付金额大于操作员核保保额上限，则会提示操作员上报。

（七）理赔出纳

当赔案审核结束，并且客户满意理赔处理结果时，进行理赔出纳，产生领款收据，客户签字后出纳结束，最后执行后续结案模块。理赔出纳流程如图 2-5 所示。

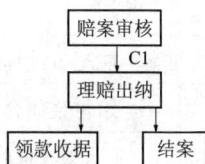

图 2-5　理赔出纳流程

C1：客户同意理赔处理。

1. 模块功能定义

本模块的功能是将理赔金额转为实给付。

2. 模块的使用范围

（1）使用本模块的前提和限制条件如下：

①有报案、立案记录。

②已理赔审核未出纳。

③赔付时，有领款通知书。

（2）模块处理的主要内容：根据立案号，对已理赔审核的赔案进行实际给付，并生成相应的实付记录，理赔计算中扣除的欠款保险费转为正式缴费记录。

（3）输出结果：

①产生实给付记录。

②理赔计算中扣除的欠缴保险费转为正式缴费记录。

③立案给付标志为实给付。

④产生查勘，核赔和应缴预收保险费记录。

⑤产生领款收据。

3. 模块间的关系

（1）前承模块："个人赔案审核"模块。

（2）后续模块："个人赔案结案"模块，在理赔出纳完成后运行。

4. 处理流程

（1）操作员 10000000 登录进入"个人赔案出纳"界面。

（2）输入立案号"P20073000000278"，按"Enter"键，系统显示此次立案的相关内容，如表 2-9 所示。

表 2-9　个人赔案出纳

立案号						
被保险人身份证号		姓名		生日		性别	
出险地点				出险日期		
出险经过、结果						

续表

证明材料份数			结案类型			
保单号	责任类型	险种代码	目前保额	给付率	给付金额	消耗标志
提示：伤残类—给付率不能超过计算出的最大给付率						
目前保额合计			给付金额合计			
扣欠缴保险费			应退预收保险费			
相关立案赔付总额			应付金额			
查勘费用			核赔费用		合计金额	

（3）审核理赔无误后，单击"确定"按钮，将数据保存。

5. 填写说明

当操作员输入立案号后，检查是否有该立案记录。若无则显示"无此立案记录"，若已转为实给付则显示"已转为实给付"，若非理赔审核状态则显示"未理赔审核"。若无上述出错信息，则屏幕会显示除支付方式外的所有字段内容。

注意：理赔出纳为实给付阶段，完成后便可以结案。

（八）赔案结案

理赔出纳结束后，执行结案，结案保存时，产生理赔批单交客户，整个赔案过程结束。理赔结案流程如图2-6所示。

图2-6　理赔结案流程

1. 模块功能定义

本模块的功能为结案。

2. 模块的使用范围

（1）使用本模块的前提和限制条件如下：

①有报案及立案记录。

②已出纳的赔付方可结案。

（2）模块处理的主要内容如下：

①录入立案号，查立案表、理赔计算得相关的信息。

②结案类型为拒赔时，提示是否录入黑名单，确认后录入黑名单。

③结案类型为赔付时，产生批单号，并且产生或修改保险单责任给付历史记录、批单、立案记录、长短险保单。

④死亡时，置客户表说明被保险人已死亡。

（3）输出结果：

①立案为结案状态。

②保单恢复正常状态或为永久失效状态。

③死亡时，标志客户已死亡。

④拒赔时可允许输入客户黑名单。

⑤产生批单号。

⑥产生批单记录。

3. 模块间的关系

(1) 前承模块："个人赔案出纳"模块。

(2) 后续模块：无。

4. 处理流程

(1) 操作员 10000000 登录，进入"个人赔案结案"模块。

(2) 输入立案号"P20073000000278"后，系统显示详细信息。单击"确定"按钮，保存，如表 2 - 10 所示。

表 2 - 10　个人赔案结案

立案号						结案日期	
被保险人身份证号		姓名		生日		性别	
出险地点					出险日期		
出险经过、结果							
证明材料份数		结案类型					
保单号	责任类型	险种代码	目前保额	给付率	给付金额		消耗标志
提示：伤残 - 给付率不能超过计算出的最大给付率							
目前保额合计		给付金额合计					
扣欠缴保险费		应退预收保险费					
相关立案赔付总额		应付金额					
查勘费用		核赔费用		合计金额			

(3) 若结案类型为"拒赔"，则保存时会出现"录入个人客户黑名单"界面。

5. 填写说明

1)"个人赔案结案"界面

当操作员输入立案号后，检查是否有该立案记录。若无则显示"无此立案记录"；若立案未调查则显示"没有调查报告"；若已结案则显示"已结案"；若未理赔出纳则显示"需经理赔出纳方可结案"；若无上述出错信息，就可以保存了。拒赔时会提示"是否录入黑名单"，单击"确定"按钮后会出现"录入黑名单"界面，黑名单录入后结案完成。赔付时不会出现"录入黑名单"界面，结案直接完成。

2)"录入个人客户黑名单"界面

当操作员输入客户身份证号后，若客户表中无此客户名则显示"无此对应客户名"出错信息；若无出错信息则显示客户姓名。然后输入机构代码，显示机构名称，录入日期为系统日期。当操作员输入原因和备注后，就可以保存了。

注意： 本模块为理赔的最后一个环节，结案后整个理赔过程结束。

【项目小结】

本项目重点掌握财产保险的业务流程，能进行财产保险模拟展业，准确填写财产保险投保单和保险单证，并能根据提供的事故发生情况模拟出具查勘报告，以及处理客户的理赔申请。

【项目训练】

一、情境操作题

当客户为家庭主妇、职业妇女、一家之主、已婚先生、单身人士、公司老板、刚步入社会的新人、高级知识分子时，保险展业人员应如何处理以下的拒绝？

（1）我要和家人商量，再作决定。

（2）我有朋友在保险公司，我要投保找他就行了。

（3）我是会投保，但是想参考其他保险公司，再作决定。

（4）家人反对我投保。

（5）拜托！我连三餐都成问题了，怎么还有能力去买保险。

（6）我再考虑考虑。

请根据以上情境，分组填写学生实训报告，如表 2 – 11 所示。

表 2 – 11　学生实训报告

实训日期：
实训小组：
小组成员：
实训内容：
实训过程：
实训成绩：

二、案例分析题

案例一： 这样的损失该如何赔付？

一位保户投保了家庭财产保险，保单中列明的保险标的是计算机、电视机和一套音响，保险金额为 10 000 元。在保险期限内发生了火灾，该被保险人在大火中抢救出了计算机、电视机及音响，但大火烧毁了其他一些物品，价值约 4 500 元。被保险人事后及时通知了保险公司，并要求保险公司赔偿 45 000 元。对此索赔是否属于保险责任范围（该火灾是保险事故引起的）保险公司内部有以下两种观点：一种认为受损物资不属于保险标的，应该拒赔；另一种认为应该通融赔付被保险人 4 500 元。

问： 你同意哪种观点？为什么？

案例二： 阳台衣物被盗，为何拒赔？

原告赵某于某年 2 月向某保险公司投保了 2 万元的家庭财产保险和 1.5 万元的附加盗窃险，保险期限为一年，指定保险地址为该市和平小区 2 栋 201 室。10 月初，原告将过冬衣物置于阳台上晾晒。下午回来发现，皮衣等价值 2 000 元的物品失窃。公安部门调查后，认定是衣物被盗。于是，赵某向保险公司提出索赔，但保险公司认为，堆放在阳台上的物品失窃，不符合赔偿条件，不予赔付。赵某遂向当地法院起诉。

法院受理此案后，意见出现分歧。

第一种意见认为，保险公司应当负赔偿责任。其理由是，损失的皮衣及鞋帽是投保人投保财产的一部分。凡存放于保险单载明地点，属于被保险人私有的，均应视为可保财产。现可保财产失窃且确定为一起意外事故，属于保险人承保的责任范围。因此，保险公司将阳台排斥在保险地址外，显然没有道理。

第二种意见认为，保险公司不应负赔偿责任。理由是，《家庭财产保险附加盗窃险条款》第一条规定："存放于保险地址室内的保险财产，因遭外来有明显痕迹的盗窃损失，保险人负赔偿责任。"很明显，这起案件的发生地点在阳台而不在室内，这两者是有区别的，故保险公司不负赔偿责任。

问： 你同意哪种意见？为什么？

企业财产保险业务处理

项目描述

企业是现代经济社会的活动主体和重要支柱,它有时候强大得令人感到自我的渺小:气势恢宏的企业建筑,令人眼花缭乱的现代化生产线等;有时候却脆弱不堪:一场火灾,一次生产事故都有可能使企业元气大伤,甚至一蹶不振。因此,对于企业来说,企业财产所面临的风险不仅包括企业的建筑物、机器设备、原材料、成品、运输工具等有形财产的潜在损失,而且包括企业拥有的权益、信用、运费、租金等无形财产的潜在损失。如何预防这些风险,把损失降到最低?如何办理企业财产保险业务?这是本项目所要学习的内容。

项目目标

(1) 通过本项目的实施,能识别企业财产及风险,掌握企业财产保险的含义,解读企业财产保险保险条款,掌握企业财产保险的保险责任和除外责任;

(2) 能运用企业财产保险保险产品特点及条款内容,进行企业财产保险展业和承保;

(3) 能根据企业财产保险条款内容结合财产保险基本原则,进行企业财产保险理赔相关操作。

任务一 企业财产保险展业

学习目标

学生通过讨论和学习本任务,能够进行企业财产保险模拟展业。

引入

案情简介:某厂的高压电缆线路 25 号电杆立于沟坎上,价值 3 000 元,其厂房紧挨着电杆。某年 1 月 1 日,该厂参加了当地保险公司的团体火灾保险,保险金额(包括电杆)为 214 万元。同年 5 月 15 日,一阵短促的暴雨中,25 号电杆倒塌,压倒了厂房,损坏了机器,总计损失达 157 万元。事故发生后,该厂向保险公司提出赔偿要求,但遭到了保险公司的拒绝。该厂遂向当地法院起诉,控告保险公司不履行保险合同中所规定的赔偿义务。

读完此案例后,请思考此案例属不属与企业财产保险的承保范围?此保险标的是否可保？保险公司拒绝赔偿合不合理？

活动一 分组讨论以下问题：

（1）企业财产及风险有哪些？
（2）哪些可列为企业财产保险的保险对象？
（3）企业财产保险的保险标的分为几类？
（4）列举企业财产保险的险种，它的主要条款是什么？

知识平台

一、企业财产及风险

（一）企业财产

企业财产主要包括不动产和动产。不动产是指土地和土地上的定着物，包括各种建筑物，如房屋、桥梁、电视塔和地下排水设施等。其特点是与土地不能分离或者不可移动，一旦与土地分离或者移动将大大改变其性质或者大大降低其价值。而动产是指不动产之外的财产，如机器设备、车辆、动物和各种生活日用品等。从保险承保的角度看，企业财产包括建筑物、建筑物中的内部财产、货币和有价证券、运输工具、货物和在建工程等。在保险市场上，保险公司通常按照企业财产的这种分类推出相应的保险产品。

1. 建筑物

建筑物是企业财产中具有重要价值的部分，是为企业生产和经营服务的。建筑物不仅包括房屋，还包括与房屋不可分割的各种附属设备，房屋以外的各种建筑物（如码头、油库、水塔和烟筒等），附属装修设备（如水电、冷暖、卫生设备和门面装潢等附属于房屋、建筑物上较固定的设备装置）。建筑物是最主要的不动产，具有不可移动性，所面临的风险与其他可移动的财产相比，有较大的不同，更容易遭受地震、水灾、火灾等自然灾害。

2. 建筑物中的内部财产

建筑物中的内部财产的特点是可以随意移动的，而价值不受影响，其主要包括机器设备、工具仪器、管理工具和原材料等。机器设备是指具有改变材料属性或形态功能的各种机器及其不可分割的设备，如机床、平炉、电焊机、传动装置和传导设备等；工具仪器是指具有独立用途的各种工作用具、仪器和生产工具，如切削工具、模压器和检验用仪器等；管理用具是指一些消防用具、办公用具以及其他经营管理用的器具设备；原材料包括原材料、半成品、产成品、库存商品和特种储备商品等。

3. 货币和有价证券

货币是指通货、支票、信用卡凭证和汇票等；有价证券是指股票和债券等代表货币和其他财产的书面凭证。实质上，货币和有价证券都不是物资，保险人通常不予承保，但这两种资产对企业而言极其重要，而且存在着潜在风险。货币和有价证券因其轻巧，体积小，很容易被人盗窃、隐藏和被火烧毁。其中，现金可以轻易地被消费掉，故寻找起来极其困难。

4. 运输工具

运输工具包括汽车、火车、船舶和飞机等，其基本用途是用来载人或载货，从一个地点到另一个地点。这种运输过程使运输工具面临的风险具有特殊性：一方面，作为运输工具本身，与其他财产一样可能遭受火灾、爆炸和洪水等灾害事故，使其本身价值受到影响；另一方面，运输工具会制造一些风险，如发生碰撞事故造成他人人身伤害或财产损失。因此在实际生活中，运输工具常常作为一类单独的对象，由运输工具保险承包其面临的风险。

5. 货物

货物通常是指贸易商品，也可以包括一些援助物资、供展览用的物品等非贸易商品。与其他财产相比，货物通常处于运输过程中，这种移动性使之面临着诸多风险。货物可能因运输工具而受损，如发生碰撞、出轨和沉没等事故，致使货物遭到损坏。而且不同的运输工具，面临着不同的环境和条件，其潜在的风险也体现出明显的差异性。此外，货物既有处于运输过程中的风险，也有处于静止状态时的风险，如存仓期间的火灾和盗窃等风险。

6. 在建工程

工程项目施工的地质环境、人文环境和现场环境通常比较复杂，影响因素很多，高空露天作业的困难和危险较多，这些外部环境因素孕育了工程风险。因此，同其他财产相比，工程的风险具有特殊性、长期性和复杂性等。此外，工程项目施工过程中的参与方众多，施工现场的协调、指挥和监理等工作复杂，对有关人员的综合素质要求很高。同时，随着经济的飞速发展和经济技术水平的提高，工程建设项目的规模越来越大，设计施工越来越复杂。大型项目如地铁、电站和摩天大楼等项目投资大，施工环境复杂，风险相对集中，因而工程项目一旦发生风险，造成的人身伤亡和经济损失都比较严重。

（二）企业财产风险

企业财产风险是指企业所有使用或保管的有形或无形的财产发生损失、减少和贬值的风险。

致使企业财产遭受损失的风险很多，从风险管理的角度出发，可将其分为自然风险、社会风险和经济风险三类。

1. 自然风险

自然风险是指因自然因素或意外事故而造成财产损失的风险。自然因素主要是指由于自然力的作用而造成的灾难，包括人力不可抗拒的、突然的、偶发的和具有破坏力的自然现象，如洪水、地震、泥石流、滑坡、崩塌、地面下沉、火山、风暴、海啸和台风等。意外事故是指由于人员的疏忽或违反操作规程所致的火灾、爆炸和空中飞行物坠落等突发事故。自然风险属于纯粹风险。

2. 社会风险

社会风险是指个人或集团的社会行为导致财产损失的风险。它主要来自以下几个方面：一是道德风险。它是指人为地、有意识地制造的风险，如纵火、偷窃、抢劫、渎职、贪污、泄密和挪用公款等。这些风险给企业造成的损失是不可预见的、很难控制的。二是政治风险，如罢工、暴乱造成财产遭受损毁或生产被迫中断。政治风险对国际工程项目和出口贸易的影响尤为重要，如买方所在国可能发生战争、革命和政变等政治事件或颁布延期付款令致使进口商无法履行还款义务，颁布法律、法令、条例或采取行政措施，禁止或限制买方偿还债务，从而使出口商面临巨大的收汇损失。

3. 经济风险

经济风险是指在经济领域中各种导致企业经营遭受损失的风险。例如，通货膨胀会引起材料价格和劳动力价格（工资）的大幅上涨，外汇汇率的变化会引起外汇交易的损失，国家或地区有关政策法令（如税收、保险等）变化而使企业需要支付额外费用，债务人可能由于经济衰退或因其内部管理上的失误而无力偿还到期债务等。

（三）企业财产损失

一般情况下，企业拥有的财产遭受风险事故后，既会引起直接损失，又可能产生一些间接损失后果。

1. 直接损失

直接损失是由风险事故直接引起的价值降低或损失，主要包括财产遭受破坏、被损毁或被征收而导致的损失；雇员生病或受到伤害而应由雇主支付的费用；企业因承担法律责任被诉讼而应支付的法律费用等。

2. 间接损失

间接损失是直接损失的后果，包括遭受灾害事故后导致的正常利润损失、固定费用和额外费用支出等。例如，一场暴风雨摧毁了输电线和变压器，致使企业的正常生产被迫中断，由此导致企业停工造成正常利润减少或者完全丧失，这就是间接损失。又如，企业生产中断，为保证履行缴货合同，企业不得不以更高的成本租赁替代设备来维持生产的正常运行，这种额外费用支付也是一种常见的经济损失。

二、企业财产保险的承保范围

企业财产保险是主要以下列为保险对象的财产保险：

（1）领有工商营业执照、有健全会计账册、财务独立，以全民所有制或集体所有制为主体的各类企业。

（2）国家机关、事业单位、人民团体等，包括党政机关、工会、共青团、妇联、科研机构、学校、医院、文艺团体等。

（3）以人民币投保，愿意接受财产保险基本险条款的三资企业。

（4）有健全会计账册的私营企业。

三、企业财产保险的保险标的

企业财产可分为可保财产、特约承保财产和不保财产三类。

（一）可保财产

可保财产是指为保险人所接受的财产，包括：

（1）属于被保险人所有或与他人共有且由被保险人负责的财产。

（2）由被保险人经营管理或替他人保管的财产。

（3）法律上承认的、与被保险人有经济利益关系的财产。

（二）特约承保财产

凡是价值确定比较困难但又符合保险财产的一般要求的财产，必须由投保人事先与保险人特别约定，同时在保险单上特别注明，保险人才能予以承保。特保财产分为以下几类：

（1）金银、珠宝、钻石、玉器、首饰、古币、古玩、古书、古画、邮票、艺术品、稀有金属等珍贵财物。

（2）堤堰、水闸、铁路、道路、涵洞、桥梁、码头。

（3）矿井、矿坑内的设备和物资。

（三）不保财产

（1）土地、矿藏、矿井、矿坑、森林、水产资源以及未经收割或收割后尚未入库的农作物（不属于一般性的生产资料或商品，应该投保其他险种的财产，如生长期农作物保险或收获期农作物保险）。

（2）货币、票证、有价证券、文件、账册、图表、技术资料、电脑资料、枪支弹药以及无法鉴定价值的财产（不是实际的物资、缺乏价值依据或很难鉴定其价值）。

（3）违章建筑、危险建筑、非法占用的财产（与政府的有关法律法规相抵触或必然会发生危险的财产）。

（4）在运输过程中的物资（应该投保其他险种的财产）。

（5）领取执照并正常运行的机动车（应该投保其他险种的财产）。

（6）牲畜、禽类和其他饲养动物（应该投保其他险种的财产，养殖业保险）。

小思考

可保财产、特约承保财产和不保财产三者之间有哪些区别？

四、企业财产保险的保险险种和保险条款

我国企业财产保险目前分为企业财产基本险和企业财产综合险。

（一）企业财产基本险的保险责任

由于下列原因造成保险标的损失，保险人依照本条款约定负责赔偿：

（1）火灾。构成火灾责任必须同时具备三个条件：有燃烧现象；偶然、意外发生的燃烧；燃烧失去控制并有蔓延扩大的趋势。

（2）雷击。

（3）爆炸。

（4）飞行物体及其他空中运行物体坠落。

（5）被保险人拥有财产所有权的、自用的供电、供水、供气设备因保险事故遭受损坏，引起停电、停水、停气以致造成保险标的的直接损失（即"三停"损失）。

（6）在发生保险事故时，为抢救保险标的或防止灾害蔓延，采取合理的必要的措施而造成保险标的的损失。

（7）保险事故发生后，被保险人为防止或者减少保险标的的损失所支付的必要的合理费用，由保险人承担。如果施救的财产中包括了非保险标的，或保险标的与非保险标的无法分清时，保险人可以按照被施救的保险标的占全部被施救的标的的比例承担施救费用。例如，在发生保险范围的损失后，被保险人为了减少保险标的的损失，支付施救费用10万元，保险标的损失时的实际价值占整个损失标的的实际价值的60%，则保险人承担的施救费用为 $10 \times 60\% = 6$（万元）。

（二）企业财产基本险的除外责任

由于下列原因造成保险标的的损失，保险人不负责赔偿：

（1）战争、敌对行为、军事行动、武装冲突、罢工、暴动。

（2）被保险人及其代表的故意行为或纵容所致。

（3）核反应、核子辐射和放射性污染。

（4）地震、暴雨、洪水、台风、暴风、龙卷风、雪灾、雹灾、冰凌、泥石流、崖崩、滑坡、水暖管爆裂、抢劫盗窃。

（5）保险标的遭受保险事故引起的各种间接损失，主要指停工、停业期间支出的工资、各项费用、利润损失及因财产损毁导致的有关收益的损失，如旅馆的房租收入以及被保险人与他人签订的合同因保险灾害事故不能履约所需承担的经济赔偿责任。

（6）保险标的本身缺陷、保管不善导致的损毁，以及保险标的的变质、霉烂、受潮、虫咬、自然磨损、自然损耗、自燃、烘焙所造成的损失。

（7）行政行为或执法行为所致的损失。各级行政执法机关依法拆除的保险标的一般是从国家、社会整体利益出发或者维护更大的利益，以避免更大的损失而做出的决策，这种情况下所致的损失不属于保险承保的意外、偶然的灾害事故风险范畴。

（8）其他不属于保险责任范围内的损失和费用（列明的风险责任）。

（三）财产保险综合险的保险责任

财产保险综合险的保险责任在财产保险基本险的基础上有所扩展，包括下列原因造成的损失：

（1）火灾、爆炸。

（2）雷击、暴雨（每小时降雨量达 16 毫米以上，或连续 12 小时降雨量达 30 毫米，或连续 24 小时降雨量达 50 毫米以上）、洪水、台风、暴风、龙卷风、雪灾、雹灾、冰凌、泥石流、崖崩、突发性滑坡、地面下陷下沉（与财产保险基本险相区别之处）。

（3）飞行物体及其他空中运行物体坠落。

（4）被保险人拥有财产所有权的自用的供电、供水、供气设备因保险事故遭受损坏，引起停电、停水、停气以致造成的保险标的的直接损失。

（5）在发生保险事故时，为抢救保险标的或防止灾害蔓延，采取合理的必要措施而造成保险标的的损失。

（6）保险事故发生后，被保险人为防止或者减少保险标的的损失所支付的必要的、合理的费用，由保险人承担。

（四）财产保险综合险的除外责任

由于下列原因造成的保险标的的损失，保险人不负责赔偿：

（1）战争、敌对行为、军事行为、武装冲突、罢工、暴动。

（2）被保险人及其代表的故意行为或纵容所致。

（3）核反应、核子辐射和放射性污染。

（4）保险标的因遭受保险事故而引起的各种间接损失。

（5）地震所造成的一切损失（与基本险相区别之处）。

（6）保险标的本身缺陷、保管不善导致的损毁；保险标的的变质、霉烂、受潮、虫咬、自然磨损、自然损耗、自燃、烘焙所造成的损失。

（7）堆放在露天或罩棚下的保险标的以及罩棚，由于暴风、暴雨而造成的损失（与基本险相区别之处）。

（8）行政行为或执法行为导致的损失。

（9）其他不属于保险责任范围内的损失和费用（如水暖管爆裂、盗窃抢劫等）。

企业财产保险的保险条款，尤其是除外责任在保险实务中十分重要。

活动二　分组进行企业财产保险展业前的准备工作

活动要求：

1. 分小组进行企业财产保险展业前的准备工作

4~5 名同学为一组，全班可分为若干个小组，每个小组选一家企业作为展业对象，并且进行分工合作，每个同学都明确自己的任务，完成展业前的调查和准备工作。可通过问卷调查、电话调查、谈话调查等方式进行调查，要充分利用网络媒体的资源材料。

2. 展业人员在展业前应调查的企业情况

（1）企业的财产坐落范围，房屋建筑物的建筑结构、建造年代，机器设备的购置年代、新旧程度，各类财产的市场现值。

（2）企业财产的主要风险，包括主要灾害及成灾情况、各种意外事故造成的损失。

（3）调查此企业的社会保险资源状况，包括已参加保险的财产和未参加保险的财产、可以挖掘的保险资源情况以及企业在其他保险公司的投保情况。

（4）研究自己公司保险险种的条款。

（5）准备保险情况问询表等资料。

3. 按照上述要求，完成表格填写

按照上述要求，各小组填写展业前调查表（见表 3-1）和财产保险风险情况问询表（见表 3-2）

表 3-1　展业前调查表

企业 调查情况	
企业财产情况	
面临主要风险	
社会保险资源情况	
保险险种条款情况	
所需资料准备情况	

表 3-2　财产保险风险情况问询表

本风险情况问询表为＿＿＿＿＿＿＿＿号投保单的组成部分。投保人应如实、详细填写。

投保人：

1. 建筑物状况

名称	结构	高度/m	层数	占用性质	防火措施	灭火设施及器材

续表

名称	结构	高度/m	层数	占用性质	防火措施	灭火设施及器材

说明：

（1）建筑物的结构指钢筋混凝土（A）、砖木（B）、简易建筑（C）。

（2）建筑物的占用性质指写字楼（A）、商场（B）、宾馆酒楼（C）、娱乐场所（D）、仓库（E）、生产车间（F）、其他（注明）。

（3）防火措施指禁止吸烟和使用明火（A）、禁止乱拉乱接电线（B）、使用防爆型照明灯具和电器设备（C）、装有导除静电装置（D）、装有防雷电装置（E）、其他（注明）。

（4）灭火设施及器材指室内消火栓（A）、室外消火栓（B）、火灾自动报警系统（C）、火灾自动灭火系统（D）、手提灭火器（E）、消防水源（F）。

2. 仓储物品

（1）主要物品名称，如家用电器、服装、百货。

燃烧性 □　　　　易燃易爆 □　　　　可燃 □　　　　难燃或不燃 □

（2）易燃易爆物品是否存放在独立的危险品仓库内？

是 □　　　　　　否 □

3. 生产状况

（1）原材料、半成品、成品的名称分别是什么？

（2）采取的是什么生产工艺？

常温 □　　　　常压 □　　　　高温 □　　　　高压 □

（3）生产过程属于哪种？

自动化 □　　　　手工操作 □

（4）生产过程中有无使用易燃或易爆材料？

有 □ 名称　　　　无 □

（5）生产过程中有无可燃性气体或粉尘产生？

有 □ 名称　　　　无 □

（6）主要危险隐患有几处？其坐落地点为：_____。

4. 以往损失情况

（1）以往有无发生损失？

有 □　　　　　　无 □

（2）暴雨或洪水灾害__次，最近一次发生于____年__月__日，造成财产损失金额__元。

（3）火灾或爆炸事故__次，最近一次发生于____年__月__日，造成财产损失金额__元，事故原因：_____。

5. 防洪设施及措施

防洪墙 □　　　　防洪闸门 □　　　　沙袋 □　　　　抽水机 □

排、蓄水沟、塘

有 □　　　　　　　　　　　　无 □

仓储物品加垫板 □	汛期建立 24 小时值班制度 □

6. 防盗状况

（1）防盗设施及措施。

围墙防护设施 □	防盗警报装置 □
专职保安员或门卫 □	夜间、工休日和节假日均有人值班 □
出入大门登记制度 □	

（2）高价物品的保管方法。

专管有 □	无 □
兼管有 □	无 □

7. 安全生产组织及管理

（1）有无组建消防队？

专业 □   义务 □   无 □

消防队的人数为____人，其主要装备、设备及消防泵有____台。

（2）有无建立安全生产责任制或防火安全责任制？

有 □   无 □

（3）有无安全生产或防火安全管理组织？

有 □ 名称_____   无 □

（4）有无制定安全操作规程？

有 □   无 □

（5）有无取得由消防部门颁发的消防合格证书？

有 □   无 □

投保人（签章）

年　月　日

活动三　分组模拟企业财产保险展业

（1）分小组模拟企业财产保险展业。

（2）点评展业过程中的优点与不足，补充介绍企业财产保险展业技巧。

（3）4～5 名同学为一组，全班可分为若干个小组，各小组对根据手头的条款内容进行讨论，推选 2 名同学各以投保人与保险人的身份进行现场展业，1 名同学作为记录员做好记录。

注意：展业中要注意做好以下服务：

（1）帮助投保人分析自己所面临的风险。

（2）帮助投保人确定自己的保险需求。

（3）帮助投保人估算投保险费用。

（4）向投保人详细介绍保险条款，尤其是除外责任。

（5）帮助投保人制订具体的保险计划。

根据展业情况，撰写学生实训报告，如表 3-3 所示。

表3-3 学生实训报告

实训日期：
实训小组：
小组成员：
实训内容：
实训过程：
实训成绩：

任务二 企业财产保险承保

学习目标

通过本任务的实施，能够进行企业财产保险模拟承保，能够缮制企业财产保险投保单和保险单，能按照给定的费率表计算保险金额和保险费。

引入

石家庄某化工厂某年1月1日以来一直向某保险公司投保企业财产保险，保险期间为一年。合同到期后该厂提出了续保要求。次年1月7日，该厂向保险公司的业务员王某递交了企业财产保险投保单，投保了85万元的财产保险，王某接到该厂的投保单并足额收取了该厂的企业财产保险费。但因种种原因，王某未及时将该投保单和保险费交到保险公司，因此保险公司未给该厂签发保险单。次年1月12日，该厂因电器线路开关打火发生火灾，烧毁了生产厂房、设备及原材料等大部分企业财产。火灾发生后，该厂及时通知了保险公司并提出索赔要求，保险公司认为并未收到该厂的保险费，也未经核保签发保单，因此拒绝承担赔偿责任。该厂诉至法院，要求保险公司承担赔偿责任。法院受理该案后，判决保险公司赔偿该厂保险金约65万元。

在读完此案例之后，思考如何计算保险公司的保险金额和企业所缴纳的保险费？

活动一 分组计算企业财产保险的保险金额和保险价值

各组以所选企业为基础，根据提供的企业财产投保标的明细表（见表3-4），确定可保标的保险金额和保险价值。

表3-4　财产保险投保标的明细表

本投保标的明细表为__号投保单的组成部分，投保人应如实详细填写。

投保人：　　　　　　　年　月　日

投保标的项目	标的占用性质	保险金额/元	备注

知识平台

一、企业财产保险的保险金额与保险价值的确定

（一）固定资产保险金额的确定

固定资产保险金额的确定方法有以下几种：

1. 按照账面原值确定

按照账面原值确定是指在建造或购置固定资产时所支出的货币总额来确定保险金额。在以下两种情况下，这种方式基本能较准确地反映固定资产的实际价值：

（1）固定资产登记入账时间较短。

（2）固定资产的市场价值变化不大。

2. 按照固定资产的账面原值加成数确定

其主要用于固定资产的市场价值变化较大的企业财产保险业务，以此抵消通货膨胀对固定资产的实际价值可能造成的贬值影响。

3. 按照固定资产的重置价值确定

重置价值是指重新购买或重建某项财产所需支付的全部费用。此时，保险金额往往大于保险财产的实际价值。

4. 按其他方式确定

其是指被保险人依据公估或评价后的市价来确定固定资产的保险金额。固定资产的保险价值是出险时的重置价值。

（二）流动资产保险金额的确定

（1）流动资产（存货）的保险金额由被保险人按最近12个月任意月份的账面余额确定，即以投保月份往前倒推12个月的其中任意一个月的流动资产账面余额（应当按取得的实际成本核算）作为流动资产的保险金额。

（2）由被保险人自行确定。流动资产的保险价值是出险时账面的余额。

（三）账外财产和代保管财产的保险金额的确定

其可以由被保险人自行估价或按重置价值确定，并分项列明保险金额。账外财产和代保管财产的保险价值是出险时的重置价值（固定资产）或账面余额（流动资产）。

活动二　计算保险费

各小组根据相关费率表，首先确定保险费率，再结合活动一计算出的保险金额，分项计算保险费。

▶ 知识平台

二、企业财产保险保险费的计算

（一）企业财产费率表

企业财产保险费率的确定要求认识到：

①企业财产基本险的费率和企业财产综合险的费率不同。

②企业财产保险分工业类、仓储类、普通类三类，其综合险年费率表，详见表3－5。

③企业财产基本险年费率表和企业财产短期基本险年费率表详见表3－6和表3－7。

表3－5　企业财产综合险年费率

（按保险金额每千元计算）

类别	号次	占用性质	费率1	费率2
工业类	1	第一级工业	1.60	1.00
	2	第二级工业	2.00	1.50
	3	第三级工业	2.40	2.00
	4	第四级工业	4.00	3.50
	5	第五级工业	6.40	5.00
	6	第六级工业	8.00	7.00
仓储类	7	一般物资	1.50	1.00
	8	危险品	3.00	2.00
	9	特别危险品	5.00	4.00
	10	金属材料、粮食专储	1.00	0.50
普通类	11	社会团体、机关、事业单位	1.60	1.00
	12	综合商业、饮食服务业、商贸、写字楼、展览馆、体育场所、交通运输业、牧场、农场、林场、科研院所、住宅、邮政、电信、供电高压线路、输电设备	2.40	2.00
	13	石油化工商店、液化石油气供应站、日用品商店、废旧物资收购站、修理行，文化娱乐场所、加油站	3.00	3.00

备注：费率1适用于华东、中南、西南地区；

　　　费率2适用于华北、东北、西北地区

表3-6   企业财产基本险年费率表

类别	号次	占用性质	费率
工业类	1	第一级工业	0.60
	2	第二级工业	1.00
	3	第三级工业	1.45
	4	第四级工业	2.50
	5	第五级工业	3.50
	6	第六级工业	5.00
仓诸类	7	一般物资	0.60
	8	危险品	1.50
	9	特别危险品	3.00
	10	金属材料、粮食专储	0.35
普通类	11	社会团体、机关，事业单位	0.65
	12	综合商业、饮食服务业、商贸、写字楼、展览馆、体育场所、交通运输业、物场、农场、林场、科研院所、住宅、邮政、电信、供电高压线路、输电设备	1.50
	13	石油化工商店、液化石油气供应站、日用品商店、废旧物资收购站、修理行，文化娱乐场所、加油站	2.50

表3-7   企业财产短期基本险年费率表

保险期限	1个月	2个月	3个月	4个月	5个月	6个月	7个月	8个月	9个月	10个月	11个月	12个月
按年费率/%	10	20	30	40	50	60	70	80	85	90	95	100

工业险级别划分原则：鉴于工业险费率的厘定，应兼顾到保险单位使用的原材料、主要产品、工艺流程、危险程度等因素，所以，对那些虽使用同样的原材料或生产同样的产品但工艺流程及设备现代化程度不同的单位，在厘订费率时应区别对待。有些单位虽然名称相同，但生产内容与名称并不相符，如军工机械制造改产民用消费品等，类似情况应按实际生产的内容订定费率。其划分原则如下：

一级工业险：

（1）以钢铁为原材料，如金属冶炼、铸造及各类重型机械、机器设备制造、钢铁制品、部分纯钢铁制品等工业。

（2）耐火材料、水泥、砖石制品等工业。

二级工业险：

（1）一船机械零件制造修配工业。

（2）以金属为主要原材料，兼用少量塑料及非金属零件制造、修配工业。

（3）兼有少量喷烘漆等工艺的五金零件制造修配工业。

三级工业险：

（1）以部分金属或一般物资为主要原材料的仪器及副仪器、轻工、塑料制品、电子、电器、电机仪表、日常生活用品等工业。

（2）生产过程比较完全，危险性小的日用化学品工业。

四级工业险：

（1）以竹、木、皮毛或一般可燃物资为原材料或以一般危险品进行化合生产并在生产过程中有一定危险性的工业；

（2）棉、麻、丝及其制品；塑料、化纤、化学、医药等制造加工工业。

（3）以油脂为原料的轻工业。

（4）文具、纸制品工业。

五级工业险：

（1）以一般危险品及部分特别危险品为主要原料进行化合生产、制氧、挥发性化学试剂以及塑料、染料制造等工业。

（2）大量使用竹、木、草为主要原材料的木器家具、工具、竹器、草编织品制造工业及造纸工业。

（3）油布、油纸制品工业。

六级工业险：

（1）以特别危险品（如赛璐珞、磷、醚）及其他爆炸品为主要原材料进行化合生产的工业。

（2）染料工业。

危险品与特别危险品分类参见表3-8。

表3-8　危险品与特别危险品分类

类别	品名
危险品	二级易燃液体、二级易燃固体 二级遇水燃烧物品、二级自燃物品、助燃气体 二级氧化剂 土包装的棉花、植物纤维、破布、碎纸、毛线以及各种废料
特别危险品	爆炸品、一级易燃液体 一级遇水燃烧物品、一级自燃物品 易燃气体、一级氧化剂 一级易燃固体 散包的棉花、植物纤维、破布、碎纸、毛线以及各种废料
备注	以上分类表根据相关部门公布的《危险货物运输规则》订定，易燃液体、易燃固体、遇水燃烧物品、自燃物品、氧化剂，属于一级的为特别危险品，属于二级的为危险品，爆炸品为特别危险品。压缩气体及液化气体为两类。易燃气体为特别危险品，助燃气体为危险品。

（二）保险费的计算

企业财产保险的保险金额，一般以账面金额为基础，根据财产的种类不同，分别采用不同的计算方式：

固定资产可以按账面原值加成数投保，也可以按账面原值或重置价值投保。

　　账面原值是指固定资产购置时的原始账面价值。近年来，由于材料、人工费的上涨，一般企业的账面原值与重置价值差距都比较大，如果按账面原值作为保险金额，则被保险人得不到充分保障，可能发生部分损失；如果账面原值低于出险时的重置价值，保险人只能根据保险金额按财产损失程度或修复费用与重置价值的比例计算赔偿金额。按重置价值投保可得到足额保障，但鉴于目前主客观条件都有些困难，一般难以办到。因此，目前最普遍运用的是按账面原值加成数投保，使之趋近于重置价值，发生部分损失可按实际损失计算赔偿，最高不超过投保时确定的保险金额。发生全部损失按保险金额赔偿，如保险金额高于重置价值，则其赔偿金额以不超过重置价值为限，可以给被保险人以充分的经济保障。

　　流动资产可以按最近12个月平均账面余额投保（采取按季分期结算的，视同12个月平均账面余额投保），也可以按最近账面余额投保。这两种保险金额计算方法不同，赔偿金额的方式也不同。一般大中型企业或资产变化较大的，应12个月的平均账面余额投保，发生损失可按出险时的账面金额计算赔偿金额。如按最近账面余额投保，当受损财产的保险金额低于出险时的账面余额时，则应按比例计算赔偿金额（凡流动资产采用按季分期结算的，其他科目如固定资产、专项物资、专项工程支出等的保险金额也均同样按结算期的最近账面余额计算）。已摊销或不列账面的财产以及来料加工、代销商品、代客修理、代客洗染等其他投保财产，可由被保险人根据实际情况与保险人协商，按实际价值投保。

活动三　缮制投保单和保险单

　　任务描述：以小组为单位，根据所给资料，完成表3-9和表3-10的填写。

　　填写要求：首先确定保险财产项目；其次确定保险金额；再次计算保险费；最后缮制保险单。

　　（1）2018年8月1日，石家庄市长城轴承厂投保财产保险综合险，经双方协商，达成如下保险事项：

　　①保险标的项目：固定资产、存货、在建工程。

　　②以轴承厂2018年5月末《资产负债表》及有关账册为依据，按8月末账面余额确定保险金额，有关数据如下：

　　A. 在《资产负债表》中，"资产"方的"固定资产原价"项目期末数为14 350 000元。

　　B. 在《资产负债表》中，"存货"项目期末数为6 200 000元。

　　C. 在《资产负债表》中，"在建工程"项目期末数为1 860 000元。

　　（2）机器设备附加机损险，经查固定资产账册，生产用机器设备为6 250 000元，非生产用机器设备为1 020 000元。

　　（3）"存货"项目中的"产成品"附加盗抢险，经查2018年5月末账册，"产成品"总账余额为1~960 000元。

　　（4）下列已入账财产剔除不保：

　　①交通运输工具原价为960 000元。

　　②道路原价为250 000元。

　　③围墙及护坡原价为190 000元。

④材料采购科目账面借方余额为 250 000 元。

⑤"产成品"中委托代销商品账面借方余额为 560 000 元。

⑥"出包工程"项目的账面借方余额为 960 000 元。

（5）保险责任期限从 2018 年 7 月 4 日 0 时起至 2019 年 7 月 3 日 24 时止。

保险费按现行费率规章计算，但因上一保险年度赔付率高，故财产保险综合险上浮 30%；附加机损险费率定为 6‰，存货只选择产成品附加盗抢险，费率定为 5‰。

（6）被保险人地址为白沙市青年路 30 号，保险标的坐落地址为某市青年路 30 号、滨湖路 13 号。该轴承厂属国有企业，其占用性质：（一）2；法定代表人：吴为；保险联系人：王进；联系电话：12345678；开户银行：市工商银行；银行账号：05002167。

表 3-9　×××保险有限公司 财产保险投保单

投保人：　　　　　　　投保单号：

	投保标的项目	以何种价投保	保险金额/元	费率/‰	保险费/元
基本险					
	特约保险标的				
总保险金额（大写）				（小写）	
附加险					
总保险费（大写）				（小写）	

保险责任期限自　　年　　月　　日 0 时起至　　　年　　月　　　日 24 时止

特别约定：	占用性质：
被保险人地址：　　　开户银行： 电话：　　　　　　　银行账号： 联系人：　　　　　　财产坐落地址： 行　业：　　　　　　―――――― 所有制：　　　　　　共　　个地址	本投保单未经本公司签章不发生法律效力。
本投保人兹声明 上述各项均属事实， 同意以本投保单作 为订立保险合同的 依据。 　　　　　　　　投保人签章： 　　　　　　　　　　年　　月　　日	×××保险有限公司签章 　　　　年　　月　　日

制单：　　　　　　　　　　　　　复核：

表 3-10 ×××保险有限公司 财产保险保险单（正本）

保险单号：＿＿＿＿＿＿＿＿＿＿＿＿＿＿＿＿＿＿＿＿＿＿＿＿＿＿＿＿＿＿＿＿＿

鉴于　　　　　　（以下称"被保险人"）已向本公司财产险基本险以及附加险，并按本保险条款约定缴纳保险费，本公司特签发本保险单并同意依照财产保险基本险条款和附加险条款及其特别约定条件，承保被保险人下列标的的保险责任。

项目	投保标的项目	以何种价值投保	保险金额/元	费率/‰	保险费/元
基本险					
特约保险标的					
总保险金额（大写）			（小写）		
附加险					
总保险费（大写）			（小写）		

保险责任期限自　　年　　月　　日 0 时起至　　　年　　月　　日 24 时止

特别约定：	占用性质：
被保险人地址：　　　开户银行： 电　话：　　　银行账号： 联系人：　　　财产坐落地址： 行　业：　　　＿＿＿＿＿＿ 所有制：　　　共　　个地址	本投保单未经本公司签章不发生法律效力。
本投保人兹声明上述各项均属事实，同意以本投保单作为订立保险合同的依据。 　　投保人签章： 　　　　　年　月　日	×××保险有限公司签章 　　　　　年　月　日

经理：　　　会计：　　　复核：　　　　制单：

知识平台

三、缮制投保单和保险单

（一）投保单填写要求

投保是指对保险标的具有保险利益的自然人或法人，向保险人申请订立保险合同的行为。通常将投保人填写投保单作为要求参加保险的书面凭证。

投保单是保险合同的组成部分，是保险人与被保险人订立保险合同的要件，应与保单、核心业务系统中的信息保持一致，否则容易造成理赔争议或者违规风险。因此，保险单的填写必须认真仔细、真实详尽、严谨规范。投保单应由投保人或业务员或内勤协助投保人填写，字迹应清晰、工整，涂改处不得超过 2 处。投保单必须由投保人签字或者盖章。

1. 投保情况：（必选项）

（1）在保险公司第一次投保的客户，选择"新保"。

（2）以往在保险公司有过投保记录的客户，选择"续保"，并填写以往保单号。以往保单号如果遗忘，保险公司可在后台查找后填写。

2. 股东业务标识

若是股东业务，则选择"是"；反之，选择"否"。

3. 投保人与被保险人信息

（1）投保人：依据投保人是否为企业法人，判断客户归类为个人客户或者团体客户，并做相应的勾选（此项为必填）。

投保人名称应填写全称，且应与"投保人签章"相符；投保人地址应详细填写，包括省、市、区及具体地址；电话及联系人如有也应尽量填写清楚。

（2）被保险人：依据被保险人是否为企业法人，判断客户归类为个人客户或者团体客户，并做相应的勾选（此项为必填）。

被保险人与投保人名称及地址一致时，可填写同上；如不一致，则应写明被保险人的全称、具体地址、电话及联系人。

4. 涉农标识

如有涉及选择框中所列项目，请据实勾选。

5. 被保险财产坐落地址（此项为必填）

应详细填写，包括省、市、区及具体财产坐落地址，应详细到门牌号及邮政编码；如地址不止一个时：

（1）如财产坐落地址少于等于 3 个，直接在投保单中填写。

（2）如财产坐落地址大于 3 个，请至少列明其中的 2 个地址（如总部地址、中心地址等），最后一行填写"其他 n 个地址详见特约/其他 n 个地址详见后附清单"。如果投保单中所列地址信息模糊或者缺失，则极易导致出险标的所在的地址是否属于承保范围造成争议。

6. 保险期间（此项为必填）

一般为一年，应根据实际投保期限在投保单上详细填写，并注意要精确到小时。如"自 2018 年 1 月 1 日 0 时起至 2018 年 12 月 31 日 24 时止"。

7. 行业、营业性质、占用性质

（1）行业：指被保险人所属的行业（此项为必填）。

（2）营业性质：指被保险人的业务经营范围。

（3）占用性质：据实填写被保险人的所属的占用性质（此项为必填）。

关于占用性质请重点注意：

（1）被保险标的属于工业企业的，必须选择工业等级。

（2）非工业企业，据实从表3－11中所列性质中选择填写。

表3－11

1	半导体芯片厂	16	电厂
2	办公楼	17	供电及通信线路
3	银行、证券、保险、邮政等营业场所	18	水库、堤坝
4	住宅	19	采矿
5	学校、医院等	20	加油站、加气站
6	酒店	21	一般场所
7	商场（店）	22	建筑工地场所
8	销售易燃易爆品、危险品或者特别危险品的商场（店）	23	存储一般物品
9	经营危险品场所	24	存储危险品
10	批发市场	25	存储特别危险品
11	餐饮	26	金属专储
12	综合（办公、商业、餐饮、娱乐等一体）	27	粮食专储
13	大型文体活动场所（展览馆、电影院、体育场所、美术馆等）	28	棉花专储
14	小型文体活动场所（歌舞厅、洗浴房、网吧、游戏厅等）	29	石油专储
15	交通设施（地铁、公路、桥梁、码头、隧道等）		

8. 被保险人的企业性质（此项为必填）

从以下选项中据实选择：机关、事业单位、社会团体、国有企业、集体企业、三资企业、私营企业、其他。

9. 房屋结构

从以下选项中据实选择：

（1）钢、钢筋混凝土结构。

（2）砖混结构。

（3）砖木结构。

（4）钢结构。

（5）钢筋混凝土结构。

（6）混合结构。

（7）其他结构。

10. 投保项目明细（此项中全部为必填）

（1）项目类别明确、分项保额明晰。

建筑物仅指投保标的的框架结构，不包含装修、内部物品。其他项目类别分别填写，不得统一填写在某一行，否则易造成理赔争议。例如，某楼宇的建筑物价值1亿元，装修5 000万元，但投保单中仅填写建筑物1.5亿元，发生火灾后，由于没有装修明细，客户索赔装修赔款7 000万元，而建筑物主体部分未受损失。

（2）项目名称填写具体的楼宇名称（或楼宇号、楼宇座号）、装置名称、仓储物名称、设备名称。例如，保利大厦 A 座、办公用品、原材料钢铁存货、发电机。

（3）保险金额的确定方式（必填的重要信息，据实选择并填写相应序号）。

①固定资产：

A. 账面原值。

B. 账面原值加成数：应注明所加成数，缺省默认为 0。

C. 重置价值。

D. 资产净值。

E. 协商确定。

②流动资产：

A. 最近 12 个月的账面平均余额。

B. 最近 12 个月的账面平均余额加成数：应注明所加成数，缺省默认为 0。

C. 单月最高值。

D. 单月最低值。

E. 协商确定。

（4）保险价值确定方式（必填的重要信息，据实选择并填写相应序号）。

企业财产保险条款中对于保险价值的确定方式有四种，投保时必须约定保险价值的确定方式。如果未约定，极易造成出险时如何赔付的争议。

①出险时的重置价值。

②出险时的账面余额。

③出险时的市场价值。

④协商确定：如选此项，则必须填写协商的保险价值。请注意，此种方式确定保险价值后实际上属于定值保险，企业财产保险一般不建议选择此项。

11. 免赔信息（此项为必填）

依据最终确认的承保条件，据实填写免赔信息。

12. 附加险（此项为必填）

（1）投保主险的保险标的方可投保附加险。

（2）附加险如有赔偿限额及单独的免赔约定，必须列录入条款措辞中，以便在出险时缩小保险公司的风险承担范围。

（3）同一保险标的的附加险保险金额不得超过该保险项目在主险的保险金额。

（4）如篇幅较多，请后附清单。

13. 交费计划

（1）一次性交费的，则应写明计划交费日期。

（2）分多次交费的，则应写明每期计划交费日期。

14. 合同争议处理

根据与客户的协商结果填写。

15. 保险标的是否向其他公司投保同类保险

根据与客户的协商结果填写。

16. 基本风险信息

（1）为投保人填写方便，《基本风险信息》主要采用"选择回答形式"，投保人可根据实际情况进行选择；对其中需填写内容的部分，外勤业务人员也可在经过现场查勘后，代为填写。投保保险标的坐落地址平面图可另附页。

（2）以往损失记录：根据被保险人的实际情况填写。如有，则应按所列项目填写清楚；如无，则应写无，不可为空。

（3）如版面不够，则可另附风险评估报告或在查勘报告中写明。

17. 特别约定（此项为必填）

（1）经投保人与保险人双方认可，可将需额外说明的事项填写在特别约定栏。必须确保投保单及保单的特别约定一致，以避免出险后因投保单及保单的特别约定不一致而造成被动赔付的不必要损失。如篇幅过大，则可加页附具体内容。

例如：保险标的抵押给×××方，第一受益人为×××；固定资产中不含汽车×××元；针对露天存放的标的遭受暴雨、泥石流造成的损失，我司不承担赔偿责任；对于被保险人投保的机器设备，保险人同意被保险人只需在机器大修时将修理记录做好存档工作，以备保险人查阅；经协商，保险人同意在发生引起或可能引起本保险单项下索赔的事故时，本保险单项下的赔偿责任不因被保险人非故意地疏忽或过失而延迟或遗漏通知保险人而受拒付。

（2）标的坐落地址、保额明细，如因篇幅问题表格中无法全部填写，则可填写在此处；如篇幅过大，则可加页附项目清单。

18. 投保人签字（此项为必填）

投保单填写完毕后，单位投保人应加盖单位章；个人投保的应有投保人亲笔签字，签章（字）应与投保人名称相符。如没有，则出险后造成的法律问题一般由保险公司承担责任。

19. 集中出单业务填写的信息

（1）联共保标志：按照业务实际是否共保、联保以及相应的保险公司地理位置选择。

（2）承保方式：按照业务实际承保方式选择。

①临分分入：非直保，以临分再保接受人的身份承保的业务。

②独家承保：仅有一家保险公司承保被保险标的。

③共保业务：指两个或两个以上保险人共同承保同一标的的同一危险、同一保险事故，而且保险金额不超过保险标的的价值。首席共保人是指在所有共同保险人中推举一个保险人，由首席共保人全权处理后续所有共同保险实务；非首席共保人就是既从共保方。

④共保信息录入：根据主承保出具的保单及实际共保信息的录入。

20. 财产保险投保标的项目清单

（1）"财产保险投保标的项目清单"作为投保单的组成部分，在投保单所留空间不能满足"保险标的项目"的填写或标的坐落地址不止一个时使用。财产基本险、财产综合险、财产保险、财产一切险通用。

例如：某一投保人（厨具制造厂）投保"房屋建筑"，保险金额为1亿元，分别坐落在3个地址，即地址1、地址2、地址3，保险金额分别为3 000万元、3 000万元、4 000万元。

（2）投保标的项目清单中某一保险标的的项目的保险金额合计应等于投保单中该保险标的的项目的保险金额。

（二）保险单填写要求

企业财产保险单填写要求：第一，明确保险财产项目；第二，确定保险期限，一般为一年，保险责任从约定起保的当天12时起，到保险满期日的12时止，约定起保日应在投保人填交投保单的次日，或填交投保单的若干日之后，如果投保人要求从投保日当天起保，展业人员应讲明保险责任从当天办妥手续时开始；第三，特约保险财产需要特别约定才能承保。第四，投保时需注明附加险的名称、投保财产项目、保险金额、保险费率、保险费；第五，对保险合同中需要特别说明的事项，投保人与保险人双方可通过协商特别约定予以明确；第六，投保单中占用性质项根据企业财产保险费率规章填写，要反映出类别及号次。

任务三 企业财产保险理赔

学习目标

通过本任务的实施，能够进行企业财产保险模拟理赔，包括在理赔工作中判定保险责任、确定赔款额度、缮制权益转让书和赔款通知书等。

《《《 引入

某年 6 月石家庄某制衣厂与保险公司签订了企业财产保险合同，附加盗抢保险特约条款，保险期限从当年 6 月 1 日起至次年 6 月 1 日止，保险金额为 40 万元，并于次日交清了所有保险费。当年国庆期间，该制衣厂员工全部放假，仅剩值班人员留下看厂，一天晚上，该值班人员在值班查岗期间擅自离开工厂，直到第二天中午才重新回到工厂。当他回到工厂清点物品时，发现原本于次日发货的一部分成本制衣被盗，厂门有明显被撬的痕迹，除制衣被盗外，他自己放在抽屉里的两千元现金也同时被盗。该值班人员随即向公安部门报案，经现场查勘，该制衣厂共损失财产约 25 万元。由于此案一直未破案，制衣厂于是向保险公司提交书面索赔报告。

在读完案例后，思考事故责任由谁付？保险公司要不要理赔？如果理赔的话，则应支付多少赔款？如何进行理赔？

活动：根据下面所给的石家庄市某卷烟厂洪水案理赔案例资料，填写出险通知书（见表 3 - 11）、现场查勘报告（见表 3 - 12）、权益转让书（见表 3 - 13）和赔款通知书（见表 3 - 14）。

石家庄市某卷烟厂洪水案理赔案例

1. 出险经过

某年 7 月 20 日 15 时，某市某公司业务科王某接到该市某卷烟厂财务科张某电话报案。由于普降暴雨，沱江河水猛涨，20 日 13 时许，坐落在该镇的某卷烟厂进水，厂领导正在组织职工转移未受损的原材料及产成品。目前，烟叶仓库进水深度达 1.3 米，另外，市五金公司和供销社仓库也进水，烟厂存放于该处的烟叶受淹，估计保险财产损失达 500 万元以上。

2. 抄单及立案情况

业务人员王某接受到卷烟厂报案后，随即进行了报案登记，查抄了保险单副本，并将所抄单底与报案记录进行核对，并向公司经理刘某进行汇报。根据报案及抄单情况，初步确认所出险时间在保险单载明的保险责任有效期限内，受损财产在保险财产范围之内，予以立案处理。

3. 承担情况

经查，该厂于 7 月 6 日投保财产保险综合险，保险单中（抄件）财产承担情况如下：

（1）固定资产：5月末固定资产账面余额原价总计为9 340 000.00元，投保房屋（原价）4 086 215.00元，其他固定资产（交通运输工具、护坡等）剔除不保，账面原价为687 909.00元。

（2）存货：5月末账面余额为12 458 843.00元，因资金紧张，只投保6 000 000.00元，原材料中的五金配件和录像片不再投保。

4. 现场查勘情况

当该公司领导及理赔人员赶到现场时，洪水还在上涨，他们一方面与厂方共同研究施救方案，组织职工全力抢救；另一方面在厂方财会部门取得了有关账册资料，以便核定保险财产的实际损失，并对进水主要部位进行拍照，21日6时许，洪水退去，查勘人员对受淹的财产（主要是烟叶）拍照，由于受损数量多，金额大，保险公司组成了由主管副经理为首的定损核赔小组，对受损财产进行清点。厂方也停产组织职工、临时工分等级整理受损烟叶，分类填造财产损失清单。省、市公司也迅速派员协同查勘定损。

（1）核定受损财产数量。根据厂方填造的财产损失清单，查勘人员对报损烟叶的等级数量进行了核对，其方法是：

①抄录并核实厂方出险当天（7月20日）烟叶库存实物保管明细账各等级烟叶的结存数量。

②核实在施救过程中搬出来的未受损烟叶的数量。

③清点库存中未受损的烟叶数量。

④清点库存受损烟叶的数量，与损失清单逐项核对。

⑤将清点核定的受损财产数量与未受损财产数量之和与实物保管账进行核对，确认该厂烟叶受损数量为6 300担①。

（2）核定损失程度。受损数量核实后，查勘人员就烟叶被水浸泡后对质量的影响程度进行了技术咨询，并请有关技术人员实地查看烟叶浸泡及受污染情况，与厂方共同协商损失程度为：损失程度100%的烟叶计5 614担，损失程度25%的烟叶计173担，损失程度30%的烟叶计513担。

（3）核定损失金额。根据厂方的会计核算资料，该厂按计划成本核算原则材料，各等级烟叶受损失金额和损失金额（按计划成本）为：

①全部损失5 614担，损失金额2 394 929.74元。

②部分损失686担，其中：

A. 损失程度为25%的计173担，价值66 078.74元。

$$损失金额 = 66\ 078.48 \times 25\% = 16\ 519.62（元）$$

B. 损失程度为30%的计513担，价值154 757.79元

$$损失金额 = 154\ 757.79 \times 30\% = 46\ 427.34（元）$$

以上两项部分损失合计：62 946.96（元）。

$$烟叶损失总金额 = 239\ 929.74 + 62\ 946.96 = 2\ 457\ 876.70（元）$$

经查实有关账册，上述烟叶损失金额均为不含进项增值税的计划成本。

（4）材料成本差异率。根据厂方会计核算资料，该厂上半年材料（烟叶）成本差异率

---

① 1担 = 50千克。

为 -4.25% （节约）。

（5）存货所辖会计科目余额。根据厂方提供的会计报表和有关账册，对存货项目下设的各科目查对核实，截至 7 月 20 日，存货所辖会计科目余额如下：

①原材料（计划成本）账面借方余额 9 929 145.11 元，其中五金配件（计划成本）借方余额 322 528.67 元，不在保险财产范围之内。

②材料采购（实际成本）账面借方余额 457 896.25 元。

③包装物（实际成本）账面借方余额 357 869.15 元。

④低值易耗品（实际成本）账面借方余额 782 976.00 元。

⑤生产成本（实际成本）账面余额 782 976.00 元。

⑥产成品（实际成本）账面借方 305 856.25 元。

⑦材料成本差异账面借方余额 -382 272.09 元。

⑧存货合计 11 772 704.17 元。

5. 结果

经现场查勘，烟厂的仓储条件不符合国家的有关规定，根据保险条款及有关规定，并与厂方协商，保险人按保险标的总损失的 80% 赔偿。

6. 结果核实

经核实，此次洪水，烟厂共支付必要的施救费 26 124 元，收取原始单据 14 张。

7. 查勘人员在查勘中收取的单证

（1）财产险保险单（正本）复印件 1 份。

（2）江陵卷烟厂财产险投保情况说明 1 份。

（3）保险费收据复印件 1 份。

（4）保险出险通知书 1 份。

（5）出险证明 1 份。

（6）财产损失清单（汇总）2 份。

（7）烟厂当年 6 月 25 日原材料盘存表 8 份。

（8）烟厂当年 7 月 20 日库存原材料明细账（复印件）25 份。

（9）烟厂当年 1—6 月的原材料购进及进项增值税累计数据单据 1 份。

（10）烟厂承担及出险时的《资产负债表》2 份。

（11）施救费原始单据 14 份。

（12）烟厂烟叶各等级计划成本表 5 份。

（13）现场照片 5 张。

表 3 – 12　出险通知书

保险险别		保险标的	
被保险人		标的地址	
保险单号码		批单号码	
保险期限	自　　　　起至　　　　止	保险金额	
出险日期	年　月　日　时	出险地点	

续表

出险情况、主要原因及施救经过：		
损失估计：		
经办公司签注意见： 赔案编号 　　　　　　　年　月　日	联系人： 电话： 地址： 邮政编码： 被保险人：　　　　　　　　　　（签章） 报案日期： 　　　　　　　　　　　　　　　年　月　日	

注：1. 本通知书应由投保人（或单位）于出险后立即填写一份经签章后送保险公司。

　　2. 本通知书所列有关各栏（"保险公司签注意见"除外）均应由投保人详细填写，以便进行处理。

表 3 – 13　现场查勘报告

被保险人名称		性质		行业		系统	
保险单号码 批单号码		保险金额					
		保险期限		自　年　月　日始 至　年　月　日止			
保险地址							
出险时间、地点、部位、原因及施救经过情况记录： 　　　　　　　　　　　　　　　　经办人签名：							

查勘日期　　　　年　月　日　　　　　　　　　　查勘人

表 3 – 14 权益转让书（一）

权 益 转 让 书

_____保险有限公司：

你公司签发的_____险_____号保险单承保我单位之_____，保险金额为_____元，于_____年_____月_____日因_____出险受损，根据_____应由第三者_____负责赔偿损失。请你公司按照保险单条款第_____条之规定，将上述损失金额（大写）_____（小写）_____先予赔付。现将追偿权转移给你公司，并协助你公司共同向第三者追偿损失。

特立此据。

签章：

年　月　日

表 3 – 15 赔款通知书（二）

赔案号码：

应付你单位_____险_____号保险单_____损案。赔款金额（大写）_____（小写）_____

上款请在所附赔款收据盖章后前来领取。

此致

×××保险有限公司

年　月　日

知识平台

一、企业财产保险理赔程序

理赔工作程序如表 3 – 16 所示。

表 3 – 16 理赔工作程序

出险受理	1. 受理报案 2. 查抄单底 3. 登记立案	出具出险通知书
现场查勤	1. 拍照、绘制现场图 2. 调查出险情况 3. 组织施救、处理损余 4. 核算实际损失	索取证明、单据、缮写查勘报告

续表

责任审核	1. 审定保险责任 2. 明确赔偿范围 3. 核定保险损失 4. 第三者责任代位追偿	编写调查报告
理赔计算	1. 财产损失 2. 第三者责任损失 3. 施救费用 4. 查勘费用 5. 损余收回	编写赔款计算书
赔偿结案	1. 赔案审定 2. 给付赔款 3. 结案登记 4. 分理单证 5. 归档保管	装订、归档

二、企业财产保险出险受理

企业财产保险出险受理就是对被保险人申报的出险案情进行记录、了解和核实，以待理赔处理，其包括以下程序：

（1）受理报案。

（2）查抄单底。

（3）登记立案。

做好报案记录后，将报案记录和出险通知书进行详细核对，应注意以下几点：

（1）投保险别是否相符，受损的财产是否属于保险财产范围，出险地点是否在保险单所载明的保险财产坐落地点范围内。

（2）出险原因是否属于保险责任。

（3）出险日期是否在保险期限之内，是否脱保。

三、企业财产保险现场查勘

企业财产保险现场查勘是掌握出险情况的重要步骤。现场查勘的主要目的是明确保险责任和事故损失，为理赔工作提供依据和情况。

（一）现场查勘的任务

（1）查出险时间。

（2）查出险地点。

（3）查出险原因。

（4）收集证明材料。

（二）财产的损失估算和核实

受损财产经过施救整理后，应对财产的实际损失进行计算和核实，其内容如下：

（1）核对账册。

（2）对房屋建筑估损。

（3）对机器设备估损。

（4）对产品、物资估损。

小知识

在缮制查勘报告时，应注意以下几点：

（1）报告的内容应全面准确。

（2）报告的书写应符合要求。

（3）对处理赔案有关当事人的姓名、职务及其处理赔案的有关主要情况，都要在查勘报告上阐述清楚。

（4）查勘中发现因被保险人安全防灾措施不力造成的灾害事故应如实填写在查勘报告中。

四、企业财产保险的责任审定

责任审定就是审核查勘报告、有关证明文件和各项单证，是确定赔案是否属于保险责任和赔偿范围的一项工作。

（一）责任审定的主要内容

责任审定主要包括：是否属于保险责任范围；是否属于保险财产；是否在保险有效期内；是否准确定损；是否为合理费用；是否属于第三者责任。

责任审定时应注意的几个问题：认真分析出险原因；依法履行保险合同条款；熟悉法规条款；实事求是审核定性；在保险责任审定过程中，应根据条款中保险责任、除外责任和赔偿计算有关规定审定。还应注意以下两点：第一，保险财产在受灾前已有损坏或准备检修、维修，因灾害增加了新的损失，保险人应该只负责灾害所致新增加的那一部分损失；第二，发生保险事故时，在抢救过程中造成保险财产的破损、变质、散失、被窃的损失应予负责。

（二）损失核定

受损财产经过施救、整理，明确保险责任之后，核定其损失则是理赔工作关键的一环。

1. 一般灾害事故的损失核定

（1）核实受损固定资产。

（2）核实受损流动资产。

2. 大面积水灾的损失核定

（1）大面积水灾损失核定的基本方法和原则如下：

第一，采取"五先五后"的原则：先大后小；先急后缓；先单位后个人；先商业后工业；先城市后农村。

第二，宜快不宜慢、宜精不宜细的原则。

第三，定损标准一致的原则。

3. 大面积火灾的损失核定

大面积火灾与大面积水灾的理赔定损工作有着许多共同点。其损失核定方法阐述如下：

（1）有账有物的，重点在核对。

（2）有账无物的，重点在查账。

（3）无账无物的，重点在调查。

4. 施救、保护、整理费用的核定

其核定内容包括：

（1）是否发生保险事故。

（2）是否以减少保险财产损失为目的；

（3）是否以"直接"、"必要"和"合理"为原则。

（三）代位追偿

（1）签具权益转让书。

（2）向第三者追偿索赔。

（3）追回赔款、结案。

（四）拒赔、通融赔款及其他

（1）拒赔。

（2）通融赔付。

（3）预付赔款。

（4）诉讼案件。

小知识

通融赔付是指保险公司根据保险合同约定本不应完全承担赔付责任，但仍赔付全部或部分保险金的行为。通融赔付有一定的原则，并不是随便进行赔付。

四、企业财产保险的赔偿理算

当责任确定、理赔计算完成后，应立即缮制赔款计算书。赔款计算书是保险人支付赔款的重要凭证。因此在缮制赔款计算书时，应根据保险单抄件、调查报告和有关材料进行详细核对，项目要填写齐全，数字要准确，字迹要清晰，写明各项赔款的计算公式，不得任意涂改。

（一）赔偿方式

企业财产保险合同约定的赔偿方式，通常有以下两种：一是保险人向被保险人支付赔款；二是保险人承担恢复或置换受损保险财产的费用（请人修理或重新置换），即重置赔偿方式。有的企业财产保险合同约定，保险人有权选择重置赔偿方式履行赔偿义务。我国现行的《企业财产综合保险条款》没有赋予保险人选择重置赔偿方式的选择权，而《财产一切险条款》规定有重置赔偿方式的选择权。

1. 对于几类财产的赔偿

1）对于建筑物的赔偿

①部分损失，有

$$赔款 = 修复或重建建筑物的费用 - 改善部分费用 - 折旧$$

②全部损失。足额保险，保额内全部赔付；不足额保险，按照保险金额与保险价值的比例，在保额内赔付。

2）机器设备的赔偿

①能修复，有

$$赔款 = 修复费用 - 折旧$$

②不能修复：最好的方法是购置与原设备同代、同型号、同性能的二手机器设备；但做到这一点往往是不可能的。此时，赔款的计算公式为

$$赔款 = 购置同类新机器设备的费用 - 性能改进部分的费用 - 折旧$$

3）对于生产企业产品的赔偿

确定保险赔款的基础是损失发生前产品所包含的生产成本 = 产品原材料成本 + 劳动力成本 + 生产企业经营费用（不包括销售利润）

4）对于商业企业销售商品遭受损失的赔偿

确定保险赔偿基础是被保险人支付给供货商的商品批发价（而不是销售价）。

2. 保险人选择赔偿方式的权利

企业财产保险是以保险人支付赔款履行赔偿义务为主的保险合同。

如果保险合同中没有约定重置条款，则保险人只能对被保险人进行赔偿补偿，且被保险人不能强迫保险人重置受损保险财产。

如果保险合同中约定有重置条款，保险人就有权利选择重置受损财产。保险人没有义务重置和原来完全一样的财产，只能在条件允许下最大限度地将受损财产重置到原来的状态，而且保险人的重置费用以保额为限。

3. 保险人选择重置方式赔偿的原因

（1）保险人难以就赔偿款和被保险人达成一致协议，而重置方式所需费用又比被保险人主张的赔款少得多。

（2）保险人怀疑造成保险财产受损得真正原因，或怀疑被保险人得索赔金额过于巨大时，但又没有充分证据证明被保险人有故意或欺诈行为。

（3）保险财产损失较轻，用重置方式赔偿受损财产快捷、方便、节省费用。

（二）赔款计算

1. 固定资产的赔款计算

1）全损

保额高于或等于出险时的重置价值（保险价值），赔偿金额以不超过出险时的重置价值为限；保额低于出险时的重置价值，其赔款不超过保额。

2）部分损失

（1）如果固定资产是按照账面原值投保的，则

①当保额等于或高于出险时的重置价值时，按实际损失计算赔偿金额。

②当保额低于出险时的重置价值时

$$赔款 = 保险金额/出险时重置价值 \times （实际损失或$$
$$受损财产恢复原状所需修复费用 - 应扣残值）$$

（2）如果固定资产按原值加成投保或按重置价值投保，则按实际损失赔偿。

由于这两种承保方式是为了使保险金额接近固定资产的实际价值，保额一般都会大于或等于受损当时的市场实际价值。

📖 **小思考**

例1：某企业投保企业财产综合险，固定资产按账面原值投保，保险金额为100万元。在保险期间内，因山洪导致该企业房屋倒塌，机器设备受损，损失达50万元。出险时，其

固定资产重置价值为 200 万元，保险公司的赔偿金额为（　　　）

例 2：上题中若按原值加成投保，则保险公司的赔偿金额为（　　　）

2. 流动资产、存货的赔偿计算

1）全部损失

（1）保额等于或高于出险时的账面余额时，其赔偿金额以不超过出险时的账面余额为限；

（2）保额低于出险时的账面余额时，其赔款不超过保额。

2）部分损失

（1）保额等于或高于账面余额，按实际损失计算。

（2）保额低于账面余额时，其计算公式为

$$赔款 = 保险金额/出险时的账面余额 \times （实际损失或$$
$$受损财产恢复原状所需修复费用 - 应扣残值）$$

3. 账外财产和代保管财产的赔偿计算

1）全部损失

（1）保额等于或高于出险时重置价值或账面余额，其赔偿金额以不超过出险时的重置价值或账面余额为限。

（2）保额低于出险时重置价值或账面余额，其赔偿金额以不超过该项财产的保险金额。

2）部分损失

（1）保额等于或高于出险时重置价值或账面余额，按实际损失计算。

（2）保额低于出险时重置价值或账面余额时，其计算公式为

$$赔款 = 保险金额/出险时的重置价值或账面余额 \times （实际损失或$$
$$受损财产恢复原状所需修复费用 - 应扣残值）$$

总之，赔款所遵循的原则是一致的，其主要表现为：

第一，如果保险金额低于出险时的重置价值或账面余额，则适用比例分摊赔偿方式。

第二，固定资产、流动资产（存货）、账外财产和代保管财产应根据会计明细账、卡分项计算。

第三，赔偿金额分别以保险金额或各项财产出险时的重置价值或账面余额为最高限额，（以低者为限）。

4. 其他事项

（1）施救、抢救、保护费用与保险财产损失金额的赔偿可以分别按两个保险金额计算，均以不超过保险金额为限。当受损保险财产按比例赔偿时，施救费用也按相同比例赔偿。

施救费用的赔偿计算首先应区分用于保险财产的施救费用，当不能区分时，应根据保险财产价值占全部施救财产价值的比例计算施救费用。其计算公式为

$$保险财产施救费用 = 施救费用 \times （施救保险财产/全部被施救财产）$$

（2）因第三者对保险财产的损害而造成保险事故的，保险人有代位求偿权。

（3）保险财产遭受部分损失赔偿后，保险人应出具批单，注明该保险单的保险金额减去赔偿金额后尚余的有效保险金额。保险人对该有效保险金额继续负责直至保险期满时止。已经赔偿的保险金额部分，因保险人已履行赔偿义务，故不再退还保险费。这部分已赔偿的

财产恢复后，继续保险时要另加保险费，按约定的保险费率加缴恢复部分从损失发生之日起至保险期限终止之日止按日比例计算的保险费。

（4）重复保险的赔偿方式。我国《保险法》对重复保险赔偿的规定：重复保险的保险金额总和超过保险价值的，各保险人的赔偿金额的总和不得超过保险价值。除合同另有约定外，各保险人按照其保险金额与保险金额总和的比例承担赔偿责任。

五、企业财产保险理赔结案及档案管理

理赔档案是全面地、真实地记载和反映保险财产出险情况的重要理赔资料，应按要求进行装订、归档，做好理赔档案的管理工作。

（一）理赔档案的整理与装订

理赔档案的单证材料要齐全。一般情况下，赔案内应包括以下单证材料：

（1）赔案批复文件。

（2）出险通知书。

（3）赔款计算书。

（4）查勘报告。

（5）保险单、批单抄件。

（6）出险证明、事故裁决书。

（7）损失鉴定书。

（8）损失清单及原始单据。

（9）赔款批单。

（10）赔款收据。

（11）现场照片及草图。

（12）其他有关单证。

小思考

理赔档案材料为什么要齐全？

（二）理赔档案保管

（1）要求专人（一般由内勤人员）、专柜保管，并符合防盗、防火、防潮湿、防虫蛀的安全规定。

（2）要按号装盒，依序归档，排列整齐，查找方便。

（3）要做好案卷登记工作，保管人员变动时，应严格交接手续，明确责任。

（4）案卷保管应分清险别和年度，定期进行检查和核对，发现受损或差错，应查找原因，防止丢失。

（5）案卷保管年限应按总公司规定执行。

【项目小结】

（1）掌握企业财产保险的承保范围、保险标的、保险条款以及展业前的准备内容、展业中的注意事项。

（2）学会确定固定资产保险金额、流动资产保险金额并计算保险费。

（3）了解责任审核，包括：

①审定保险责任。

②明确赔偿范围。

③核定保险损失。

④第三者责任代位追偿。

（4）学会理赔计算，包括：

①计算财产损失。

②确定第三者责任。

③计算损失施救费用。

④计算查勘费用。

⑤计算损余收回。

【项目训练】

一、案例分析题

案例 1：露堆财产受损索赔案。

案情简介：某年 6 月 21 日，某乡办企业将其固定资产及流动资产全额向保险公司投保了团体火灾保险，并对其堆放在露天广场的原材料加保了露堆财产特约保险，总保险金额为 69 万元。同年 10 月 5 日，该地区突然来了一场暴风雨，风力速度为每秒 21.5 米，降雨量达 34 毫米/小时（均据当地气象站提供的资料）。由于风大雨大，使该厂财产受损 45 万余元，材料受损 26 万元。事故发生后，该厂向保险公司报告了险情，并提出全额索赔。

保险公司派员查勘现场后，发现受损露堆财产虽用塑料布覆盖，但因所用塑料布已陈旧不堪，全部被暴风雨毁坏。因此，保险公司在核实房屋损失预先赔付后，对露堆财产的赔付发生了争议。其主要观点有：

（1）认为该厂露堆财产的损失为暴风雨这一自然灾害所致，保险公司应赔偿其全部损失。理由是：其一，据当地气象部门提供的资料，该厂所遭遇的正是露堆财产特约保险中的暴风雨责任，保险公司应对保险责任范围内的灾害事故造成的损失负赔偿责任；其二，该厂按账面余额投保，属足额保险，根据保险赔偿原则，足额保险应在保险金额限度内按实际损失赔偿。

（2）认为保险公司只能赔付该厂的房屋损失，不应赔付其露堆财产损失。理由是：该企业的露堆财产受损是被保险人安全防护措施不当所致。

（3）认为可以通融赔付。理由是：其一，该厂属乡镇企业，这次遭灾受损惨重，如果保险公司不赔，该厂将会破产；其二，该厂所在乡的一百余家企业均参加了团体火灾保险，在以往几年中极少发生过赔案，从考虑保源和增强信誉的角度出发，保险公司可以赔付。

你同意哪个观点？为什么？

案例 2：纸烟受潮索赔案。

案情简介：某年 7 月，某市因连续几天的暴雨造成洪灾，洪水进入了该市某烟酒副食公司的一个纸烟仓库，纸烟底下一层被水浸泡了，直接损失 12 万元。上面几层纸烟未被浸泡，但已受潮，经过有关专家检验建议，该公司为防止扩大损失，采取措施将其全部拨到各营业点立即按五折削价出售，销售差价达 35 万元。事后，该公司向保险公司索赔。在处理该案中，保险公司赔付了被水浸泡过的纸烟的损失，但拒绝赔付未被水浸泡过而被削价处理的纸烟的销售差价，遂起纠纷。

本案发生后，人们的看法主要有以下三种：

（1）保险公司应该拒赔。理由是：在《团体火灾保险综合险条款》中，保险责任项内只有"洪水"责任，没有"受潮"责任，保险公司只能负责赔偿被洪水浸泡过的纸烟损失，对未被洪水浸泡过的纸烟不承担责任。

（2）保险公司赔付一定比例的损失。理由是：纸烟受潮属保险责任，但按保险惯例及有关规定，被保险人无权单方面处理损余物资。因此，保险人对受潮纸烟的销售差价损失 35 万元不必全部赔付，只需承担 40% 左右的赔偿责任，即赔付该公司 14 万元销售差价损失就可以了。

（3）保险公司应赔全部销售差价损失。

你同意哪个观点？为什么？

二、实训操作题

实训要求：

（1）各组首先对这两个案例进行分析，弄清如何判定保险公司的赔付责任审定。

（2）根据责任审定的要求对所给的案例资料进行责任审定，并编写调查报告。

（3）根据具体情况，填写权益转让书（见表 3-17）和赔款通知书（见表 3-18）。

案例一：某年 4 月 26 日，某市一大厦六楼的服装厂向当地的保险公司投保了企业财产综合险，保险金额 168.1 万元，保险费 3 362 元一次缴清。6 月 10 日下午，该大厦二楼的 B 公司发生火灾，火势迅速蔓延，滚滚浓烟将 A 服装厂准备运往法国销售的一批童装全部熏坏，造成直接经济损失 85 922.84 元。A 服装厂遂向保险公司索赔。

你认为该案件应该如何处理？

案例二：某棉织厂于某年 11 月投保了企业财产综合险，保险期限一年。同年 12 月，该厂与一家制衣厂签订了一万米涤纶棉布的购销合同。按照合同规定，制衣厂于下一年 1 月 10 日派人送来购货款，并进行货物验收，准备装车运走。当制衣厂的负责人将涤纶棉布验收并装车 6 100 米时，天色已晚，为保证质量，该负责人决定第二天上午再验收并装车余下的货物，已验收并装上车的货物暂交棉织厂代为看管。不料，在这天夜里该棉织厂发生了火灾，涤纶棉属易燃物，库内存放的 35 000 米涤纶棉皆烧毁，由于已验收的 6 100 米涤纶棉随车停放在仓库内，这些布匹也未能幸免于难。

你认为该案件应该如何处理？

表 3 – 17　权益转让书（二）

_____保险有限公司：

　　你公司签发的_____险_____号保险单承保我单位之_____，保险金额为_____

元，于_____年_____月_____日因_____出险受损，根据_____

_____应由第三者_____负责赔偿损失。请你公司按照保险单条款第_____

_____条之规定，将上述损失金额（大写）_____（小写）_____先

予赔付。现将追偿权转移给你公司，并协助你公司共同向第三者追偿损失。

　　特立此据。

签章：

年　　月　　日

表 3 – 18　赔款通知书（二）

赔案号码：

　　应付你单位_____险_____号保险单_____损案。赔款金额（大写）_____

_____（小写）_____

上款请在所附赔款收据盖章后前来领取。

此致

×××保险有限公司

年　　月　　日

家庭财产保险业务处理

项目描述

　　现代家庭的财产主要有房屋、家具、家用电器、现金、有价证券、车辆以及其他一些贵重物品。一般来说，家庭拥有的财产价值越大，遭受损失的风险越大；一旦遭遇损失，损失的价值也就越大。因此，如何预防这些风险，把损失降到最低，如何办理家庭财产保险业务是本项目要学习的内容。

项目目标

　　（1）通过本项目的实施，能够识别家庭财产及风险，掌握家庭财产保险的含义和主要特征，解读家庭财产保险的保险条款，掌握家庭财产保险的保险责任和除外责任；

　　（2）能结合家庭财产保险产品特点及条款内容，进行家庭财产保险展业和承保；

　　（3）能根据家庭财产保险条款内容结合财产保险基本原则，进行家庭财产保险理赔相关操作。

任务一　家庭财产保险展业与承保

学习目标

　　通过本单元的学习，能够进行家庭财产保险模拟展业和承保，具体为：明确理解家庭财产保险的主要险种以及责任范围；能够缮制家庭财产保险的投保单和保险单；能够计算保险金额和保险费。

《《《 引入

　　胡某于某年 7 月 19 日在某市某保险公司购买"新世纪系列家庭财产保险"三份，当日，保险公司向其出具了该险种的保险单。承保范围为：房屋及附属设施；房屋装修。保险期间为：当年 7 月 19 日至次年 7 月 18 日。当年 10 月，一场大雨后，胡某发现其投保的房屋一门房的墙体出现裂缝。由于裂缝较小，当时也没在意。又下了几场大雨后，次年 8 月，胡某见门房裂缝越来越大，遂到保险公司报案，认为损失属于承保范围，请求按保险合同的约定给予赔偿。保险公司对造成裂缝的原因进行鉴定后认为，损失的造成是由于原告房屋存在固有的缺陷，在免责范围内，故拒绝赔偿。双方协商未果后，胡某诉至法院。

在读完案例之后，思考家庭财产保险的责任范围有哪些？保险公司对此案处理是否合理？

活动：分组模拟家庭财产保险的展业。

活动要求：

（1）4~5名同学为一组，全班可分为若干个小组，各小组对手头的"幸福家园"家庭财产保险产品的保险条款内容进行讨论。"幸福家园"家庭财产保险单详见表4-1。

（2）推选2名同学各以投保人与保险人的身份进行现场展业。

（3）1名同学作为记录员做好记录，完成表4-2。

（4）根据表4-1，并结合完成情况打分。

表4-1 "幸福家园"家庭财产保险单

保险单号：

投保人		被保险人	
联系电话		身份证号码	
保险财产坐落地址			
房屋建筑结构	□钢混 □砖混	房屋使用性质	□自住 □出租 □商用
保险期间	自　　年　　月　　日0时起，至　　年　　月　　日24时止，共　　个月		

保险标的和保险金额				
保险险别	房屋及室内装潢	衣服、床上用品	家具用具	家用电器	每次事故绝对免赔额
家庭财产保险	RMB300000元	RMB10000元	RMB40000元	RMB50000元	RMB200元
附加盗抢险	—	RMB10000元	RMB40000元	RMB50000元	RMB500元

保险金额合计：	RMB（小写）：			
保险费合计：人民币（大写）	RMB（小写）：			
特别约定：				

保险公司签章：　　　经办人：　　　签单日期：　　　年　　月　　日

特别提示：

1. 收到本保险单后请立即核对，填写内容如与事实不符，立即通知本保险公司进行批改，否则，以本保险单内容为准。

2. 本保险单所记载事项如发生变化，投保人或被保险人应立即向保险公司办理批改手续，否则，保险人对由此造成的任何后果不负责任。

3. 本保险单涂改无效。本保险单是被保险人向保险公司索赔的依据，请妥善保存。

4. 本保险按华安财产保险股份有限公司《"幸福家园"家庭财产保险条款》及附加条款执行。请详细阅读所附保险责任及责任免除的内容。

5. 投保人一旦签名则表示已详细了解本保险条款内容和有关投保人义务规定，同意保险单所载保险事项愿意投保并按约定缴纳保险费。

6. 每一投保人限投一份本保险。

7. 发生保险事故后，请在48小时内向本保险公司报案，报案电话：95556。

表4-2　学生实训报告

实训日期:
实训小组:
小组成员:
实训内容:
实训过程:
实训成绩:

表4-3　评分测试

序号	内容	分值（满分）
1	家庭保险产品的保险条款内容进行讨论，并得出结果	20分
2	模拟展业	30分
3	实训报告	50分
合计		100分

知识平台

一、家庭财产及风险

（一）家庭财产

1. 含义

家庭财产是指家庭所拥有的能以货币计量的财产、债权和其他权利。其中，财产主要是指各种实物、金融产品等物品；债权就是家庭成员向其他人或机构提供的金钱或财物，也就是家庭借出去：可到期收回的钱物；其他权利主要是无形资产，如各种知识产权、股份等。"能以货币计量"的含义，就是各种资产都是有价的，可估算其价值或价格。不能估值的东西一般不算资产，如名誉、知识等无形的东西，虽然它们是财富的一种，但很难客观地评估其价格，所以在理财活动中，它们不归属资产的范畴。另外就是家庭财产的合法性，即家庭财产是通过合法的手段或渠道取得的，并从法律上来说拥有完全的所有权。

2. 分类

（1）按财产的流动性分为固定资产和流动资产。

固定资产是指住房、汽车、物品等实物类资产；流动资产是指现金、存款、证券、基金以及投资收益形成的利润等。所谓流动，是指可以适时应付紧急支付或投资机会的能力，简单地说，就是变现的能力。

其中，固定资产以可分成投资类固定资产、消费类固定资产，如房地产投资、黄金珠宝等可产生收益的实物。消费类固定资产是家庭生活所必需的生活用品，它们的主要目标就是供家庭成员使用，一般不会产生收益（而且只能折旧贬值），如自用住房、汽车、服装、计算机等。

（2）按资产的属性分为金融资产、实物资产和无形资产等。

金融资产包括流动性资产和投资性资产；实物资产就是住房、汽车、家具、计算机、收藏品等；无形资产就是专利、商标、版权等知识产权。

（二）家庭财产风险

家庭财产风险一般包括财产风险、责任风险、信用风险和人身风险。一般来说，家庭拥有的财产价值越大，遭受损失的风险越大，一旦遭遇损失，损失的价值也就越大，反之，家庭拥有的财产价值越小，损失的风险越小，损失的价值也越小。

造成家庭财产损失的风险是多种多样的，可以由自然灾害引起，如水灾、火灾、地震等引起家庭财产的损失；也可以由人为因素引起，如盗窃、纵火、破坏、爆炸等人为风险事故也会引起家庭财产的损失。家庭财产损失的风险会直接导致家庭财产的减少，从而引起直接损失以及为了恢复财产的用途或者更换新用具所需的费用、时间等间接损失。

与此同时，家庭成员的行为有时会给他人带来财产或者人生的损失，并因此承担法律所要求的赔偿责任，即责任风险。家庭成员在社会活动中面临责任风险的种类比较多，这些责任损失的风险有时是故意的，有时是过失、无意造成的。例如，故意伤人造成的责任损失，肇事者需要赔付他人医疗费、误工费等损失的责任风险；自家养的宠物咬伤了邻居的孩子，需要承担宠物造成他人损失的责任风险。又如，地板漏水淋湿了楼下人家的东西、花盆掉下砸坏了楼下的自行车、空调外机脱落打伤了经过的路人，甚至家里的宠物一时性起咬伤了邻家的孩子等。

具体而言，家庭财产风险主要有以下几个方面：

1. 火灾

主要是家用电器起火、燃气泄漏引起的火灾。由于气温急骤上升，人们为防暑降温纷纷使用了空调、风扇、冰箱等电器设备，线路负荷随之加重，加上线路的老化等原因，容易发生电器火灾。燃气泄漏是由意外导致燃气从管道、钢瓶中意外泄漏在空气中。

🗂 **小知识**

如何预防燃气泄漏？

（1）室内一年四季至少要有一扇窗户保持开启状态，不要完全关密实。洗澡、烧饭菜等使用燃气时，特别留意窗户是否开启。

（2）使用前应检查减压阀、胶管与钢瓶、灶具是否连接牢固可靠。

（3）每次打开瓶阀后应先检查瓶阀或其他部件是否完好、是否漏气。

（4）漏气检查严禁使用明火检查是否漏气，一般可采用涂肥皂水的方法进行检查。

（5）在炉灶上烧东西时，最好不要走开，防止水、菜汁、汤汁等溢出扑灭火苗而导致燃气泄漏，或因遗忘而烧干锅具引发火灾等。

（6）每年检查燃气通路、阀门及管道是否漏气，老化的橡胶输气管要及时更换。一般橡胶输气管半年到一年就要换一次，金属材质的可相应延长更换周期。

燃气泄漏时我们应怎么办？

首先要关闭煤气的总阀门，停止煤气的继续泄漏，这是最简单易行，又十分有效的处置方法。同时要绝对禁止一切能引起火花的行为。然后打开门窗，让新鲜空气进来，这样可以大大降低室内煤气的浓度。另外，快速撤到室外，并拨打"119"电话报警。

2. 房屋漏水

房屋漏水会影响人们的正常生产和生活，轻则引起霉变，重则墙纸脱落、漆面变色，给人们造成财产损失和精神负担。另外，房屋漏水会损害家里的家具、设施等，从而给家庭造成损失；房屋漏水的地方会滋生细菌，危害健康；房屋漏水使房屋受潮，从而影响房屋使用期限等。

📚 **小知识**

按房屋漏水原因进行维权

楼上邻居的漏水原因：楼上住户装修房屋、改造管道、不当用水等行为，破坏了地面的防水设施；楼上住户地板、水管等防水材料使用年限过长导致自然老化，超过质量保质期，在正常情况下的用水造成的房屋漏水。

开发方面的漏水原因：房屋漏水是因为房屋质量问题，如房屋在防水保修期内或房屋本身设计不合理造成的漏水。法律规定：商品房是有5年的保质期的，房屋的质保期是从房子竣工验收之日算起。

物业方面的漏水原因：因房屋主体结构、公共部位以及公共设施设备损坏而漏水需要大中修及公共改造工程才能修复的，可向物业申请房屋维修基金予以修复。《物业管理委托合同》约定：物业公司对房屋有某些修缮义务。

3. 财产盗窃

财产盗窃是指个人所拥有的如住所用品、贵重个人物品、特殊财产、商业个人财产、机动车辆、游艇和私人飞机等交通工具和娱乐设施，被人用不合法的手段秘密地取得。

4. 高空坠物责任

五花八门的高空坠物，小到纸巾、果核、牙签，大到晾衣架、花盆，更让人触目惊心的还有钢板、广告牌等，已成为社会公共安全隐患，影响人们生活环境及生命财产安全。高空坠物被分为两种情况：一种是故意行为；另一种是意外。前者是一种自私损人的行为，比如从窗户向外抛撒垃圾、生活用品等；后者则是由于客观条件引发的意外事件，比如风把玻璃吹落，墙体瓷片由于年久脱落等。但是，不管是哪一种行为，高空坠物都被认为是一种侵权行为，都要承担相应的责任。

5. 宠物伤人

饲养宠物成为部分市民的喜好，但由此而引发的宠物咬伤人事件屡见不鲜。对于宠物伤人，疏于管理或放任不管的，饲养人难辞其咎。

6. 台风、暴雨

我国的台风天气一般多发于夏秋季节，台风来袭时，常常伴随着大风、暴雨或特大暴雨等强对流天气。台风为人们带来丰沛淡水的同时，也给登陆地区带来暴风雨等严重灾害。暴雨常导致海水倒灌，使沿海地区的居民无家可归，严重时更危及生命安全。

总的来说，家庭面临的风险有以下几个特点：

（1）相对于企业等风险管理来说，它是比较简单的，一般不会有具体、详细的风险管理计划，却也在进行一些简单的操作。

（2）风险度比较低，损失发生的概率比较低，造成的损失比较小。

（3）效果很依赖于风险管理者的管理能力。家庭风险管理的效果、水平、技术等，取决于家庭成员的管理能力和收入水平；此外，细心与粗心也是有很大的差别的。

（4）与当地的治安、交通等环境比较相关。

小知识

家庭财产风险评估平台介绍

在日常生活中，每个人都会遇到各种或大或小的损失，比如丢失一部手机、戴坏一块手表等；每个人都会遇到一定的风险，比如疾病风险、投资风险等。无论是损失还是风险，都会对个人造成一定的不利影响，甚至造成一定的经济财产损失。倘若我们能在损失和风险发生之前，提前进行风险评估，为自己未雨绸缪，防微杜渐，对于个人甚至是家庭都是极其必要和有利的。那么这时，如果想要很好地预防风险，有一些专业平台能够提供风险的预估模型，比如安逸风险管家，从现有的手段调研入手判断风险大小。当然，最好的处理家庭财产风险的方式就是不断地注意那些小的安全隐患，其他别无他法。

二、家庭财产保险的主要特征

所谓家庭财产保险，是指面向城乡居民家庭并以其住宅及存放在固定场所的物质财产为保险标的的保险。它属于火灾保险的范畴，强调保险标的的实体性和保险地址的固定性。家庭财产保险的开展和普及说明国民的保险意识水平在不断提高，并能够带动其他财产保险业务的发展。保险人不能因为家庭财产保险业务较分散而忽视家庭财产保险市场的开拓，相反应重视家庭财产保险业务。

家庭财产保险在其保险标的、保险地址、保险责任等方面与团体火灾保险相似：保险标的都是具有实体性的财产物资；都要求存放在固定场所；承保的风险均包括自然灾害和意外事故，可以附加盗窃风险等。但家庭财产保险作为独立的火灾保险，仍具有自己鲜明的特色：

（一）业务分散，潜力巨大

中国家庭财产保险面对的是一个有3亿多个家庭的潜在市场，业务虽然很分散，但发展潜力很大。

（二）额小量大，成本偏高

每笔家庭财产保险的保险金额都不会很大，少则几千元，多则几万元，所收取的单笔保险费更少，而保险人处理的家庭财产保险赔案数量却很大。家庭财产保险业务分散性和单笔业务的额小量大，必然会使保险经营成本增加，保险人若要收到与团体火灾保险相似的保险费，就需要付出更多的人力、物力、财力。这正是一些保险人不太愿意集中力量开拓家庭财产保险市场的原因所在。

（三）风险结构有特色

家庭财产保险除了同样要面临团体火灾保险所面临的风险以外，作为社会风险的盗窃是家庭财产保险所面临的最主要风险。根据一些承保人的经验，可以给家庭财产保险的风险结构做如下客观排列：火灾与失窃；室内意外事故；自然灾害。

（四）赔偿方式有特色

在我国的家庭财产保险实务中，一般采用第一危险赔偿方式处理赔案。所谓第一危险赔偿方式，就是将被保险人的财产的价值视为两个部分：投保的一部分为保险金额部分，是保险人负责的第一损失部分；超过的一部分则由被保险人自己负责。当发生家庭财产保险损失时，无论足额投保与否，凡在保险金额限度内的保险标的的损失，均由保险人负责赔偿，而其他财产保险业务，如果被保险人是不足额投保，无论是全损还是部分损失，只能按照保险金额占实际价值的比例赔偿。因此，家庭财产保险的第一危险赔偿方式对被保险人有利。显然，采用第一危险赔偿方式也有不利的一面，即难以提高被保险人的投保金额，保险人无形中会丧失一部分保险市场。

在国外，保险人通常将第一危险赔偿方式与比例赔偿方式相结合，以促使被保险人提高自己的投保金额。例如，在英国的火灾保险中，最常见的一种承保方式为75%分摊，或叫特别分摊。即保险金额低于投保财产实际价值的75%时，按比例赔付，当保险金额达到或超过投保财产实际价值的75%时，采用第一危险赔偿方式。这种赔偿方式较好地维护了被保险人的利益，也促使投保人以提高保险金额来求得第一危险赔偿方式的待遇，值得我国借鉴。

在实务中，家庭财产保险主要可以分为四类：一是房屋保险，面向城镇、乡村居民的房屋（申请个人住房贷款必须办理房屋保险）等；二是室内财产保险，如普通家庭财产保险、家用电器保险等；三是家庭或个人责任保险，如住宅责任保险、运动责任保险等；四是其他专用财产保险，如私人汽车保险、农作物保险等。家庭财产保险属于火灾保险，它在保险标的、责任范围、除外责任、责任期限等方面相似，仅个别地方有所不同。

小思考

企业财产保险和家庭财产保险有什么区别？

三、家庭财产保险的主要险种介绍

（一）普通家庭财产保险

普通家庭财产保险是保险人专门为城乡居民开设的一种通用型家庭财产保险，它是家庭财产保险的一个主要险种，其他家庭财产保险险种都是在普通家庭财产保险的基础上衍生出来的。普通家庭财产保险的期限一般为一年，但也有二年、三年等多年期业务。家庭财产保险的保险金额确定一般有两种方式：一种是由投保人根据其财产的实际价值自行估价确定；另一种是以千元为单位设置保险金额档次，如 5 000 元、10 000 元、20 000 元等。家庭财产保险的保险费率通常按房屋结构等级分为不同的档次，如果将盗窃风险列入基本保险责任范围，保险费率从 3‰至 5‰不等。

在普通家庭财产保险的基础上，保险人还推出了定额保险业务，如每张保险单定额 5 000 元，保险费固定位 20 元；保险单定额 10 000 元，保险费 40 元；保险单定额 20 000 元，保险费 70 元。定额家庭财产保险的保险标的较普通家庭财产保险剔除了房屋及其附属设施，对家庭内的财产也不分项。保险责任主要承保火灾、爆炸、雷击和其他各种自然灾害，空中运行物体的坠落，外来建筑物和其他固定物体的倒塌及合理必要的施救费用。盗窃风险是家庭财产保险的主要风险，在实务中对盗窃风险有两种处理方法：一是将其作为家庭财产保险的基本责任予以承保；二是作为附加责任或特约风险，由投保人选择投保。

（二）家庭财产两全保险

家庭财产两全保险又称"定期还本家庭财产保险"，是兼具家庭财产保险和期满还本双重性质的业务。定期还本家庭财产保险的特点主要有：

（1）定期还本。被保险人参加保险时缴纳的保险储金，当保险期满时，无论是否发生过保险赔款，都会如数退还给被保险人，从而体现了其他财产保险所没有的期满还本性质。

（2）利息抵充保险费。这项业务的保险人并不直接向投保人收取保险费，而是以被保险人所缴纳保险储金产生的利息充当保险费，并按保险单期满后的应得利息的贴现值记账。

（3）保险期限多样化，既有一年期业务，也有三年期、五年期、八年期业务，有的保险人为方便客户，规定只要被保险人不取回保险储金，保险合同便持续有效，这也叫长效还本家庭财产保险，其赔偿责任与普通家庭财产保险相同。

家庭财产两全保险具有经济补偿和到期还本双重性质，是家庭财产保险的一种特殊形式。保险公司将被保险人所交保险储金产生的利息作为保险费收入，以补偿保险财产的损失。

家庭财产两全保险的保险财产、保险责任、赔偿办法与普通家庭财产保险相同，只是保险金额采取定额方式，即保险金额按份计算，每份 1 000 元或 2 000 元，可保多份。保险份数根据家庭财产的实际价值估计。

家庭财产两全保险的保险期限分三年和五年两种。保险储金按每千元保险金额计算，在投保时一次交清。保险期满时，不论被保险人有无获得赔款，保险人均如数退还保险储金。如果办理续保手续，可将应退储金作为应交储金。

（三）团体家庭财产保险

团体家庭财产保险是以团体为投保单位，以该团体的职工为被保险人并承保其家庭财产的家庭财产保险业务。它是为了适应企事业单位和其他法人团体为职工统一办理家庭财产保险及附加盗窃险的需要而实行的一种承保方式。团体家庭财产保险的特点：

（1）投保人既可以是职工所在单位，也可以是职工个人，但被保险人只能是职工本人及其家庭，保险关系仍然存在于保险人与被保险人之间。投保人与被保险人在形式上发生了分离。

（2）团体家庭财产保险要求投保单位的职工全部统一投保。

（3）在保险金额确定方面，由投保单位统一确定，所有被保险人的保险金额都是一致的。

（4）团体家庭财产保险有利于节约经营成本，适用优惠费率。

团体家庭财产保险的开办，可能导致一户多保的现象，如果一户有多人参加工作，或单位投保的同时职工个人也投保了，在理赔时对重复保险则坚持重复保险分摊原则。

（四）家庭财产保险附加盗窃险

家庭财产保险附加盗窃险与作为主险的家庭财产保险期限相同（一年、三年、五年）。凡存放于保险地址室内的保险财产，因遭受外来的、有明显痕迹的盗窃损失，保险公司按实际损失负赔偿责任。对被保险人及其家庭成员、服务人员、寄居人员的盗窃或纵容他人盗窃所致损失，保险公司不予负责。该附加险的费率一般为1‰～2‰。

被保险人在遭受盗窃损失后应当保存现场，向当地公安部门如实报案，并在24小时内通知保险公司，否则保险公司有权拒赔。破案后被追回的财产，如被保险人愿意收回，则应将领取的赔款退还，对被追回财产的损毁部分，保险公司可按其实际损失给予补偿。

小知识

家庭财产保险投保单的填写要求：第一，按照投保单的要求，分别填写投保财产项目，并分项确定保险金额。第二，如果附加盗窃险，则应在投保单上予以注明。第三，普通家庭财产保险保险期限为一年；家财长效还本通常以一年为单位，在最长十年期限内，只要被保险人不提取保险储金，十年内自动续保，十年期满日的24时保险责任终止。

四、家庭财产保险的主要条款

（一）保险责任

（1）保险人直接承保的保险责任：火灾、爆炸、雷击，空中运行物体坠落，有明显撬窃痕迹的盗窃行为以及临近建筑物和其他固定物体的倒塌。但保险公司对建筑物未发生灾害事故的条件下自行倒塌所致的损失不负赔偿责任。这里需要说明的是，只有当房屋的外墙、屋顶、屋架这些主要结构有一个倒塌时，保险公司才负责赔偿。

（2）保险人附加或扩展承保的保险责任：雪灾、暴风、龙卷风、暴雨、洪水、地震、地面突然下陷下沉等。因防止灾害蔓延或因必要的施救、保护措施而造成财产的损失和支付的合理费用。

（二）除外责任

（1）战争、军事行动、暴力行为、核子污染、被保险人的故意行为。

（2）电器、电机（包括属于电器性质的文化娱乐用品）、电气设备因使用过度和超负荷、碰线、弧花、走电、自身发热等原因造成的自身损毁。

（3）露天堆放的财产以及用芦席、稻草、油毡、麦秆、芦苇、布等材料为外墙、屋顶、简陋屋棚，由于暴风、暴雨、雪灾而造成的损失。

（4）虫蛀、鼠咬、霉烂、变质以及家禽、家畜的走失和死亡等不属于保险责任范围内的损失。

（5）被保险人及其家庭成员、服务人员、寄居人员的故意行为，或勾结纵容他人盗窃，或被外来人员顺手偷摸及其他不属于保险责任范围内的损失。

(三) 保险金额与保险费率

由于家庭财产一般都无账可查，而且财产的品种、质量、新旧程度千差万别，所以保险金额一般由投保人根据财产的实际价值自行估价确定。可以先从大件贵重物品算起，再算一般的财物，最后估计零星财物。保险金额应分项列明。关于分项的方法，各地保险公司有不同的规定。对于集体投保的家庭财产保险，其保险金额一般由单位统一确定。如被保险人认为集体投保的保险金额太低，可另外单独投保。在同一家庭中，往往有几个成员有单位集体投保的家庭财产保单，其保险金额可以合计，只要总额符合家庭财产的实际情况。

普通家庭财产保险的保险费率根据各地具体条件制定，一般为 $1‰ \sim 3‰$，如果是集体投保，则应使用优惠费率。

(四) 保险期限与保险赔偿

普通家庭财产保险的保险期限为一年，期满续保，另办手续。对保险期限内发生的保险事故，保险人按照第一危险赔偿方式补偿损失，即在保险金额限度内按实际损失赔付，不采取比例赔偿方式。赔偿的计价标准是保险财产损失当天的实际价值或市场购置价格，对旧的财产应考虑折旧，赔偿的原则是恢复原状。

小思考

家庭财产保险产品和企业财产保险在条款上有什么异同点？

任务二 家庭财产保险理赔

学习目标

通过本任务的实施，要求学生能够进行家庭财产保险的模拟理赔，具体表现为：通过分析具体的案例，能够责任判定，并计算赔款金额。

≪≪ 引入

王某于某年投保家庭财产保险，他只选择投保了笔记本电脑与电视机各一台，保额为3 000元。两个月后，因为烧酒精炉时不慎引发大火。王某情急之下，抢救出笔记本电脑与电视机，因来不及救出其他物品，结果导致损失4 500元。王某向保险公司提出索赔。保险公司应如何处理？

张某以价值1万元背投电视为保险标的投保保额为5 000元的家庭财产保险，保期内发生火灾，被保险人奋力将背投电视抢救出来，其他财产来不及抢救损失约5 000元，事后被保险人向保险人索赔5 000元，保险人该如何处理此案？

在读完案例后，思考保险人如何处理这一事件，如何进行责任审定？如果赔款则应赔多少？

活动一 家庭财产保险案例分析，判定保险公司赔付责任

(1) 首先各组对下面所给案例，选择其中一个，并对其进行分析，判定赔付责任。

(2) 根据责任审定的要求，编写调查报告。

案例 1：

李某于某年 1 月 30 日向当地太平洋保险公司办理了家庭财产保险并附加盗窃险，保险金额为 5 000 元，保险期限为当年 1 月 31 日至次年 1 月 30 日。后来，李某的妻子所在单位为全体员工投保了家庭财产保险并附加盗窃险，保险金额为 3 000 元，保险期限为自当年 3 月 18 日至次年 3 月 17 日，保险人为当地平安保险公司。当年 5 月 10 日，李某家发生盗窃。李某向公安部门报案，并通知了太平洋保险公司，经查勘确定，李某家财产损失达 20 000 元，其中现金存折计 7 000 元，金银首饰 3 000 元，字画 3 000 元，录像机、高级西装共 7 000 元。李某向两保险公司分别申请赔偿。试分析、确定两家公司分别需要承担的赔款金额。

案例 2：

某年 3 月 6 日，家住某县郊区的赵某将自己所拥有的房屋及室内财产向保险公司投保了家庭财产保险，保险期限自某年 3 月 7 日 0 时至次年 3 月 6 日 24 时止，房屋的保额为 10 万元，家用电器的保额为 5 万元，家具的保额为 1 万元，床上用品及衣物的保额为 3 万元，保额共计 19 万元，保险费率为 2‰。3 月 6 日赵某将保险费一次交清。保单上记载："生产营业用的房屋、机器设备、工具原材料、产品、商品等生产资料，保险人不予承保。"8 月 22 日，赵某的房屋被货烧毁，室内的家用电器、家具、床上用品及衣物也损失严重，估计损失金额达 10 万元。事故发生后，赵某向保险公司提出了索赔。保险公司在现场调查时发现烧毁的残渣中有大量的木材，经向邻居询问得知：赵某家一直从事家具的加工，院内堆满了木材及油漆，房屋内放满了家具。

保险公司认为赵某未履行如实告知业务，拒绝了赵某的索赔申请。赵某认为，县保险公司在承保时并未向其询问房屋的使用性质，因此自己已经履行了如实告知义务，且可认为是保险公司的弃权行为，日后不得因为房屋的使用性质而反悔。

您认为本案应该如何处理？

知识平台

当保险标的（作为保险对象的财产及其有关利益）发生保险责任范围内的损失时，投保人或被保险人有权按照保险合同的约定向保险人申请赔偿。一般投保人或被保险人应当提供保险单、财产损失清单、发票、费用单据和有关部门的证明。各项单证、证明必须真实、可靠，不得有任何欺诈。投保人或被保险人的欺诈行为给保险人造成损失的，应当承担赔偿责任。另外，若被保险人自其知道或应当知道保险事故发生之日起，两年内不行使向保险人请求赔偿的权利，那么投保人或被保险人的索赔权利即因放弃而自动失效。

保险人在收到单证后应当迅速审定、核实，及时赔偿。在赔偿处理中，由于家庭财产保险中的承保财产种类较多而且性质不一，因此在保险事故发生后，家庭财产保险的赔偿处理一般会根据财产性质而采用不同的赔偿方式。

一、房屋及室内附属设备、室内装潢的赔偿

在家庭财产保险中，保险事故发生后，保险人对于房屋及室内附属设备、室内装潢的赔偿处理主要采用比例赔偿方式。

（一）全部损失（指房屋全损）

1. 保险金额等于保险价值

保险金额等于或高于保险价值时，其赔偿金额以不超过保险价值为限。

$$房屋赔款 =（保险金额 - 残值）×（1 - 年折旧率 × 房屋已使用年限）$$

2. 保险金额低于保险价值

保险金额低于保险价值时，按保险金额赔偿。

$$赔款 =（保险金额 - 残值）×（1 - 年折旧率 × 房屋已使用年限）$$

（二）部分损失（指房屋部分损失）

1. 保险金额等于保险价值

保险金额等于或高于保险价值时，按实际损失计算赔偿金额。

$$赔款 = 保险金额 × 损失程度 \quad 或赔偿 = 修理费用$$

2. 保险金额低于保险价值

保险金额低于保险价值时，应根据实际损失或恢复原状所需修理费用乘以保险金额与保险价值的比例计算赔偿金额。

$$赔款 = 保险金额 × 损失程度 \quad 或赔偿 = 修理费用（或损失金额）×（保险金额 ÷ 保险价值）$$

二、室内财产的赔偿

在家庭财产保险中，保险事故发生后，保险人对于室内财产的赔偿处理主要采用第一危险赔偿方式。

第一危险赔偿方式又称第一损失赔偿方式。第一危险赔偿方式把保险财产价值分为两部分：一部分为与保险金额相等的部分，称为第一危险责任，发生的损失称为第一损失；另一部分为超过保险金额的部分，称为第二危险责任，发生的损失称为第二损失。保险人只对第一危险责任负责，只赔偿第一损失。也就是说，只要损失金额在保险金额之内，保险人都负赔偿责任。赔偿金额的多少，只取决于保险金额与损失价值，而不考虑保险金额与财产价值之间的比例关系。

一般地，按每件财产出险时的实际价值计算赔偿，不再按比例分摊。

（一）全部损失（指每件财产全损）

$$赔款 =（财产价格 - 残值）×（1 - 年折旧率 × 财产已使用年限）$$

（二）部分损失（指每件财产部分损失）

$$赔款 = 财产价格 × 损失程度 \quad 或赔偿 = 修理费用$$

三、施救费用的赔偿

对于被保险人所支付的必要和合理的施救费用，按实际支出另行计算，最高不超过受损标的的保险金额。若该保险标的按比例赔偿，则该项费用也按相同的比例赔偿。

（1）当被施救的财产中包含了未保险的财产，而且保险财产与未保险财产所用施救费无法分清时，应按以下公式计算，即

$$应付施救费用 = 施救费用 ×（所施救的保险财产价值 ÷ 所施救的全部财产价值）$$

（2）施救费用应与保险财产赔款分别按两个保险金额计算，且均以不超过保险金额

为限。

（3）计算保险财产赔款不需要比例分摊的，施救费用也不需要比例分摊；计算保险财产赔款需要比例分摊的，施救费用也用相同的比例分摊。

四、残值处理

保险标的遭受损失后的残余部分，协议作价折归被保险人，并在赔款中扣除。

五、代位追偿权的行使

如果保险标的发生保险责任范围内的损失应由第三者负责赔偿，则被保险人可以先向第三者索赔。如果第三者不予赔偿，则被保险人应提起诉讼。保险人也可根据被保险人提出的书面赔偿请求，按照保险合同予以赔偿，但被保险人必须将向第三者追偿的权利转让给保险人，并协助保险人向第三者追偿。

六、赔偿后对原保单的处理

保险标的在一个保险年度内遭受部分损失经保险人赔偿后，保险金额应相应减少，其有效保险金额应当是原分项保险金额减去分项保险标的的损失赔偿金额后的余额；如被保险人需恢复保险金额，则应补交相应的保险费，由保险人出具批单批注。保险期限为三年、五年的，下一保险年度自动恢复原保险金额。

七、重复保险的分摊

如果家庭财产保险的保险标的存在重复保险，那么按照《保险法》的规定，各保险人按照其保险金额与保险金额总和的比例承担赔偿责任。

如果发生重复保险，则应按比例承担赔偿责任，其计算公式为

$$赔款 = 按损失情况计算后的金额 \times （保险金额 \div 保险金额总和）$$

（1）赔款计算书是支付赔款的正式凭证，应根据保险单底内容，现场查勘报告及有关证明详细核对填写各栏。要求项目齐全，数字准确，字迹清晰。赔款计算一栏应按标的损失、残值扣减、施救费等分列清楚，并列明计算公式。

（2）赔款计算书一式两份（如赔款超过核赔权限，则应增加一份）。必须加盖业务专用章。一份附赔案卷内，一份作会计支付凭证，经复核签章后，连同其他单证一起送交审核人员审核。

📚 **小思考**

家庭财产保险产品的保险赔款计算方式和企业财产保险产品的保险赔款计算方式有何不同？

活动二　分组进行家庭财产保险的理算，算出赔款金额。

活动要求：（1）根据上述案例，分析结论，并编写赔款计算书（见表4-4）。

（2）根据上述案例，分析结论，并完成权益转让书（见表4-5）赔款通知书（见表4-6）的填写。

表4-4　赔款计算书

被保险人
赔款计算

表4-5　权益转让书

_____保险有限公司：

你公司签发的_____险_____号保险单承保我单位之_____，保险金额为_____元，于_____年_____月_____日因_____出险受损，根据_____应由第三者_____负责赔偿损失。请你公司按照保险单条款第_____条之规定，将上述损失金额（大写）_____（小写）_____先予赔付。现将追偿权转移给你公司，并协助你公司共同向第三者追偿损失。

特立此据。

签章：
年　月　日

表4-6　赔款通知书

赔案号码：

应付你单位_____险_____号保险单_____损案。赔款金额（大写）_____（小写）_____

上款请在所附赔款收据盖章后前来领取。

此致

×××保险有限公司

年　月　日

【项目小结】

本项目主要涉及家庭财产保险的特点、家庭财产保险的责任免除（包括一般责任免除和特殊免除）、保险费的计算以及家庭财产保险理赔的主要内容。

【项目训练】

一、案例分析题

李某将所住房屋和家庭财产分别向甲、乙两家保险公司投保，投保时房屋市场价值 5 万元，保险金额 5 万元；家庭财产价值 10 万元，保险金额 6 万元。保险期间因失火房屋全部烧毁，家庭财产也遭受一定程度的损失。

请问：

（1）理赔时，若房屋市场价值跌至 4 万元，则保险公司赔多少？

（2）理赔时，若房屋市场价值涨至 6 万元，则保险公司赔多少？

（3）火灾发生前，李某因生意上缺少滚动资金，将房屋的一半典当得现金 2 万元，李某同时将此变更告知保险公司，保险公司已出批单。发生火灾后房屋市价已经涨到 8 万元，此时保险公司赔多少？

（4）如果家庭财产损失 5 万元，则保险公司赔多少？

（5）如果家庭财产损失 9 万元，则保险公司赔多少？

二、查考资料题

查找三家保险公司推出的"家庭财产保险"相关资料，并对比一下各公司产品的优缺点。

机动车辆保险业务处理

在购买汽车之前，相信大家一定知道，购买车险后汽车才能上路。不过对于机动车必须上的保险种类，大家可能并不是十分清楚，而这就是本项目所要学习的内容。

（1）通过本项目的实施，能结合机动车辆保险产品特点、销售渠道及条款内容，进行机动车辆保险展业和承保；

（2）掌握机动车交通事故责任强制保险产品特点及条款内容，能准确解读机动车交通事故责任强制保险的条款；

（3）能根据机动车辆保险条款内容，并结合财产保险基本原则，进行机动车辆理赔相关操作。

任务一 机动车辆保险展业与承保

学习目标

通过本任务的实施，能够运用机动车辆保险产品特点及不同渠道，进行机动车辆保险模拟展业和承保；能根据机动车辆保险投保单和保险单的填写要求缮制投保单和保险单；能了解机动车辆保险的保险金额和保险费的知识，并按照给定的费率表计算保险金额和保险费。

《《《 引入

以下汽车标识（见图 5-1），你能认识多少个？

图 5-1 汽车标识

图5-1 汽车标识（续）

活动：缮制机动车辆保险投保单和保险单。

□客户资料（业务员和核保人为自己，代码为000000001）

客户朱威于2017年11月20日来深圳分公司香蜜湖营销服务部为粤B7A593投保机动车交通事故责任强制保险、机动车辆商业险，同时购买2017年车船税（车船税标准见表5-1）。车辆情况：新车购置价23万元，玻璃为国产，保险期限自2017年11月21日起，不能提供上年投保情况，指定驾驶员为朱威，联系电话13811223344，邮编：510000，平均年行驶里程15 000公里①，行驶区域为中国境内，争议处理选择诉讼，其他资料见行驶证、驾驶证、身份证复印件。

客户要求投保的机动车辆商业险有：车辆损失险、第三者责任险；全车盗抢险；所有车上人员险，每人限额1万元；玻璃单独破碎险；倒车镜或车灯单独损失险；新增设备（音响6 000元）。此外，基本险和附加险不计免赔。

表5-1 车船税标准

税目		计税标准	每年税额/元	备注
载客汽车	大型客车	核定载客≥20人每辆	600	包括电车
	中型客车	核定载客10~19人每辆	480	
	小型客车	核定载客≤9人每辆	420	
	微型客车	发动机气缸总排气量≤1升每辆	240	
载货汽车		按自重每吨	96	包括半挂牵引车、挂车
三轮汽车			96	
低速货车			96	
专项作业车			96	指具有装卸、挖掘、平整设备的轮式自行机械
轮式专用机械车			96	指具有装卸、挖掘、平整设备的轮式自行机械
客货两用车			96	

□复印件资料

---

① 1公里 = 1 000米。

复印件资料（见图 5 - 2）主要包括居民身份证复印件、中华人民共和国机动驾驶证复印件等。

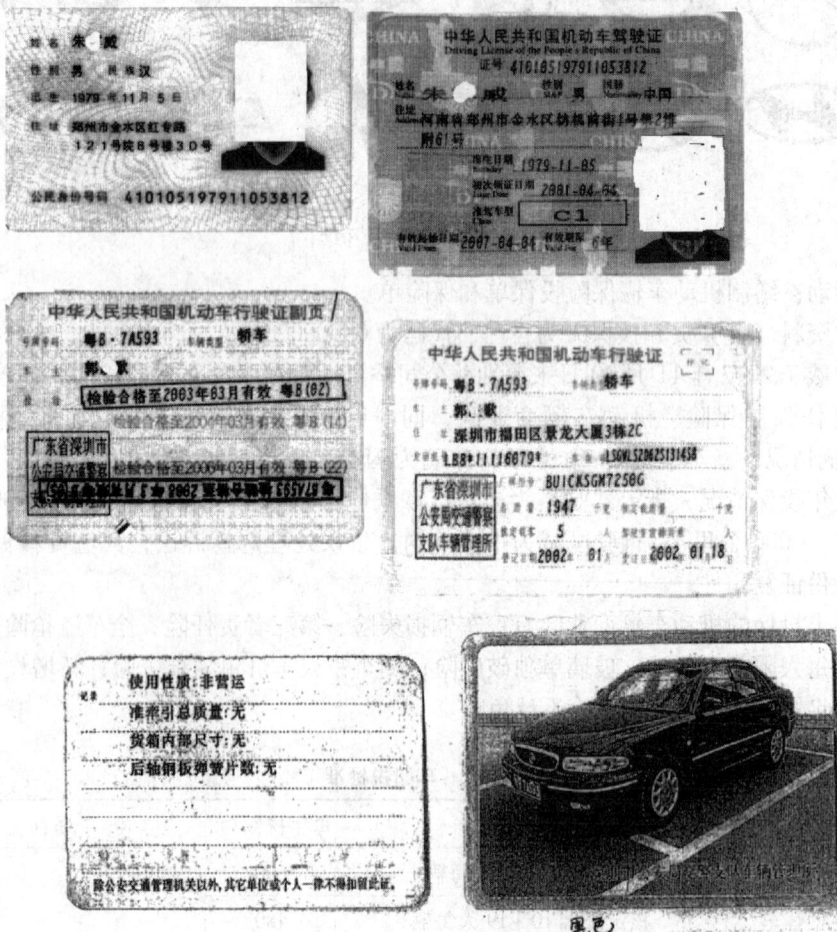

图 5 - 2 复印资料

□费率调整因子

费率调整因子详见表 5 - 2。

表 5 - 2 费率调整因子

费率因子		系数值	说明
指定驾驶人 C1	C1a	0.9	指定驾驶人
	C1b	1	未指定驾驶人
驾驶人年龄 C2	C2a	1.05	年龄 < 25 岁
	C2b	1	25 岁 ≤ 年龄 < 30 岁
	C2c	0.95	30 岁 ≤ 年龄 < 40 岁
	C2d	1	40 岁 ≤ 年龄 < 60 岁
驾驶人年龄 C2	C2e	1.05	年龄 ≥ 60 岁

续表

费率因子		系数值	说明
驾驶人性别 C3	C3a	1	男
	C3b	0.95	女
驾驶人驾龄 C4	C4a	1.05	驾龄 < 1 年
	C4b	1.02	1 年 ≤ 驾龄 < 3 年
	C4c	1	3 年 ≤ 驾龄
行驶区域 C5	C5a	1	境内
	C5b	0.95	省内
平均年行驶里程（公里）C6	C6a	0.9	[0, 30000)
	C6b	1	[30000, 50000)
	C6c	1.1 - 1.3	≥50000
投保年度 C7	C7a	1	首年投保
	C7b	0.9	续保
交通违法记录 C8	C8a	0.9	上一保险年度无交通违法记录
	C8b	1	上一保险年度有交通违法记录
以往保险年度索赔记录 C9	C9a	0.7	连续三年及以上无赔款记录
	C9b	0.8	连续两年无赔款记录
	C9c	0.9	上年无赔款记录
	C9d	1	上年发生二次及以下赔款或首年投保
	C9e	1.1	上年发生三次赔款
	C9f	1.2	上年发生四次赔款
	C9g	1.3	上年发生五次及以上赔款
多险别投保优惠 C10	C10a	0.95 - 1	同时投保车辆损失险及商业第三者责任险的，所有险别最高优惠5%
绝对免赔额 C11	C11a		详见免赔额系数表
	...		

□保险费计算

保费计算明细详见表 5 - 3。

表 5 - 3　保险费计算明细

一、车船税：_____元

二、机动车交通事故责任强制保险：_____元

三、商业保险：

续表

车辆损失险：_____元

第三者责任险：_____元

全车盗抢险：保额：230 000×（1－71×0.6%）＝132 020（元）

保险费：_____元

司机：_____元

乘客：_____元

玻璃单独破碎险：_____元

倒车镜或车灯单独损失险：_____元

新增设备（音响6 000元）：_____元

基本险（不计免赔）：_____元

附加险（不计免赔）_____元

商业险标准保险费合计：_____元

折后保险费：_____元

机动车辆商业险保险单和机动车辆商业险投保单样本分别见表5-4和表5-5。

表5-4　机动车辆商业险保险单

保险单号：

投保人							
被保险人	名称						
	证件类型			证件号码			
号牌号码			车辆所有人				
厂牌型号			发动机号			识别代码/车架号	
车辆产地		车身颜色		初次登记日期		排量	
核定载质量		核定载客		新车购置价		功率	
使用性质		车辆种类			行驶区域		
平均年行驶里程		公里	折旧率		车辆损失损险绝对免赔额		元
交通违法记录							
指定驾驶人	姓名		年龄	性别		驾龄　年	驾驶证号

承保险种	保险金额/赔偿限额（元）	保险费（元）	承保险种		保险金额/赔偿限额（元）	保险费（元）

保险期间			自　年　月　日0时起至　　年　月　日24小时止			
保险费合计（人民币大写）					（¥：　　元）	

特 别 约 定	
保险合同争议解决方式	
机动车交通事故责任强制保险承保公司：　　　保险单号：　　　保险期间：	

重 要 提 示	1. 本保险单一经涂改或无保险人签章无效。 2. 发生保险事故时，请务必于48小时内通知保险人，否则保险人有权根据保险条款相关规定不承担赔偿责任。 3. 收到本保险单后，请立即核对，如有不符或疏漏，请及时通知保险人并办理变更或补充手续。 4. 请详细阅读承保险种对应的保险条款，特别是保险人责任免除和投保人、被保险人义务。 5. 保险车辆转让、变更用途、改装或加装特殊设备，应立即书面通知保险人办理变更手续。
保 险 人	公司名称：　　　　　　　　　　　　　　　全国统一服务热线： 公司地址： 邮政编码：　　　　　　　　　签单日期：　　　（保险人签章）

核保：　　　　　　制单：　　　　　　　　经办：

表 5 - 5 机动车辆商业险投保单样本

<table>
<tr><td rowspan="2">投保情况</td><td rowspan="2">机动车辆交通事故责任强制险</td><td colspan="3">续保前承保公司：永安保险　　　保险单号：AFAA0006DFA2007B000260</td></tr>
<tr><td colspan="3">保险期限：2016.8.2—2017.8.1</td></tr>
<tr><td rowspan="2">机动车辆商业险</td><td colspan="3">续保前承保公司：永安保险　　　保险单号：AFAA0006DHA2007B000160</td></tr>
</table>

机动车辆商业险	保险期限：2016.8.2—2017.8.1				

<table>
<tr><td rowspan="6">客户信息</td><td>投保人</td><td colspan="2">张三</td><td>联系电话</td><td>82560008</td></tr>
<tr><td>投保人类别</td><td colspan="2">□车辆所有人　□车辆管理人　□其他：</td><td>地址及邮编</td><td>广州市体育西路88号A座 801 3 1 0 6 2 0</td></tr>
<tr><td>证件类型</td><td colspan="2">☑居民身份证　□其他：</td><td>证件号码</td><td>422833801020002</td></tr>
<tr><td>被保险人</td><td colspan="2">□同投保人　☑其他：李四</td><td>联系电话</td><td>82560008</td></tr>
<tr><td>被保险人类别</td><td colspan="2">□车辆所有人　□车辆管理人
☑投保人允许的合法驾驶人　□其他：</td><td>地址及邮编</td><td>广州市体育西路88号A座 801 3 1 0 6 2 0</td></tr>
<tr><td>证件类型</td><td colspan="2">☑居民身份证　□其他：</td><td>证件号码</td><td>422833780908005</td></tr>
</table>

<table>
<tr><td rowspan="8">车辆基本信息</td><td colspan="6">☑本人已在华安保险公司投保机动车辆交通事故责任强制险，以下车辆基本信息与机动车辆交通事故责任强制险投保单〔保单号：1020103202007000001〕一致。
□本人未在华安保险公司投保机动车辆交通事故责任强制险，投保车辆基本信息如下：</td></tr>
<tr><td>号牌号码</td><td>粤A12345</td><td>车辆所有人</td><td colspan="3">☑同投保人　□同被保险人　□其他：</td></tr>
<tr><td>厂牌型号</td><td>东南牌DN642C8</td><td>发动机号码</td><td>4G63S4MSBK5396</td><td>识别代码/车架号</td><td>LDNC78YH440097111</td></tr>
<tr><td>初次登记日期</td><td>2015年8月</td><td>车辆检验合格至2017年8月有效</td><td></td><td>排量/功率</td><td>2.0升/千瓦</td></tr>
<tr><td>核定载质量</td><td>千克</td><td>核定载客　8人</td><td>新车购置价　110000元</td><td>粤港两地车</td><td>□是　☑否</td></tr>
<tr><td>车主类别</td><td>☑个人　□机关
□企业</td><td>车辆产地</td><td>☑国产
□进口</td><td>车身颜色　蓝色</td><td>平均年行驶里程　8000公里</td></tr>
</table>

<table>
<tr><td rowspan="3">商业保险投保信息</td><td>车辆使用性质</td><td colspan="5">非营运车</td></tr>
<tr><td>车辆所属性质</td><td colspan="5">☑客车　□货车</td></tr>
<tr><td>车辆类型</td><td colspan="5">□6座以下客车　☑6~10座客车　□10座以上客车　□2吨以下货车　□低速载货汽车</td></tr>
</table>

	险别	保险金额/责任限额（元）	费率	保险费（元）
基本险	☑第三责任险	100000.00	—	717.00
	☑车辆损失险	110000.00	1.029%	1649.90
	☑全车盗抢险	94160.00	0.374%	471.16

续表

基本险	☑车上人员责任险	☑司机座位		10000.00	0.34%	34.00
		☑乘客座位，投保座位数：7 人		10000.00/人	0.221%	154.7
车辆损失险附加险	玻璃单独破碎险	☑国产　□进口		—	0.17%	187.00
	☑车身划痕损失险			☑2000　□5000 □10000　□20000		520.00
	☑自燃损失险			94160.00	0.17%	160.07
	倒车镜或车灯单独损坏险	☑客车　□货车			0.08%	88.00
					1.029%	20.58
	新增设备损失险	设备明细：大包围，保险杠		2000.00		
	□发动机特别损失险			—		
	□停驶损失险	约定最高赔偿天数：　天		约定日赔偿金额：		
	□车身损失延伸港（澳）/境外险	□港澳　□境外：		—		
商业第三者责任保险附加险	□车上货物责任险					
	□车载货物掉落责任险	投保限额：1～10 万元				
	□交通事故精神损害赔偿责任险	每次事故每人最高赔偿限额为 2 万元，累计最高赔偿限额为 10 万元。				
全车盗抢险附加险	□零部件、附属设备盗窃险	□有新增设备　　□无新增设备		□5000　□10000 □15000　□20000		
		设备明细：				
综合类附加险	☑基本险不计免赔率特约条款			—		478.07
	□附加险不计免赔率特约条款			—		

费 率 调 整 系 数						
指定驾驶人	□指定驾驶人　　☑未指定驾驶人					
	驾驶人姓名		年龄	性别	驾龄	驾驶证号
投保年度	□首年投保　☑续保					
行驶区域	☑中国境内　□省内					
车损险绝对免赔额	□300 元　□500 元　□1 000 元　□2 000 元					
以往保险年度索赔记录	□连续三年及以上无赔款记录　□连续两年无赔款记录　☑上年无赔款记录 □上年发生二次及以下赔款或首年投保　□上年发生三次赔款　□上年发生四次赔款　□上年发生五次及以上赔款					
多险别投保优惠	☑同时投保车辆损失险及商业第三者责任保险					

平均年行驶里程（公里）	☑里程数＜30000 公里　□30000 公里≤里程数＜50000 公里 □里程数≥50000 公里
交通违法记录	□上一保险年度无交通违法记录　□上一保险年度有交通违法记录
保险期间	自 2017 年 8 月 2 日 0 时起，至 2018 年 8 月 1 日 24 时止

保险费（人民币大写）：叁仟壹佰叁拾伍元陆角贰分 ¥3135.62 元

因履行本合同或与本合同有关的争议，双方应协商解决；经双方协商未达成协议的，采取下列之一方式解决：
□向＿＿＿＿＿＿仲裁委员会申请仲裁；　☑向人民法院提起诉讼。

特别约定：

投保人声明：
　　本人已详细阅读《某财产保险股份有限公司网点直销机动车辆商业保险条款［2007 版］》，保证上述填写内容真实。保险人已向本人说明《某财产保险股份有限公司网点直销机动车辆商业保险条款［2007 版］》和本投保单的内容，并已向本人解释和明确说明该条款和本投保单中关于保险人责任免除的规定，本人已明了该条款和本投保单中关于保险人责任免除规定的真实含义和法律后果，并同意遵守。
　　本人希望保单：□客服专员送达　□邮寄　☑本人自己取
　　　　　　　　投保人（或其受托人）签章：张三　　　　　　　2017 年 7 月 1 日

经办人员声明：
　　本人对投保人所投保机动车辆商业保险的条款、费率、特别是保险人责任免除、退保规定、投保人和被保险人义务等内容和本投保单的内容均已向投保人明确说明。本人保证投保人签字盖章真实有效，如因投保人签字盖章不真实有效给公司造成的任何损失，本人愿承担相应的民事赔偿责任。
　　经办人代码　10202501　　　　经办人联系电话　13344555666　　　　经办人签章：王五
　　　　　　　　　　　　　　　　　　　　　　　　　　　　　　　　　2017 年 7 月 1 日

续表

验车情况：　□需验车　□已验车　☑免验车 验车记录： 验车人签章：　　　日期：　　年　月　日	核保人意见：同意承保 核保人签章：王六 日期：2017 年 7 月 1 日

🔲 知识平台

一、机动车辆保险

（一）含义

机动车辆保险简称"车险"，是以机动车辆本身及其第三者责任等为保险标的的一种运输工具保险，即机动车辆由于自然灾害或意外事故而造成的人身伤亡或财产损失负赔偿责任的一种商业保险。机动车辆保险的保险客户是拥有各种机动交通工具的法人团体和个人；其保险标的主要是各种类型的汽车，但也包括电车、电瓶车等专用车辆及摩托车等。

（二）分类

机动车辆保险一般包括机动车交通事故责任强制保险和机动车辆商业险。其中，机动车辆商业险包括机动车辆基本险和机动车辆附加险两部分。大部分保险公司的机动车辆基本险主要是机动车辆损失险和第三者责任险，有的保险公司将全车盗抢险（盗抢险）、车上人员责任险（司机责任险和乘客责任险）纳入了机动车辆基本险的范围内。机动车辆附加险是对机动车辆基本险的补充，主要承保机动车辆基本险不予承保的风险，如玻璃单独破碎险、划痕险、自燃损失险、涉水行驶险、无过失责任险、车载货物掉落责任险、车辆停驶损失险、新增设备损失险、不计免赔特约险等。玻璃单独破碎险、自燃损失险、新增加设备损失险，是车身损失险的附加险，必须先投保车辆损失险后才能投保这几个附加险。车上人员责任险、无过错责任险、车载货物掉落责任险等，是第三者责任险的附加险，必须先投保第三者责任险后才能投保这几个附加险；每个险别不计免赔是可以独立投保的。

（三）特点

1. 广泛性

机动车辆已经成为很多人日常生活、交通出行的代步工具，交通事故频发，促使人们通过购买保险来转嫁风险。

2. 差异性

首先，风险源头存在差异，即机动车驾驶人员的职业、年龄和风险态度等不同而导致的差异；其次，赔付率存在差异，即因不同的公司、家庭、个人以及所从事职业性质的不同，使得对机动车有不同的使用方式，进而直接导致保险公司对不同客户的赔付率存在差异；最后，保险费存在差异，即机动车的车型、产地以及品牌、价位不同而导致的差异。

3. 流动性

处于流动状态的机动车辆标的，直接增加了出险概率，在增加驾驶员成本的同时也加大了保险公司的核保工作——"验标承保"的难度和理赔的处理的复杂度。

4. 出险率高

由于机动车辆处于运动状态，故极易发生碰撞和其他意外事故，造成财产损失和人员伤亡。此外，随着机动车辆数量的迅速增加，交通措施及管理水平的发展速度跟不上机动车辆的增加速度，也会增加交通事故的发生概率。

二、机动车辆保险的销售渠道分析

经常有朋友会有疑问，现在可以通过很多销售渠道购买机动车辆保险，而且价格相差非常大，为什么会这样呢？我在其他销售渠道购买该保险靠谱吗？

现在就让我们一起学习一下这些销售渠道的差异，并学会选择适合自己的销售渠道。目前，车辆保险的销售渠道主要分为以下几种：

（一）代理人渠道

代理人渠道是我们最常接触的，就是传统印象中的保险业务员。

毫无疑问，代理人是离客户最近的人，由于保险个性化程度较高，对于一些复杂的保险条款，需要代理人当面细致的讲解，这个是代理人最大的优势，也是无法被替代的优势。但是，由于从业门槛很低，竞争激烈，所以队伍良莠不齐。很多从业人员素质不高，为了完成销售，不可避免地出现销售误导的情况，这也是为什么过去大家有"保险是骗人的"这种印象。

（二）经纪代理渠道

在产销分离的背景下，最近几年保险经纪发展的特别快。如何理解产销分离呢？那就是保险公司专心地开发竞争力明显的产品，产品销售交给其他专业的经纪代理渠道来进行，这里的经纪代理渠道指保险经纪公司和保险代理公司。这样，保险公司不仅不用自己聘用代理人，而且少了各种费用支出，可以将全部精力聚焦在产品开发上。

与代表保险公司利益的保险代理人不同，保险经纪人代表的是客户的利益，向客户负责，根据客户的基本情况，帮助客户选择最适合的保险公司、最合理的价格、最优越的承保条件并提供全面的风险管理服务。

（三）电话销售渠道（电销）

电话销售渠道即通过电话销售保险。因其非常容易理解，在此不做过多阐述。其优势是双方无须见面，就能方便、快捷地完成销售。电销业务员只负责销售工作，并且严禁透漏客户个人资料，他们所负责的工作就是尽最大能力在电话中劝说客户投保，而对于以后万一出险后的指导和理赔服务没有任何义务，此时一旦出险、进入理赔阶段，客户可能需要自己准备相关的资料到保险公司的理赔服务点申请理赔。

（四）互联网保险渠道

我们知道，买保险的本质就是买一份合同，没有库存压力，因此保险天然是适合在网上销售的产品。最近几年，互联网保险呈现爆发式的增长，不仅各家保险公司开发了很多性价比超级高的产品，而且很多销售渠道同样定制了很多性价比高的产品，比如众安保险、小米保险等。

由于互联网保险更懂用户，网站用户体验更好，而且网上直销去除了代理人和销售的成本，所以价格可以做到特别有优势。但是，国内上百家保险公司市场在售的产品繁多，且不同渠道产品定价也不尽相同，再加上有的保险产品不同销售渠道的名称也不相同，这样不仅造成了产品价格差异，也造成了用户选择的障碍。

三、机动车辆保险展业工作

（一）准备工作

机动车辆保险展业人员在进行展业活动前，必须做好各项准备，其主要有：

1. 机动车辆保险相关知识

了解条款、条款解释、费率规章、投保单填写要求。

2. 车辆情况

了解企业车辆数量、车型、用途、车辆状况、驾驶人员素质、运输对象（货物/人员）、车辆管理部门等。

3. 以往投保情况

了解承保公司、投保险种、投保金额、保险期限和赔付率等情况。

4. 当地情况

了解当地机动车辆交通事故情况、处理规定等。

（二）机动车辆保险产品介绍流程

面对客户的咨询，机动车辆保险展业人员应根据客户的需要介绍保险险种的情况，介绍机动车辆保险产品的要点可以按照以下流程进行：

1. 介绍保险责任

机动车辆保险展业人员要向客户介绍机动车辆各险种的保障范围，以及投保人的哪种损失可以在相应险种中得到赔偿。以车损险为例，此险种为被保险人提供的保障主要是意外事故或被保险车辆的损失、自然灾害造成的车辆损失和对被保险车辆的施救费用。

2. 介绍责任免除

机动车辆保险展业人员要向客户介绍保险公司不负责赔偿的损失有哪些，使客户清楚使用车辆过程中应该注意的情况。这是最大诚信原则的要求，也是对客户负责。投保人、被保险人必须了解这部分内容，避免产生投保误解，造成赔偿纠纷。

3. 介绍保险金额

机动车辆保险展业人员要向客户说明险种保险金额的确定方法，或赔偿限额的选择；需说明以各种方法确定保险金额的特点，以便建议投保金额，供被保险人进行选择。机动车辆保险展业人员应告知客户机动车辆保险金额是机动车辆保险赔偿的最大限额，保险公司的赔偿金额不会超过保险金额。如机动车辆第三者责任险的保险金额为20万元，当发生事故导致第三者人身伤亡或财产损毁，保险公司会在20万元以内赔偿实际损失。

4. 介绍索赔事项

机动车辆保险展业人员要向客户介绍被保险人索赔时需注意的事项，保险公司能提供什么服务，主要包括发生事故的处理方法、损失车辆的核定方法、索赔时需提供的资料、保险人对于被保险人索赔的处理方法及保险人义务等。

5. 介绍保险费的情况

机动车辆保险展业人员要向客户说明保险费的变动情况，提醒保险人哪些因素可能影响保险费的变动，根据本保险及其附加险上一保险期间发生保险赔偿的次数，在续保时实行保险费的浮动。这样能够提高被保险人驾驶车辆时的安全意识。

四、机动车辆保险承保工作流程

（一）验证和验车

1. 验证

行驶证、有效移动证（临时号牌）是否与投保标的相符，是否经公安车辆管理机关办理年检；核实投保车辆的合法性，并确定使用性质和车辆初次登记日期。

2. 验车

牌照号码、发动机及车架号码等是否与行驶证记录一致；车辆技术状况是否符合运行条件；是否配备消防设备。投保盗抢险的机动车辆必须拓印车架或发动机号码，必要时拍照留底，将拓印的车架或发动机号附贴在投保单正面，照片冲洗后粘贴在投保单背面，并查验是否装有防盗设备。

（二）填写《机动车辆投保单》

1. 业务人员应指导投保人正确填写《机动车辆投保单》

如投保车辆较多，投保单容纳不下，则需填写《机动车辆投保单附表》。《机动车辆投保单》及《机动车辆投保单附表》的填写应字迹清楚，如有更改，则应让投保人或其代表在更正处签章。

2. 《机动车辆投保单》及其附表各栏填写内容和要求

（1）投保人：指投保单位或个人的称谓。"单位"一栏填写全称（与公章名称一致）；"个人"一栏填写姓名。投保人称谓应与车辆行驶证相符。

（2）厂牌型号：厂牌名称与车辆型号，如东风 EQ140、北京 BJ212、解放 CA140、丰田 LS120R 等。

（3）车辆种类：根据车辆管理部门核发的、行驶证上注明的种类填写。

（4）号牌号码：填写车辆管理机关核发的号牌号码，并注明底色，如京 A·F0236（黑）。

（5）发动机号码及车架号：指生产厂在发动机缸体及车架上打印的号码。此栏可根据车辆行驶证填写；对于有 VIN 号的车辆，则以 VIN 号代替车架号。

（6）使用性质：按营业或非营业划分确定。

（7）吨位或座位：根据车辆管理部门核发车辆行驶证注明的吨位或座位填写。货车填吨位；客车填座位；客货两用车填写吨位/座位。例如，BJ630 客车填 "/16"；东风 EQ140 货车填 "5/"；日本丰田 DYNA 双排座货车填写 "1.75/5"。

（8）行驶证初次登记年月：按车辆管理部门核发的车辆行驶证上的"登记日期"（登记年月）填写。（初次登记年月是理赔时确定保险车辆实际价值的重要依据。）

（9）保险价值（新车购置价）：按保险合同签订的购置价与投保车辆同类型新车价格与车辆购置附加费之和填写。

（10）车辆损失险保险金额的确定方式：

①按照保险价值确定。

②按照实际价值确定。

实际价值通常按使用年限折旧计算，但最高折旧金额不超过保险价值的 70%，除非另有书面特别约定。

$$实际价值 = 保险价值 \times (1 - 已使用年限 \times 年折旧率)$$
$$年折旧率 = 1 / 规定使用年限$$

说明：车辆的折旧按照《汽车报废标准》（国经贸经〔1997〕456 号）执行，每满一年扣除一年折旧，不足一年的部分不计折旧。

③保险人与投保人协商确定，但不应超过投保时的保险价值。

（11）第三者责任险赔偿限额：按约定的赔偿限额填写。

（12）附加险的保险金额或赔偿限额：

①全车盗抢险：最高不得超过车辆实际价值。

②玻璃单独破碎险：根据车辆进口与国产两个大类，货车、16 座以下客车、16 座及以上客车三个小类确定保险费率。

③车辆停驶损失险：按双方约定的赔偿天数和日赔偿金的乘积填写。赔偿天数最多以条款规定的最高赔偿天数 60 天为限。日赔偿金额可分档设置，但各分公司必须制定统一标准并明确上限。

④自燃损失险：由双方协商确定，但最高不超过车辆实际价值。

⑤新增加设备损失险：按新增设备的购置价格确定，但要提供新增设备的原始发票或其他有效证明，并在特约栏中列明新增设备明细表及价格。

⑥车上责任险：投保座位数的确定以车辆管理部门核定的座位数为限，也可在核定座位数内约定，但上述两种确定投保座位数的方式对应不同的保险费率。

⑦无过失责任险：按投保的第三者责任险赔偿限额确定。

⑧车载货物掉落责任险：由双方协商确定赔偿限额。

⑨不计免赔特约险：本险的保险责任仅限于车辆损失险和第三者责任险的免赔部分，但不含不足额投保所致比例赔偿剔除损失部分。同时，本附加险对其他附加险的免赔部分不产生效力。

说明：在投保车辆损失险的基础上才可投保全车盗抢险、玻璃单独破碎险、车辆停驶损失险、自燃损失险、新增加设备损失险；在投保第三者责任险的基础上才可投保车上责任险、无过失责任险、车载货物掉落责任险；在同时投保车辆损失险和第三者责任险的基础上才可以投保不计免赔特约险。

（13）车辆总数：填写投保单及其附表所列投保车辆的总数。

（14）保险期限：保险合同的起止时间通常为一年。如投保人要求也可根据实际情况投保短期保险，但应征得保险人同意，由双方协商确定合同起止时间。保期自约定起保日 0 时开始，至保险期满日 24 时止。起保日不得是投保当日，最早应是投保次日 0 时。

（15）特别约定：对于保险合同的未尽事宜，投保人和保险人协商后，在此栏注明。约定事项应清楚、简练，并写明违约的处理方法。但特别约定内容不得与法律相抵触，否则无效。

注： 为避免保户索取赔款后又要求退保，在条款未做规定前，可在特别约定栏中加注："各种责任保险被保险人在保险期限内获取赔款后不得中途退保。"或"单保第三者责任险责任生效后不得退保。"

（16）投保人签章：投保人对投保单各项内容核对无误并对除外责任和被保险人义务明示理解后需在"投保人签章"处签章。

投保人所投保的机动车较多时，需加填《机动车辆投保单附表》。在投保单特约栏处填写"其他投保车辆详见附表"字样，然后在附表上逐辆填写所有投保车辆的有关内容，填写要求同上。

（三）计算保险费

1. 车辆损失险标准保险费计算方法

根据车辆的使用性质、保险车辆的种类、被保险人单位性质、座位/吨位、车龄、新车购置价查出基础保险费和费率。

按照保险车辆的新车购置价确定保险金额时

标准保险费 = 基础保险费 + （新车购置价 – 新车购置价分段起点价）× 费率

投保新增设备时

新车购置价 = 保险车辆的新车购置价 + 新增设备实际价值合计

按照保险车辆的实际价值确定保险金额时，有

标准保险费 = 足额投保时保险费 × （0.05 + 0.95 × 保险金额/新车购置价）

足额投保时，保险费为以新车购置价确定保险金额时计算出的标准保险费，即

保险金额 = 实际价值 = 保险车辆的新车购置价 × （1 – 年折旧率 × 已使用年限）

2. 第三者责任险标准保险费计算方法

根据车辆的使用性质、保险车辆的种类、被保险人单位性质、座位/吨位、车龄、责任限额查出标准保险费。当责任限额超过 100 万元时，按照《机动车辆保险费率表》（简称"费率表"）载明的公式计算保险费。

（四）核定填写费率

1. 确定费率

依据投保人填写的车辆情况，业务人员根据费率表的有关规定，按照车辆的种类、车辆使用性质、是否对车上责任险选择投保等因素确定费率。

2. 费率的确定应注意以下几点：

（1）投保车辆兼有两类使用性质的，按高一类的费率档次确定。

（2）费率表中未列明且无法归类的投保车辆，或价值过高、风险集中的投保车辆，应特约承保，另定费率。

（五）填写保险费，缮制保险单

1. 缮制保险单

业务内勤接到投保单及其附表后，根据核保人员签署的意见，即可缮制保险单。

通过计算机制单的，将投保单有关内容输入保险单对应栏目中，同时在保险单"被保险人"和"厂牌型号"栏内登录统一规定的代码，并打印保险单一式三联，计算机出单后不得在保险单上涂改，否则重新出单。

如果是手工制单，则用复写纸套写相应份数，按照有关规定填写保险单号码，并按计算机出单要求，将投保单有关内容填写到保险单对应栏目中。手工出单要求字迹清楚，单面整洁，涂改处加盖制单人名章。涂改三处以上的保单，应作废重新出单。所有手工单出单后必须在计算机上补录。

制单完毕后，制单人应在"制单"处签章，并将保单号码转录在投保单及其附表上的

"保险单号码"栏内。

2. 特约条款和附加条款

特约条款和附加条款，应在保险单正本背面印上或加贴，加贴的条款应加盖骑缝章。

注意：责任免除、被保险人义务、免赔等规定的印刷字体应与其他内容相区别，以提示被保险人注意阅读。

3. 复核

保险单缮制完毕后，制单人将其连同投保单一起送复核人员复核。

（六）复核保险单

复核人员接到投保单、保险单及其附表后应认真对照复核。经复核无误后，在保险单上签章。

（七）开具保险费收据

保险单经审核无误后，转财务人员据以打印或用复写纸套写"保险费收据"一式三联。保险费收据上的收款金额应与保单上总保险费一致。若要分期交费，则应按实际收费数填写，且必须在保险单上载明分期交费的日期与金额。

（八）收取保险费

投保人凭保险费收据办理交费手续。收费人员经复核保险单无误后，向投保人核收保险费，并在保险单"会计"处以及保险费收据的"收款人"处签章，同时在保险费收据上加盖财务专用章。

被保险人没有按约定期限交费或在分期交费中没有按约定履行付费义务，则该保险单不产生效力。

（九）签发保险单、保险证（担保卡）

机动车辆保险单统一实行一车一单，投保人交费后，业务人员必须在保险单上注明公司名称、详细地址、邮政编码及电话，并加盖保险公司业务专用章。然后，根据保险单填具《机动车辆保险证》。

《机动车辆保险证》应与保险单同时签发，要做到一车一证，及时发送，不得委托保户自填。保险证的填写应与保险单有关项目的内容一致，"险种"一栏填写总颁险种代码，"电话"一栏必须填写公司报案电话，项目要填写清楚，不得涂改。

任务二　机动车交通事故责任强制保险实务

学习目标

通过本任务的实施，掌握机动车交通事故责任强制保险产品的特点及条款内容，并能准确解读机动车交通事故责任强制保险的条款。

引入

强制保险标志

强制保险标志是指根据法律、行政法规规定，由保险公司向投保人核发、证明其已经投保的标志。由中国保险监督管理委员会（以下简称"保监会"）监制，全国统一式样。强制保险标志分内置型和便携型两种。其中，具有前挡风玻璃的投保车辆应使用内置型；不具有前挡风玻璃的投保车辆应使用便携型强制保险标志，如图5-3所示。

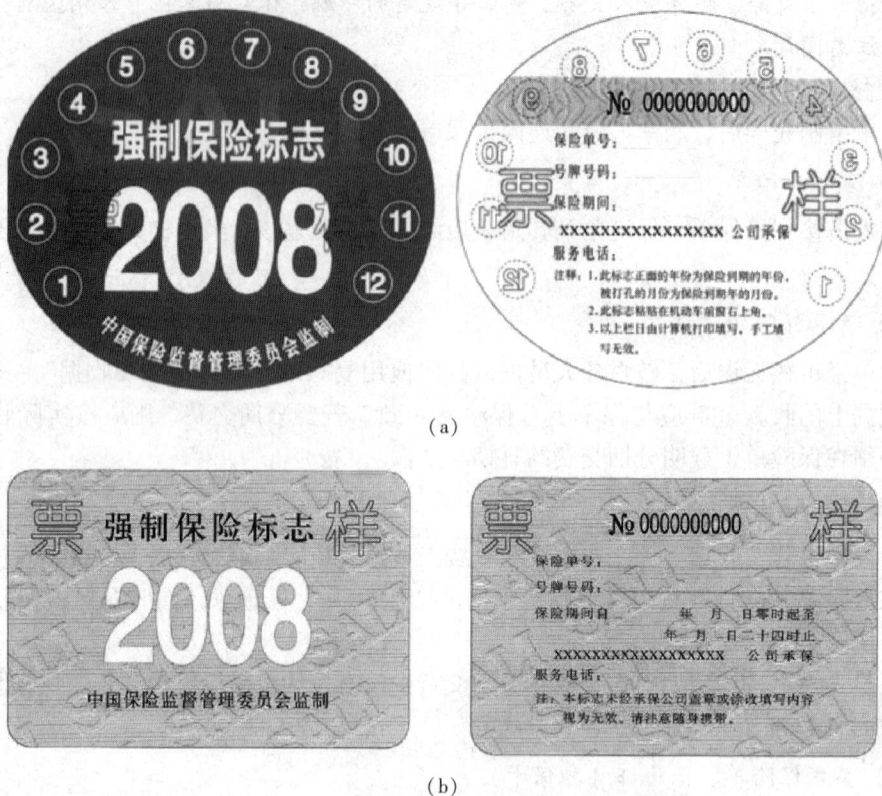

（a）

（b）

图5-3 强制保险标志
（a）内置型；（b）便携型

我们以内置型强制保险（正面）为例进行介绍。内置型强制保险的正面有隐形的"SALI"字样作背景，标有"强制保险标志"；中间标有保险到期的年份；周围①～⑫的数字是保险到期年的月份，通过打孔体现；最下面标有监制单位"中国保险监督管理委员会监制"。

活动一 分组模拟"机动车交通事故责任强制保险"咨询解答工作

（1）什么是机动车交通事故责任强制保险？
（2）我国机动车交通事故责任强制保险制定的目的和意义何在？
（3）机动车交通事故责任强制保险有哪些特点？

知识平台

一、机动车交通事故责任强制保险

机动车交通事故责任强制保险，简称"交强险"，是由保险公司对被保险机动车发生道路交通事故造成受害人（不包括本车人员和被保险人）的人身伤亡、财产损失，在责任限额内予以赔偿的强制性责任保险。

交强险是我国首个由国家法律规定实行的强制保险制度，其本质是责任保险。其保险费实行全国统一收费标准，由国家统一规定。但是，不同汽车型号的交强险价格不同，其主要影响因素是"汽车座位数"。

二、机动车交通事故责任强制保险的特点

根据《中华人民共和国道路交通安全法》（以下简称《道路交通安全法》）和《机动车交通事故责任强制保险条例》（以下简称《交强险条例》）的规定，交强险具有以下特点：

（一）法定性

交强险源于商业第三者责任险，保险费率、赔偿额、赔偿程序等基本内容由法律直接或者授权界定，实行统一的保险条款和基础保险费率，投保人不得在保险条款和保险费率之外向保险公司提出附加其他条件的要求，保险公司不得强制投保人订立商业保险合同以及提出附加其他条件的要求。

（二）强制性

交强险的强制性表现为机动车的所有人或管理人的法定投保义务和保险公司的法定承保义务。《交强险条例》第三十九条规定："凡是在我国境内行驶的机动车辆都应依法购买交强险，否则由公安机关交通管理部门扣留机动车，并依照规定处投保最低责任限额应缴纳的保险费的2倍罚款。"即机动车的所有人有法定投保交强险的义务。第十条规定："投保人在投保时应当选择具备从事机动车交通事故责任强制保险业务资格的保险公司，被选择的保险公司不得拒绝或者拖延承保。保监会应当将具备从事机动车交通事故责任强制保险业务资格的保险公司向社会公示。"即经保监会核准的承保交强险的保险公司有法定的承保义务。由此可见，交强险的强制性非常明显。

（三）广覆性

交强险的广覆性体现在两个方面：一是投保主体的广泛性，凡在道路上行驶的机动车的车主或管理人，都要依法投保交强险；二是交强险的受益人范围和保险公司的赔偿责任范围比较宽广。被保险机动车本车人员和被保险人以外的道路交通事故的受害人都是受益人，受益人死亡的，其近亲属依法受偿。赔偿范围涵盖了包括精神损害在内人身伤亡和财产损失，但损失额超过交强险赔偿限额的，以限额封顶。另外，交强险中保险公司的保险责任几乎涵盖了所有道路交通风险。

（四）公益性

保障受害人得到及时有效的基本赔偿是设立交强险的首要宗旨。基于这一目标，《交强险条例》要求承保公司在总体上不盈利不亏损的原则上"义务"经营，保险合同不设免赔率和免赔额。为充分体现"以人为本，尊重生命"的设计原则和特点，《道路交通安全法》第七十九条明确规定，交强险实行"无过错责任"赔偿原则，即无论投保人是否在交通事故中负有责任，被保险机动车发生道路交通事故造成本车人员和被保险人以外的受害人人身伤亡、财产损失的，由保险公司依法在交强险责任限额范围内先行赔偿，突显交强险制度的公

益性功能。

活动二 分组模拟"交强险"条款解答工作

知识平台

三、机动车交通事故责任强制保险条款解读

（一）总则

第一条 根据《道路交通安全法》《保险法》《机动车交通事故责任强制保险条例》等法律、行政法规，制定本条款。

第二条 机动车交通事故责任强制保险（以下简称"交强险"）合同由本条款与投保单、保险单、批单和特别约定共同组成。凡与交强险合同有关的约定，都应当采用书面形式。

第三条 交强险费率实行与被保险机动车道路交通安全违法行为、交通事故记录相联系的浮动机制。

签订交强险合同时，投保人应当一次支付全部保险费。保险费按照保监会批准的交强险费率计算。

解读：交强险费率实行的浮动机制通过实行"奖优罚劣"的方法，来促使驾驶人提高道路交通安全意识和守法意识，从而预防和减少道路交通事故的发生。所谓的"奖优罚劣"是指交强险的费率水平与道路交通安全违法行为和道路交通事故挂钩，安全驾驶者可以享有优惠的费率，交通肇事者将负担高额保险费。

交强险最终保险费计算方法为

$$交强险最终保险费 = 交强险基础保险费 \times (1 + A)$$

式中，A 为与道路交通事故相联系的浮动比率，详见表 5 - 6。

表 5 - 6　与道路交通事故相联系的浮动比率

A	浮动因素	浮动比率/%
A1	上一个年度未发生有责任道路交通事故	− 10
A2	上两个年度未发生有责任道路交通事故	− 20
A3	上三个及以上年度未发生有责任道路交通事故	− 30
A4	上一个年度发生一次有责任不涉及死亡的道路交通事故	0
A5	上一个年度发生两次及两次以上有责任道路交通事故	10
A6	上一个年度发生有责任道路交通死亡事故	30

（二）定义

第四条 交强险合同中的被保险人是指投保人及其允许的合法驾驶人。投保人是指与保险人订立交强险合同，并按照合同负有支付保险费义务的机动车的所有人、管理人。

第五条　交强险合同中的受害人是指因被保险机动车发生交通事故遭受人身伤亡或者财产损失的人，但不包括被保险机动车本车车上人员、被保险人。

解读：当受害人因被保险机动车肇事遭受人身伤亡、财产损害时，有权依据《民法通则》《道路交通安全法》等法律法规的规定向被保险人请求赔偿，而通过责任保险，被保险人可将责任风险在一定限额内转嫁给保险人，同时受害人的利益也会得到及时、合理的补偿。需要注意的是，受害人中不包括本车人员及被保险人。这种规定是出于降低制度成本、防范道德风险的考虑，也是符合国际管理规定的。所谓被保险机动车本车人员，是指除驾驶人以外的车上承载人员。如：车撞了树，只给车上了交强险。假定树不赔，那么，车的损失是否可以走理赔？答案：不赔，因交强险只理赔交通事故中的受害方，那么在这个例子里，受害方是树，不赔树的话，车辆损失就得不到任何保险补偿。另有一个案例：一人在倒车时，经验不足，让家人站在车后，加上技术不熟练，油门当刹车，导致家人死亡，这种情况车险不能理赔。如果是外人，则可以理赔。这也是为了防止骗保，故意伤害家人。

第六条　交强险合同中的责任限额是指被保险机动车发生交通事故，保险人对每次保险事故所有受害人的人身伤亡和财产损失所承担的最高赔偿金额。责任限额分为死亡伤残赔偿限额、医疗费用赔偿限额、财产损失赔偿限额以及被保险人在道路交通事故中无责任的赔偿限额。其中无责任的赔偿限额分为无责任死亡伤残赔偿限额、无责任医疗费用赔偿限额以及无责任财产损失赔偿限额。

解读：在交强险保险期限内，被保险机动车发生道路交通事故，保险公司对每次保险事故中所有受害人的人身伤亡、财产损失都按照交强险责任限额承担赔偿金额。需要注意的是，交强险限额赔偿只受保险期限限制、不受赔偿次数限制。另外，如主车和挂车连接使用时发生交通事故，赔偿金额的总和不超过一份强制保险合同的责任限额。与此同时，当事人务必注意哪些费用属于交强险限额赔偿范围，以便获得最充分的保险赔偿。

交强险实行的责任限额方案是综合考虑了赔偿覆盖面和消费者支付能力。交强险责任限额过低，将起不到保障作用，而责任限额过高将导致费率大幅上涨，使消费者难以承受。我们知道，国家制定交强险的目的是为交通事故受害人提供基本的保障。而交通事故受害人获得赔偿的渠道是多样的，交强险只是最基本的渠道之一。交强险实行 12.2 万元的总责任限额，并不是说交通事故受害人从所有渠道最多只能得到 12.2 万元赔偿。除交强险外，受害人还可通过其他方式得到赔偿，如从商业第三者责任险、人身意外保险、健康保险等均可获得赔偿。除此之外，交通事故受害人还可根据受害程度，通过法律手段要求致害人给予更高的赔偿。

第七条　交强险合同中的抢救费用是指被保险机动车发生交通事故导致受害人受伤时，医疗机构对生命体征不平稳和虽然生命体征平稳但如果不采取处理措施会产生生命危险，或者导致残疾、器官功能障碍，或者导致病程明显延长的受害人，参照国务院卫生主管部门组织制定的交通事故人员创伤临床诊疗指南和国家基本医疗保险标准，采取必要的处理措施所发生的医疗费用。

（三）保险责任

第八条　在中华人民共和国境内（不含港、澳、台地区），被保险人在使用被保险机动车过程中发生交通事故，致使受害人遭受人身伤亡或者财产损失，依法应当由被保险人承担的损害赔偿责任，保险人按照交强险合同的约定对每次事故在下列赔偿限额内负责赔偿：

（1）死亡伤残赔偿限额为 100 000 元；

（2）医疗费用赔偿限额为 10 000 元；

（3）财产损失赔偿限额为 2 000 元；

（4）被保险人无责任时，无责任死亡伤残赔偿限额为 11 000 元；无责任医疗费用赔偿限额为 1 000 元；无责任财产损失赔偿限额为 100 元。

死亡伤残赔偿限额和无责任死亡伤残赔偿限额项下负责赔偿丧葬费、死亡补偿费、受害人亲属办理丧葬事宜支出的交通费用、残疾赔偿金、残疾辅助器具费、护理费、康复费、交通费、被扶养人生活费、住宿费、误工费，被保险人依照法院判决或者调解承担的精神损害抚慰金。

医疗费用赔偿限额和无责任医疗费用赔偿限额项下负责赔偿医药费、诊疗费、住院费、住院伙食补助费，必要的、合理的后续治疗费、整容费、营养费。

解读：交强险其实就是强制缴纳一个基础保险，帮责任人来承担一个基础的赔偿费用。举个例子来说，开车把人撞身亡了，交强险最高可以承担约 11 万元，虽然不多，但可以减轻事故车主的负担。另外，对于基础的赔付费用这块，交强险也是采用的分项赔偿的原则，分为车主有责任赔偿和车主无责任赔偿两大项，针对的不同类型的赔偿有死亡伤残赔偿、医疗费用赔偿和财产损失赔偿。与此同时，这里的额度指的是一年内赔付总数的封顶，无论几次事故出险，只要是赔付金额达到了，交强险就不再赔了。

小思考

A、B 两车互碰造成双方车损及相关人员伤残，A 车全责（车辆损失 1 000 元）；B 车无责（车辆损失 20 000 元），为医治 B 车的司机，共花费抢救费用 5 000 元，其他医疗费 20 000 元，残疾赔偿金 100 000 元。请问两车交强险赔付结果应如何计算？

（四）垫付与追偿

第九条　被保险机动车在本条（1）～（4）之一的情形下发生交通事故，造成受害人受伤需要抢救的，保险人在接到公安机关交通管理部门的书面通知和医疗机构出具的抢救费用清单后，按照国务院卫生主管部门组织制定的交通事故人员创伤临床诊疗指南和国家基本医疗保险标准进行核实。对于符合规定的抢救费用，保险人在医疗费用赔偿限额内垫付。被保险人在交通事故中无责任的，保险人在无责任医疗费用赔偿限额内垫付。对于以下损失和费用，保险人不负责垫付和赔偿：

（1）驾驶人未取得驾驶资格的；

（2）驾驶人醉酒的；

（3）被保险机动车被盗抢期间肇事的；

（4）被保险人故意制造交通事故的。

对于垫付的抢救费用，保险人有权向致害人追偿。

解读：抢救费用垫付条件同时满足以下条件的，可垫付受害人的抢救费用：

（1）符合《交强险条例》第二十二条规定的情形；

（2）接到公安机关交通管理部门要求垫付的通知书；

（3）受害人必须抢救，且抢救费用已经发生，抢救医院提供了抢救费用单据和明细项目；

（4）不属于应由道路交通事故社会救助基金垫付的抢救费用。

垫付标准：按照交通事故人员创伤临床诊疗指南和抢救地的国家基本医疗保险的标准，在交强险医疗费用赔偿限额或无责任医疗费用赔偿限额内垫付抢救费用。被抢救人数多于一人且在不同医院救治的，在医疗费用赔偿限额或无责任医疗费用赔偿限额内按人数进行均摊；也可以根据医院和交警的意见，在限额内酌情调整。

垫付方式：自收到交警部门出具的书面垫付通知、伤者病历、诊断证明、抢救费用单据和明细之日起，及时向抢救受害人的医院出具《承诺垫付抢救费用担保函》，或将垫付款项划转至抢救医院在银行开立的专门账户，不进行现金垫付。

小知识

《机动车交通事故责任强制保险条例》第九条：

有下列情形之一的，保险公司在机动车交通事故责任强制保险责任限额范围内垫付抢救费用，并有权向致害人追偿：

（1）驾驶人未取得驾驶资格或者醉酒的；

（2）被保险机动车被盗抢期间肇事的；

（3）被保险人故意制造道路交通事故的。

有前款所列情形之一，发生道路交通事故的，造成受害人的财产损失，保险公司不承担赔偿责任。

（五）责任免除

第十条　下列损失和费用，交强险不负责赔偿和垫付：

（1）因受害人故意造成的交通事故的损失；

（2）被保险人所有的财产及被保险机动车上的财产遭受的损失；

（3）被保险机动车发生交通事故，致使受害人停业、停驶、停电、停水、停气、停产、通信或者网络中断、数据丢失、电压变化等造成的损失以及受害人财产因市场价格变动造成的贬值、修理后因价值降低造成的损失等其他各种间接损失；

（4）因交通事故产生的仲裁或者诉讼费用以及其他相关费用。

（六）保险期间

第十一条　除国家法律、行政法规另有规定外，交强险合同的保险期间为一年，以保险单载明的起止时间为准。

（七）投保人、被保险人义务

第十二条　投保人投保时，应当如实填写投保单，向保险人如实告知重要事项，并提供被保险机动车的行驶证和驾驶证复印件。重要事项包括机动车的种类、厂牌型号、识别代码、号牌号码、使用性质和机动车所有人或者管理人的姓名（名称）、性别、年龄、住所、身份证或者驾驶证号码（组织机构代码）、续保前该机动车发生事故的情况以及保监会规定的其他事项。

投保人未如实告知重要事项，对保险费计算有影响的，保险人按照保单年度重新核定保险费计收。

第十三条　签订交强险合同时，投保人不得在保险条款和保险费率之外，向保险人提出附加其他条件的要求。

第十四条   投保人续保的,应当提供被保险机动车上一年度交强险的保险单。

第十五条   在保险合同有效期内,被保险机动车因改装、加装、使用性质改变等导致危险程度增加的,被保险人应当及时通知保险人,并办理批改手续。否则,保险人按照保单年度重新核定保险费计收。

第十六条   被保险机动车发生交通事故,被保险人应当及时采取合理、必要的施救和保护措施,并在事故发生后及时通知保险人。

第十七条   发生保险事故后,被保险人应当积极协助保险人进行现场查勘和事故调查。

(八)赔偿处理

第十八条   被保险机动车发生交通事故的,由被保险人向保险人申请赔偿保险金。被保险人索赔时,应当向保险人提供以下材料:

(1)交强险的保险单;

(2)被保险人出具的索赔申请书;

(3)被保险人和受害人的有效身份证明、被保险机动车行驶证和驾驶人的驾驶证;

(4)公安机关交通管理部门出具的事故证明,或者人民法院等机构出具的有关法律文书及其他证明;

(5)被保险人根据有关法律法规规定选择自行协商方式处理交通事故的,应当提供依照《交通事故处理程序规定》规定的记录交通事故情况的协议书;

(6)受害人财产损失程度证明、人身伤残程度证明、相关医疗证明以及有关损失清单和费用单据;

(7)其他与确认保险事故的性质、原因、损失程度等有关的证明和资料。

第十九条   保险事故发生后,保险人按照国家有关法律法规规定的赔偿范围、项目和标准以及交强险合同的约定,并根据国务院卫生主管部门组织制定的交通事故人员创伤临床诊疗指南和国家基本医疗保险标准,在交强险的责任限额内核定人身伤亡的赔偿金额。

第二十条   因保险事故造成受害人人身伤亡的,未经保险人书面同意,被保险人自行承诺或支付的赔偿金额,保险人在交强险责任限额内有权重新核定。

因保险事故损坏的受害人财产需要修理的,被保险人应当在修理前会同保险人检验,协商确定修理或者更换项目、方式和费用。否则,保险人在交强险责任限额内有权重新核定。

解读:我们知道,交通肇事发生后,尤其是被追究刑事责任的交通事故,肇事方为减轻处罚,常常在双方调解过程中有意超过赔偿标准"多"赔付受害一方,目的是减轻自己的"罪过"。这样,调解赔偿总额会多出保险公司应当理赔的总额。但是保险公司有权重新核定,经核定超出部分应由其自行负担。另外,刑事附带民事对精神损害是不予理赔的,如果肇事方私自赔付对方精神抚慰金,也无权要求保险公司按照调解协议承担此项赔偿责任。

第二十一条   被保险机动车发生涉及受害人受伤的交通事故,因抢救受害人需要保险人支付抢救费用的,保险人在接到公安机关交通管理部门的书面通知和医疗机构出具的抢救费用清单后,按照国务院卫生主管部门组织制定的交通事故人员创伤临床诊疗指南和国家基本医疗保险标准进行核实。对于符合规定的抢救费用,保险人在医疗费用赔偿限额内支付。被保险人在交通事故中无责任的,保险人在无责任医疗费用赔偿限额内支付。

（九）合同变更与终止

第二十二条　在交强险合同有效期内，被保险机动车所有权发生转移的，投保人应当及时通知保险人，并办理交强险合同变更手续。

第二十三条　在下列三种情况下，投保人可以要求解除交强险合同：

（1）被保险机动车被依法注销登记的；

（2）被保险机动车办理停驶的；

（3）被保险机动车经公安机关证实丢失的。

交强险合同解除后，投保人应当及时将保险单、保险标志交还保险人；无法交回保险标志的，应当向保险人说明情况，征得保险人同意。

第二十四条　发生《机动车交通事故责任强制保险条例》所列明的投保人、保险人解除交强险合同的情况时，保险人按照日费率收取自保险责任开始之日起至合同解除之日止期间的保险费。

（十）附　则

第二十五条　因履行交强险合同发生争议的，由合同当事人协商解决。

协商不成的，提交保险单载明的仲裁委员会仲裁。保险单未载明仲裁机构或者争议发生后未达成仲裁协议的，可以向人民法院起诉。

第二十六条　交强险合同争议处理适用中华人民共和国法律。

第二十七条　本条款未尽事宜，按照《机动车交通事故责任强制保险条例》执行。

任务三　机动车辆保险理赔

学习目标

通过本任务的实施，能够根据机动车辆保险条款、保险单内容及财产保险合同原则，结合实际情况进行案例分析和责任判定等理赔工作。

引入

车险理赔问答

（1）乘客正在上车过程中，车辆突然起动，导致乘客摔伤，该乘客能否界定为车上人员？

答：界定为车上人员，《中国保险行业协会机动车辆商业保险示范条款》（以下简称《行业示范条款》）明确车上人员是指发生意外事故的瞬间，在被保险机动车车体内或车体上的人员，包括正在上下车的人员。

（2）车辆停放时被其他车辆撞坏，找不到肇事方，该车投保了车损险，保险公司如何赔付？

答：按照损失70%赔付，《行业示范条款》约定：被保险机动车的损失应当由第三方负责赔偿，无法找到第三方的，实行30%的绝对免赔率；如果附加机动车损失保险无法找到第三方特约险，则可以在附加险项下赔付免赔的30%的车辆损失。

（3）车辆停放时轮胎被盗，该车投保了盗抢险，保险公司如何赔付？

答：不赔，盗抢险相关条款约定，非全车遭盗窃，仅车上零部件或附属设备被盗窃或损坏属于责任免除。

（4）货车由于所载货物超宽行驶时与桥洞相撞，货车及桥洞损失保险公司是否赔付？

答：车损不赔，相关条款约定，违反安全装载是保险事故发生的直接原因的，造成标的车损失为责任免除；桥洞损失属于第三责任财产损失，按照条款约定扣除10%的绝对免赔后赔付。

（5）车辆投保第三者责任保险，发生意外事故，造成第三责任者人员死亡，第三责任者家属向保险公司提出索要精神损害抚慰金，保险公司是否赔付？

答：不能赔付，第三者责任保险相关条款约定，精神损害抚慰金为除外责任；如果投保附加精神损害抚慰金责任险，则可以在保险限额内进行赔偿。

（6）标的车投保了车损险，附加车身划痕损失险，只要车被划伤了，保险公司均应赔偿吗？

答：不是的，车身划痕险条款约定以下几种情况责任免除：一是被保险人及其家庭成员、驾驶人及其家庭成员的故意行为造成的损失；二是因投保人、被保险人与他人的民事、经济纠纷导致的任何损失；三是车身表面自然老化、损坏，腐蚀造成的任何损失。

（7）车辆投保第三者责任保险，附加车上货物责任险，发生翻车交通事故，车上拉的10头奶牛，当场死亡2头，走失8头，保险公司如何赔偿奶牛损失？

答：车上货物责任险相关条款约定，偷盗、哄抢、自然损耗、本身缺陷、短少、死亡、腐烂、变质、串味、生锈，动物死亡货物自身起火燃烧或爆炸造成的货物损失为责任免除，因此保险公司只能赔付事故中死亡的2头奶牛损失。

（8）A车与B车相撞，交警队判定B车全责，双方因交通事故主产生矛盾，B车不配合赔偿事宜，A车损失是否可以直接向B车的保险公司申请赔偿？

答：可以，《保险法》第六十五条规定，被保险人怠于请求的，第三者有权就其应获赔偿部分直接向保险人请求赔偿。

（9）A车与B车相撞，交警队判定B车全责，B车车主没有赔偿能力，A车损失是否可以向A车的保险公司申请赔偿？

答：如果A车承保车损险，则可以请求保险公司赔偿，保险公司代位赔偿A车损失后，取得向B车车主追偿的权力，向B车车主追偿A车损失。前提是A车在保险公司未赔偿之前，不能放弃对第三方请求赔偿的权利，此外还需配合提供必要的文件和所知道的有关情况。

（10）保险事故发生后，多长时间可以领到赔款？

答：保险人收到被保险人的赔偿请求后，应当及时做出核定；情形复杂的，应当在30日内做出核定。保险人应当将核定结果通知被保险人；对属于保险责任的，在与被保险人达成赔偿协议后10日内，履行赔偿义务。保险合同对赔偿期限另有约定的，保险人应当按照约定履行赔偿义务。

活动一　分组讨论投保车辆损失发生后，客户应怎么做？

（1）＿＿＿＿＿＿＿＿＿＿＿＿＿＿＿＿＿＿＿＿＿＿＿＿＿＿＿＿＿＿＿＿

(2) _____

(3) _____

(4) _____

(5) _____

(6) _____

活动二　接到报案后，保险公司的工作人员应该如何做？

(1) _____

(2) _____

(3) _____

(4) _____

知识平台

一、接受报案

（一）报案记录

接受报案人员在接到报案时应查验机动车辆保险证，询问报案人姓名、被保险人名称、保险单号码、保险险别、驾驶员情况、厂牌车型、牌照号码、出险时间、地点、原因、估计损失金额等要素，并在报案记录表上记录，同时迅速通知业务人员。

（二）登记和通知现场查勘

业务人员根据报案记录，尽快查阅承保记录，并根据结果对属于本公司承保处于保险有效期的案件登入《保险车辆报案登记簿》。同时通知查勘定损人员进行现场查勘。

（三）填具出险通知书

业务人员在接受报案的同时，即向被保险人提供《保险车辆出险通知书》和《机动车辆保险索赔须知》，并指导其据实详细填写《机动车辆保险车辆出险通知书》。其中"出险地点"填明××县（镇）境内××公路××公里±××米处；"驾驶员情况"按驾驶证填写。若被保险人用电话、电报报案，应在事后补填出险通知书。

二、查抄底单

业务人员根据出险通知，尽快查抄出险车辆的保险单和批单。

三、立案

（1）对在保险有效期内属保险责任的赔案，业务人员应进行立案登记。

（2）对不在保险有效期或明显不属于保险责任的报案，应在出险通知书和机动车辆保险报案、立案登记簿上签注："因××不予立案"，并向报案人做出解释。

（3）本公司承保车辆在外地出险，接到出险地公司通知后，应将代查勘公司名称登录报案、立案登记簿。

若是被保险人直接通知的，登记后，可视情况立即安排查勘或委托出险地公司代查勘。

四、现场查勘

查勘定损人员（两人以上）接案后，迅速做好查勘准备并带上《机动车辆保险索赔须知》和《机动车辆保险出险通知书》，尽快赶赴事故现场，会同被保险人进行现场查勘工作。对事故尚未控制住或保险车辆及人员尚处在危险之中的，应采取积极的施救、保护措施。查勘工作必须双人进行，尽量查勘第一现场；如果第一现场已经清理，则必须查勘第二现场，调查了解有关情况。查勘结束后，查勘人员应按规定据实详细填写《现场查勘记录表》，对电话报案的保户提供出险《机动车辆保险出险通知书》。同时根据报案与查勘情况，在保险事故索赔须知上注明索赔所须单证和证明材料后交给被保险人一方。

查勘的主要内容及要求如下：

（一）查明出险时间

了解确切出险时间是否在保险有效期限内，对接近保险起讫出险的案件，应特别慎重查实。要详细了解车辆启程或返回的时间、行驶路线、委托运输单位的装卸货物时间、伤者住院治疗的时间等，以核实出险时间。

（二）查明出险地点

对擅自移动现场或谎报出险地点的，要查明原因。

（三）查明出险车辆的情况

查实肇事保险车辆及第三方车辆的车型、牌照号码、发动机号码、车架号码、行驶证，并与保险单（或批单）、行驶证核对是否相符。

（四）查实车辆的使用性质

出险时，车辆的使用性质与保单所载明是否相符。

（五）查清驾驶人员姓名、驾驶证号码、准驾车型、初次领证时间等

注意检验驾驶证是否有效，是否为被保险人或其允许的驾驶员。

（六）查明出险原因

要深入调查，采取多听、多问、多看、多想、多分析的办法，索取证明，收集证据。事故原因应说明是客观因素，还是人为因素；是车辆自身因素，还是受外界影响；是严重违章，还是故

意行为或违法行为。凡是与案情有关的重要情节，都要尽量收集、记载，以反映事故全貌。

（七）施救清理受损财产

查勘人员应主动协助保户及有关部门做好受损车辆及财产的施救整理工作，避免扩大损失。

（八）确定损失情况

查清受损车辆、货物及其他财产的损失程度，查明各方人员伤亡情况。

（九）查明责任划分情况

要查清楚事故各方所承担的责任比例，同时还应注意了解被保险车辆有无在其他公司重复保险的情况，以便理赔计算时按责赔付和与其他公司分摊赔款。

（十）重大赔案应绘制事故现场草图

事故现场草图要反映出事故车方位、道路情况及外界影响因素。

（十一）询问记录

对重大复杂的或有疑问的损案，要走访有关现场见证人或知情人，弄清真相，做出询问记录，记明询问日期和被询问人地址，并由被询问人过目、签字。

（十二）拍照存查

凡涉及车辆和财产损失的案件，必须进行拍照。照片应有反映查勘现场全貌的全景照片，还要有反映受损车辆牌号及受损财产部位和受损程度的近景照片。

（十三）签字确认

对造成重大损失的保险事故或事故当事人、事故原因等因素存在疑点难以明确的案件，需要求被保险人或肇事驾驶员或受损害方对现场查勘记录内容进行确认并签字。

五、确定保险责任

业务人员应根据现场查勘记录和有关证明材料，依照条款和条款解释的有关规定，全面分析主客观原因，确定事故是否属于保险责任范围。对属保险责任范围的，应进一步确定被保险人对事故承担的责任，有无向第三者追偿问题；对不属于保险责任的，按拒赔案件处理。

六、定损

车辆定损应会同被保险人和车辆事故第三方核定。车辆定损的基本要求和程序如下：

（1）坚持双人定损。定损时要根据出险查勘记录，详细核定本次事故造成的损失部位和修理项目，逐项列明修理工时费、换件项目及金额。对需更换的汽车零部件属于询报价范围的，要将换件项目清单交报价员进行询报价。对估损金额超过本级处理权限的，应及时报上级公司并协助定损。定损员接到核准后的报价单后，再与被保险人和车辆事故第三方协商修理、换件项目和费用，经协商，与被保险人、车辆事故第三方共同签订《机动车辆保险定损确认书》。

（2）受损车辆原则上采取一次定损。定损完毕后，由被保险人自选修理厂修理，或应被保险人要求推荐、招标修理厂修理。

七、赔款理算

被保险人提供的有关单证经审核无误后，理算人员根据条款规定，对车辆损失险、第三者责任险、附加险、施救费用等分别计算赔款金额。

（一）车辆损失险的赔款计算

1. 全损

保险车辆在保险事故中发生整体损毁或受损严重失去修复价值即形成实际全损或推定全损。在保险事故中造成的实际损失，应将免赔额计算在内，而不是被保险人可能获得的实际赔款数。

（1）保险金额等于或低于出险当时的实际价值时，有

$$赔款 =（保险金额 - 残值）\times 事故责任比例 \times（1 - 免赔率）$$

说明：

A. 出险当时的实际价值按出险时同种类型车辆市场新车购置价（含车辆购置附加费）减去该车已使用年限折旧后确定。折旧率按国家有关规定执行（每满一年扣除一年折旧，不足一年的部分不计折旧）。

B. 如果保险金额低于出险时的实际价值，因总残余价值里有一部分是属保户自保的，所以这里的残值应计算为

$$残值 = 总残余价值 \times 保险金额 / 实际价值$$

（2）保险金额高于出险当时的实际价值时，有

$$赔款 =（实际价值 - 残值）\times 事故责任比例 \times（1 - 免赔率）$$

2. 部分损失

（1）当按保险价值投保时，有

$$赔款 =（实际修复费用 - 残值）\times 事故责任比例 \times（1 - 免赔率）$$

（2）当保险金额低于承保时的新车购置价时，有

$$赔款 =（实际修复费用 - 残值）\times 事故责任比例 \times 保险金额 / 保险价值 \times（1 - 免赔率）$$

3. 施救费赔款计算

（1）当保险金额等于保险价值时，有

$$赔款 = 实际施救费用 \times 事故责任比例 \times 保险财产价值 / 实际施救价值 \times（1 - 免赔率）$$

（2）当保险金额低于承保时的新车购置价时，有

$$赔款 = 实际施救费用 \times 事故责任比例 \times 保险金额 / 保险价值 \times 保险财产价值 / 实际施救价值 \times（1 - 免赔率）$$

（二）第三者责任险的赔款计算

（1）当被保险人按事故责任比例应承担的赔偿金额超过赔偿限额时，有

$$赔款 = 赔偿限额 \times（1 - 免赔率）$$

（2）当被保险人按事故责任比例应承担的赔偿金额低于赔偿限额时，有

$$赔款 = 应负赔偿金额 \times（1 - 免赔率）$$

活动三　机动车辆保险案例分析，并进行赔款计算。

【案例】王先生的奥迪 A6 1.8T 豪华型轿车在平安保险公司投保了车辆损失险与第三者

责任险，车辆损失险的保险金额按投保时的实际价值确定为 30 万元，投保时的新车购置价为 50 万元，第三者责任险每次事故的最高赔偿限额为 5 万元。李小姐的红旗 CA7220A9EL2 轿车在太平洋保险公司公司也投保了车辆损失险和第三者责任险，其中，车辆损失险按新车购置价确定保险金额为 33 万元，第三者责任险每次事故最高赔偿限额为 20 万元。两车在保险期间发生碰撞事故，王先生的奥迪车损失后的实际修复费用为 10 万元，伤 1 人，人身伤亡补偿费合计 12 000 元；李小姐的红旗车损失后的实际修复费用为 15 万元，伤 1 人，补偿费合计 8 000 元，车上货物损失 6 000 元。经公安部门裁定，王先生的奥迪车负主要责任（即 60%）；李小姐的红旗车负次要责任（即 40%）。根据《机动车辆保险条款》规定，王先生的奥迪 A6 1.8T 豪华型轿车免赔 15%，李小姐的红旗 CA7220A9EL2 轿车免赔 5%。试问两车的赔款应是多少？为什么？

案例分析 _____
_____
_____
_____
_____
_____

赔款计算 _____
_____
_____
_____
_____
_____

【项目小结】

本项目主要介绍了机动车辆保险产品特点及条款内容。通过学习本项目，可以进行机动车辆保险模拟展业和承保；能缮制投保单和保险单；了解机动车辆保险保险金额和保险费的知识，并按照给定的费率表计算保险金额和保险费；掌握交强险产品特点及条款内容，并能准确解读交强险的条款。根据机动车辆保险条款、保险单内容及财产保险合同原则，结合实际情况进行案例分析和责任判定等理赔工作。

【项目训练】

一、情景演练题

（1）针对一个模拟车辆进行从展业、承保、核保、出险、查勘、定损、理赔的全过程模拟演示。

（2）车险理赔问答：

①车辆发生碰撞事故，车上乘客被甩出车外后落地受伤，该乘客应界定为车上人员还是

第三者？

②车辆出险后，如果需要施救，请问保险公司如何给付施救费用？

③货车由于所载货物超宽行驶而与桥洞相撞，保险公司是否赔付货车及桥洞损失？

④张大妈养了一条宠物狗，并将其视为自己的儿女，一天晨练时被过往的机动车撞死，张大妈悲痛欲绝，除要求肇事司机赔偿 1 000 元狗款外，还要求肇事司机赔偿其精神损失费 5 000 元，请问如果肇事车辆承保了第三者责任保险，并附加了精神损害抚慰金责任险，对于张大妈要求的精神抚慰金，保险公司是否应该赔付？

⑤车辆发生事故造成了 4S 店售车前单独加装的前保险杠护杠损坏，保险公司是否赔付护杠损失？

⑥张某在倒车时不慎将自己父亲撞伤，同时又撞坏了父亲家的大门，保险公司是否能在第三者责任保险项下赔付事故损失？

⑦被保险人将车辆借给朋友使用，其朋友利用车辆盗窃石油途中发生交通事故，造成车辆损坏，保险公司是否赔付？

⑧已获得学习资格的学员在独立练习开车时发生事故，保险公司是否赔偿？

⑨车辆被交警扣留停车时产生的停车费，保险公司是否赔付？

⑩车辆在涉水行驶过程中导致发动机进水而损毁，保险公司是否赔付？

⑪王某投保了交强险，某日王某醉酒驾车将行人张某撞伤，现伤者张某向保险公司请求赔偿，保险公司是否赔付？

⑫车辆投保车上人员责任险，发生交通事故造成车上人员受伤，交警队判定标的车负事故的主要责任，被保险人能向承保的保险公司申请赔偿伤人的全部损失吗？若没有赔偿能力，那么 A 车损失是否可以向 A 车的保险公司申请赔偿呢？

⑬王某驾车撞亡一行人后驾车逃离现场，迫于压力，第二天王某投案自首，王某为车辆投保了交强险及第三者责任保险，保险公司对亡人损失费用是否赔付？

⑭王某将车借给朋友张某，张某以王某欠款为由，将车辆据为己有并失去联系，王某为该车投保了车损险、盗抢险，保险公司对王某车辆损失是否赔付？

⑮王某驾车发生一起保险事故，保险公司及时对损失做出了核定，并达成赔偿协议，但由于保险公司工作人员的原因，赔款耽误了两个月才赔付到账，王某向保险公司提出赔偿赔款利息损失要求，保险公司是否赔付利息损失？

二、案例分析

（1）某日，张某驾驶摩托车途经一立交桥下，向左转弯时与直行的公交车右后轮发生碰撞，造成张某受伤及摩托车损坏的后果。经肇事地公安交警部门处理，认定张某属酒后无证驾驶无牌照的摩托车在转弯时未让直行车辆先行，应负此次事故的全部责任，公交车驾驶人李某无责任。经调查，张某的摩托车未参加任何保险，而李某驾驶的公交车在某保险公司投保了交强险，事故发生在保险期限内。请问张某能否获得保险公司的赔付？能赔付多少？

（2）杨先生驾驶车辆在行驶中为躲避行人撞上马路边石，致使车辆严重受损，当时杨先生在底盘受损、漏油的情况下起动汽车驶入辅路，后向保险公司报案，提出索赔申请。经检验，车辆底盘受损修理费用为 9 784 元，发动机受损修理费用为 4 685 元。杨先生为自己的车投保了车辆损失险。保险公司怎样回应杨先生的索赔请求？

（3）曹先生将自有出租车向某保险公司投保了第三者责任险 30 万元，并附加不计免赔率特约条款。在保险期间，曹先生聘用的司机高某在驾驶该出租车营运过程中将刘某撞伤，刘某当即被送至医院，经住院治疗后已治愈。本案由公安交警部门出具裁决书：肇事司机高某负此事故的主要责任，伤者刘某负此事故的次要责任。伤者刘某共花费医疗费、住院伙食补助费、护理费、交通费等合计 65 000 元。故被保险人曹先生到保险公司要求理赔。请问保险公司如何赔付？为什么？

货物运输保险业务处理

项目六

项目描述 ///

随着物流行业的蓬勃发展，异地交易已成为常态，货物的交付也多通过运输进行，随之也带来了货物破损、野蛮装卸、误时配送、偷盗灭失、变质串味等问题。当运输过程中发生风险时，风险应如何负担成了人们最为关注的问题。本项目学习的就是货物运输保险。

项目目标 ///

（1）认识货物运输保险，并能解读货物运输保险条款；

（2）能辨析我国办理的海上货物运输保险、陆上货物运输保险、航空货物运输保险等货物运输保险；

（3）了解货物运输保险的展业与承保流程及相关要求，认识货物运输保险投保单和保险单，知晓填写注意事项和理赔流程。

任务一 认识货物运输保险

学习目标

通过学习本任务，认识货物运输保险，并能解读货物运输保险条款。

《《《 引入

国内航空货物运输有关条例

（1）托运货物应填写《国内货物运输托运书》并凭本人居民身份证或其他有效身份证件，向航空公司货物运输部门或其代理人办理货物运输手续。当航空公司货物运输部门或其代理人要求托运人出具单位介绍信或其他有效证明时，托运人也应提供。

（2）进行鲜活易腐物品、活体动物、紧急物品及有时间限制要求的货物运输时，应先向航空公司货物运输部门订妥航班、日期、吨位，并按约定时间和地点办理货物运输手续。

（3）进行民航限制运输以及需经公安、检疫等有关部门办理手续的货物运输，应当出示有效证明文件。

（4）应对所填货物托运书中各项内容和提供的资料及文件的真实性和准确性负责。

（5）因运输条件不同或因货物性质不能在一起托运的货物，应分别填写货物运输托运书。

活动一 分组讨论以下问题

（1）货物在运输过程中的风险有哪些？
（2）什么是货物运输保险？
（3）货物运输的方式有哪些？
（4）货物运输保险的特点是什么？

知识平台

一、货物运输风险

（一）自然灾害风险

自然灾害是指由于自然界变异引起的破坏力量而造成的现象，如恶劣气候、雷电、海啸、地震、洪水等。

（二）意外事故风险

意外事故特指运输工具在运输过程中所遭受的意外事故，如搁浅、触礁、沉没、互撞、失火、爆炸等意外原因造成的事故。

（三）外来风险

外来风险是指由于外来原因而引起的风险，包括一般外来风险和特殊外来风险。一般外来风险包括偷窃、雨淋、短量、沾污、渗漏、破碎、串味、受潮和锈损等；特殊外来风险包括战争、罢工等。

二、货物运输保险

（一）含义

货物运输保险是以运输途中的货物为保险标的，保险人对由自然灾害和意外事故造成的货物损失负赔偿责任的保险。

基于货物运输保险保障的是运输过程中的货物安全，该险种仅适用于收货人和发货人。在国际上，货物运输保险是由收货人投保还是由发货人投保，通常由贸易合同明确规定，且往往包含在货物价格中。在中国，发货人与收货人均可投保。

（二）分类

货物运输分为海上运输、内河运输、航空运输、陆上运输和多式联运等多种方式，据此，货物运输保险也可以被划分为水路货物运输保险、陆上货物运输保险和航空货物运输保险及联运险等。在此，联运险是指运输货物需要经过两种或两种以上的主要运输工具联运，才能将其从起点地运送到目的地的保险。

根据货物运输保险的承保范围，它又可以分为国内货物运输保险和涉外货物运输保险。

前者系货物运输在国内进行，后者则是货物运输超越了一国国境。

按照保险人承担责任的方式，货物运输保险还可以划分为基本险、综合险和附加险三类。

一般而言，货物运输保险基本险的责任通常包括以下项目：一是因火灾、爆炸及相关自然灾害所导致的货物损失；二是因运输工具发生意外事故而导致的货物损失；三是在货物装卸过程中的意外损失；四是按照国家规定或一般惯例应当分摊的共同海损费用；五是合理的、必要的施救费用等。

货物运输保险综合险不仅承保上述责任，还承保盗窃、雨淋等原因造成的货物损失。

无论是货物运输保险基本险还是货物运输保险综合险，保险人对下列原因导致的损失均不负责：

①战争或军事行动；

②被保险货物本身的缺陷或自然损耗；

③被保险人的故意行为或过失；

④核事件或核爆炸；

⑤其他不属于保险责任范围内的损失等。

三、货物运输保险的特点

货物运输保险承保的是运输过程中的各种货物，它既有运输工具保险的特点，又有火灾保险的特点，但又与二者有区别。其特征是：

（一）承保标的具有流动性

发生损失时往往不在保险人所在地或保险合同签订地，而是在异地出险，保险人一般都委托出险地的保险人或代理人来代为查勘检验。因此，经营货物运输保险业务需要具有覆盖面极广的营业网络或者保险中介网络。

（二）承保风险具有广泛性

货物运输保险基本险的责任范围除了火灾保险承担的风险外，还包括了所有外来原因引起的损失。货物运输保险除了基本险外，还有很多附加险，投保人通常会为自己的一笔货物运输选择一种主险再加几种附加险。

（三）保险估价具有定值性

火灾保险一般都是不定值保险，即只列明作为赔偿的保险金额最高限额。货物运输保险采取定值保险，即保险金额是货物的结论性价值，赔偿时不受出险地同等货物价格波动的影响。

（四）保险单可以随提货单背书转让

由于贸易经营的需要，保险人通常同意货物运输保险合同可以背书转让，因此，投保方如果发生货权转移，无须征得保险人同意，只要在保险单具背面背书，即可转让他人。这是其他任何财产保险都不具有的特点。

📖 **小知识**

从保险单据的背书形式上看，一般保险单据的背书有两种：空白背书和记名背书。空白背书的具体做法：先在保险单据背面打上被保险人公司的名称或盖上公司图章，再加上背书人签字。此外不再做任何批注。记名背书必须以银行或公司为背书人，记名背书大都给开证行。记名背书在日常业务中较少使用。

（五）保险期限采用"仓至仓"条款

在火灾保险和运输工具保险中，保险责任期限都是定期的，且以一年为标准，到期自然终止；货物运输保险则采用"仓至仓"条款，即从货物离开起运地的仓库或储存处所开始，到收货人的仓库或储存处所时终止。

（六）承运人的作用很大

货物一旦交付运输，被保险人不再对货物负有安全管理责任，而承运人的责任重大。任何货运险的赔案都离不开承运人的配合与协助，因此，保险人、被保险人、承运人构成了货物运输保险特殊的三角关系。

（七）合同解除的严格性

货物运输保险属于航次保险，《保险法》《海商法》规定，货物运输保险从保险责任开始后，合同当事人不得解除合同。

按照运输工具，货物运输保险可以分为铁路货物运输保险、公路货物运输保险、水路货物运输保险、航空货物运输保险等；按照运输方式，货物运输保险可以分为直运险、联运险和集装箱运输保险；按照保险人承担责任的方式，货物运输保险可以分为基本险、综合险、附加险。附加险只能在投保了基本险或综合险的基础上投保。此外，货物运输保险还可以按价值、保险标的、期限来分类。

活动二　分组进行货物运输保险条款问答

（1）货物运输保险条款包括哪些内容？总共有多少条？
（2）货物运输保险合同由哪些部分组成？
（3）哪些货物可以购买货物运输保险？
（4）货物运输保险责任有哪些？
（5）其除外责任有哪些？
（6）暴风、台风、龙卷风如何界定？暴雨、暴雪如何界定？
（7）货物运输保险中规定的运输工具有哪些？
（8）哪些损失和费用可以由保险公司进行赔付？哪些不可以？
（9）责任起讫如何界定？
（10）保险人、投保人、被保险人各自的义务有哪些？
（11）如何进行赔偿处理？
（12）发生争议时应如何处理？

知识平台

四、货物运输保险条款解读

我们以《中国人寿财产保险股份有限公司国内货物运输保险条款（通用版）》为例，对货物运输保险条款框架及条款内容进行解读：

（一）总则

第一条　本保险合同由保险条款、投保单、保险单、保险凭证及批单组成。凡涉及本保险合同的约定，均应采用书面形式。

（二）保险标的

第二条　凡在中华人民共和国境内（港、澳、台地区除外）运输的货物均可作为本保险合同的保险标的。

第三条　除另有约定外，下列货物不在保险标的范围以内：

（1）新鲜蔬菜、水果，活牲畜、禽类、鱼类以及其他鲜活类动物；

（2）需要冷藏运输的货物。

解读：运输的货物除特别约定，一般是不包括那些保质时间短、运输有特殊要求的的新鲜蔬菜、水果、活牲畜、禽鱼类和其他鲜活类动物，以及需配备冷藏运输设备的冷藏货物。这些货物的特点是在运输过程中容易腐烂、变质等，从而发生价值减损。这些货物如需运输，是需要特殊的运输设备和要求的，且其所适用的保险费率等也不一样。

（三）保险责任

第四条　在保险期间内，由于下列原因造成保险标的的损失，保险人依照本保险合同的约定负责赔偿：

（1）火灾、爆炸；

（2）雷电、暴风、台风、龙卷风、暴雨、洪水、暴雪、冰雹、泥石流、崖崩、突发性滑坡、火山爆发、地面突然塌陷；

（3）地震、海啸；

（4）运输工具发生碰撞、出轨、倾覆、坠落、搁浅、触礁、沉没；

（5）隧道、桥梁、码头坍塌；

（6）装货、卸货或转载时发生意外事故；

（7）水路运输过程中发生的共同海损的牺牲、分摊和救助。

解读：货物运输保险针对流通中的商品，风险随处存在，如自然灾害、意外事故等，一旦意外导致货物受损，对于货主（可能是买家，也可能是卖家）都是不小的经济损失。所以，购买货物运输保险可以将风险转移到保险公司。保险公司通过收取少量的保险费，承保货物在运输过程中的风险，一旦发生与保单承保条件相符的保障内容，就可以进行赔偿。因此，该部分条款内容，尤其是涉及的名词都是有专业解释的，务必要详细弄清楚，并理解其确切含义。例如，运输工具"倾覆"就是指意外事故导致被保险机动车翻倒（两轮以上离地、车体触地）而处于失去正常状态和行驶能力，不经施救不能恢复行驶的状态。

第五条　下列损失和费用，保险人也依照本合同的约定负责赔偿：

（1）保险事故发生时，为抢救保险标的的或防止灾害蔓延，采取必要的、合理的措施而造成保险标的的损失；

（2）保险事故发生后，被保险人为防止或减少保险标的的损失而支付的必要的、合理的施救费用；

（3）经保险人书面同意，被保险人为查明和确定保险事故的性质、原因和保险标的的损失程度所支付的必要的、合理的检验费用。

解读：如果发生了保险责任范围内的危险，那么因被保险人对货物采取抢救以防止或少损失的各种措施而产生的费用即为施救费用。但是保险公司承担费用的限额不能超过这批被救货物的保险金额。施救费用可以在赔款金额以外的一个保险金额限度内承担。另外，相应的施救费用需要经过保险公司书面同意，才会获得相应的赔付。

（四）责任免除

第六条　下列原因造成的损失、费用和责任，保险人不负责赔偿：

（1）投保人、被保险人的故意或重大过失行为；

（2）战争、外敌入侵、敌对行动（不论是否宣战）、内战、反叛、革命、起义、罢工、骚乱、暴动、恐怖活动；

（3）核辐射、核爆炸、核子污染及其他放射性污染；

（4）行政行为或司法行为。

第七条　下列原因造成的损失、费用和责任，保险人不负责赔偿：

（1）运输、装卸、搬运工具不适合运输或装卸搬运保险标的；

（2）保险标的的自身缺陷或特性引起的渗漏、损耗、磨损、锈蚀、自燃、腐烂、变质等自身变化；

（3）保险标的包装不当，或保险标的包装完好而内容损坏或不符，或标记错制、漏制、不清；

（4）发货人或收货人确定的保险标的的数量、规格或内容不准确；

5. 保险标的遭受盗窃或不明原因失踪。

第八条　下列损失、费用和责任，保险人也不负责赔偿：

（1）在水路运输过程中存放在舱面上的保险标的的损失，但集装箱货物不在此限；

（2）运输过程中储存期间保险标的的任何损失或费用；

（3）偏离合理的运输路线期间的损失；

（4）被保险人的各种间接损失；

（5）本保险合同中载明的免赔额或根据免赔率计算的金额。

解读：该部分条款内容，列举了保险公司不理赔的几种事故状况，是关系到保险公司是否理赔的重要内容，一定要弄清楚哪些内容不在保险公司的保险范围内，这样才能在购买保险以后小心回避这些状况的出现。以往的经验表明，消费者在理赔时与保险公司发生纠纷，往往就在这一部分。因此，涉及的名词都是有专业解释的，务必要详细弄清楚，并理解其确切含义。

（五）保险金额、保险价值与免赔额（率）

第九条　本保险合同的保险金额由投保人根据保险货物价值及相关运杂费用合理确定，并经保险人同意后载入保险合同。保险金额不得超过保险价值。超过保险价值的，超过部分无效，保险人应当退还相应的保险费。

第十条　免赔额（率）由投保人与保险人在订立保险合同时协商确定，并在保险合同中载明。

（六）保险期间和责任起讫

第十一条　保险期间是指保险合同约定保险责任的起讫期间。

第十二条　保险责任的起讫期间是自签发保险单或保险凭证后，保险标的运离起运地发货人的最后一个仓库或储运处所时起，至本保险合同上载明的目的地的收货人在当地的第一个仓库或储存处所时终止。

如有关收货人未及时提货，则该保险标的运抵本保险合同载明的目的地15天后相应保险责任终止；如保险标的需转运至非本保险合同载明的目的地，则相应的保险责任自开始转运时终止。

如保险标的由发货人自行装载至运输工具，则保险责任自装载完成后开始；如保险标的由收货人自行卸离运输工具，则保险责任自开始卸载时终止。

解读：保险责任起讫又称保险期间或保险期限，是保险公司承担责任的起讫时限。保险责任发生在保险期间内才会产生保险公司的赔偿责任，否则保险公司就不负责赔偿。尤其是在国际货物运输保险中，几乎所有的国家对保险期间的规定都没有像普通财产保险那样规定一个具体的时间段，而是采用"仓至仓"这样的空间概念来表示时间，这是由货运保险投保程序的特殊性决定的。因为，在国际货物运输中，何时安排装运、货物何时到达目的地不是由买方或卖方能决定的，而是取决于船方以及天气等诸多因素，货物在何时处于运输途中很难准确确定。因此人们设置了"仓至仓"条款，用一个比较固定的空间概念来表示变化的时间概念，更好地保护了保险公司和被保险人的利益，同时简化了合同中关于保险期间的规定。"仓至仓"条款中的第一个"仓"一般是确定的，即保单上列明的发货人的仓库，可以是发货人的工厂仓库，也可以是码头仓库；第二个"仓"要视具体情况来确定，一般是指保单规定的目的港（地）收货人的仓库或储存处所，但当货物运抵保险单所载明的目的港（地），进入其他仓库或储存处所存放时，虽然该存放地点不是保单规定的收货人仓库，但只要收货人将其作为正常运输以外的储存地点，或把该地点作为货物的分配、分派或分散转运仓库时，即视为货物进入了收货人仓库。

（七）保险人义务

第十三条　订立保险合同时，采用保险人提供的格式条款的，保险人向投保人提供的投保单应当附格式条款，保险人应当向投保人说明保险合同的内容。对保险合同中免除保险人责任的条款，保险人在订立合同时应当在投保单、保险单或者其他保险凭证上作出足以引起投保人注意的提示，并对该条款的内容以书面或者口头形式向投保人作出明确说明；未作提示或者明确说明的，该条款不产生效力。

第十四条　本保险合同成立后，保险人应当及时向投保人签发保险单或其他保险凭证。

第十五条　保险人依据第十九条所取得的保险合同解除权，自保险人知道有解除事由之日起，超过30日不行使而消灭。保险合同自保险人的解除合同通知书到达投保人或被保险人时解除。自保险合同成立之日起超过两年的，保险人不得解除合同；发生保险事故的，保险人承担赔偿责任。

保险人在合同订立时已经知道投保人未如实告知的情况的，保险人不得解除合同；发生保险事故的，保险人应当承担赔偿责任。

第十六条　保险人按照第二十四条的约定，认为被保险人提供的有关索赔的证明和资料不完整的，应当及时一次性通知投保人、被保险人补充提供。

第十七条　保险人收到被保险人的赔偿保险金的请求后，应当及时作出是否属于保险责任的核定；情形复杂的，应当在30日内做出核定，但保险合同另有约定的除外。

保险人应当将核定结果通知被保险人；对属于保险责任的，在与被保险人达成赔偿保险金的协议后 10 日内，履行赔偿保险金义务。保险合同对赔偿保险金的期限有约定的，保险人应当按照约定履行赔偿保险金的义务。保险人依照前款约定做出核定后，对不属于保险责任的，应当自作出核定之日起 3 日内向被保险人发出拒绝赔偿保险金通知书，并说明理由。

第十八条　保险人自收到赔偿保险金的请求和有关证明、资料之日起 60 日内，对其赔偿保险金的数额不能确定的，应当根据已有证明和资料可以确定的数额先予支付；保险人最终确定赔偿的数额后，应当支付相应的差额。

（八）投保人、被保险人义务

第十九条　投保人应履行如实告知义务，如实回答保险人就被保险人的有关情况提出的询问，如实填写投保单。

投保人故意或者因重大过失未履行前款规定的如实告知义务，足以影响保险人决定是否同意承保或者提高保险费率的，保险人有权解除保险合同。

投保人故意不履行如实告知义务的，保险人对于合同解除前发生的保险事故，不承担赔偿保险金的责任，并不退还保险费。

投保人因重大过失未履行如实告知义务，对保险事故的发生有严重影响的，保险人对于合同解除前发生的保险事故，不承担赔偿保险金的责任，但应当退还保险费。

第二十条　除另有约定外，投保人应在本保险合同成立时一次性支付全部保险费。

第二十一条　投保人、被保险人应当使用符合国家有关规定或行业规范的包装，谨慎选择承运人并督促其严格遵守有关规定和行业规范。

保险人可以对被保险人遵守前款约定的情况进行检查，向投保人、被保险人提出消除不安全因素和隐患的书面建议，投保人、被保险人应该认真付诸实施。

投保人、被保险人未按照约定履行其对保险标的的安全应尽责任的，保险人有权要求增加保险费或者解除合同。

投保人、被保险人未遵守上述约定而导致保险事故的，保险人不承担赔偿责任；投保人、被保险人未遵守上述约定而导致损失扩大的，保险人对扩大部分的损失不承担赔偿责任。

第二十二条　在保险期间内，若发生运输方式、运输工具、运输路线以及其他保险合同所载事项变更，则被保险人应及时书面通知保险人。保险标的的危险程度显著增加的，被保险人也应当及时通知保险人，保险人可以增加保险费或者解除合同。被保险人未履行通知义务的，因保险标的的危险程度显著增加而发生的保险事故，保险人不承担赔偿保险金的责任。

第二十三条　知道保险事故发生后，被保险人应该：

（1）尽力采取必要、合理的措施，防止或减少损失，否则，对因此扩大的损失，保险人不承担赔偿责任；

（2）立即通知保险人或其检验代理人，并书面说明事故发生的原因、经过和损失程度；故意或者因重大过失未及时通知，致使保险事故的性质、原因、损失程度等难以确定的，保险人对无法确定的部分，不承担赔偿保险金的责任，但保险人通过其他途径已经及时知道或者应当及时知道保险事故发生的除外；

（3）保护事故现场，允许并且协助保险人进行事故查勘。对于拒绝或者妨碍保险人进行事故调查导致无法认定事故原因或核实损失情况的，保险人对无法确定或核实部分不承担赔偿责任。

第二十四条 被保险人向保险人申请赔偿时，应当提交保险单或保险凭证正本、提货单或其他货运单据、损失清单、运输机构出具的损失数量证明、双方认可的第三方检验机构出具的损失程度鉴定证明，以及被保险人所能提供的与确认保险事故的性质、原因、损失程度等有关的其他证明和资料。

被保险人未履行前款约定的索赔材料提供义务，导致保险人无法核实损失情况的，保险人对无法核实的部分不承担赔偿责任。

（九）赔偿处理

第二十五条 保险事故发生时，被保险人对保险标的不具有保险利益的，不得向保险人请求赔偿保险金。

第二十六条 保险标的发生保险责任范围内的损失，保险人根据保险标的的损失程度确定标的损失金额，其计算公式为

$$损失金额 = 保险金额 \times 损失程度$$

损失程度的确定方式如下：

1. 贬值损失

$$损失程度 = （损失数量 / 保险标的总数量） \times 贬值率$$

式中，贬值率可采用双方认可的检验机构测算的比例或者按照受损标的的价值确定，即

$$贬值率 = （受损标的完好价值 - 受损标的价值） / 受损标的完好价值 \times 100\%$$

式中，受损标的完好价值是指在修复地进行修复时，受损标的在完好情况下的价值。

2. 修复费用损失

$$损失程度 = 修复费用 / 受损标的完好价值 \times 100\%$$

3. 全部或部分灭失

$$损失程度 = 灭失标的数量 / 保险标的总数量 \times 100\%$$

在发生不同类型的损失时，损失金额的计算按不同类型损失分别计算；有分项保险金额时，标的损失金额按照分项保险金额计算。

解读：通常，货物运输保险的保单为定值保单，全部损失应按保险金额全数赔偿。对于不定值保险，出险时的保额低于实际价值的，按保额赔偿；出险时保额高于实际保险价值的，按实际价值赔偿。保险公司全额赔偿后，损余归保险公司。

小思考

问题1： 一批服装共100箱，保险金额60 000美元，丢失5箱，赔款额应为多少？

问题2： 一件玉雕工艺品完好价是5 000元，由于碎了一个角，经检验定损后认为只值3 000元。它的贬值率是多少？

第二十七条 保险人负责赔偿的施救费用按实际支出在保险标的损失赔偿金额之外另行计算，最高以被施救保险标的对应的保险金额为限。

第二十八条 保险人负责赔偿的检验费用，保险人按实际支出在保险标的损失赔偿金额之外另行计算。

第二十九条 当保险标的发生全损或推定全损时，被保险人要求保险人按照全部损失赔偿的，被保险人应将受损货物及其权利委付给保险人，但保险人有权决定是否接受委付。

第三十条　保险人的赔付金额为上述标的损失金额、施救费用、检验费用之和，扣除本保险合同约定的免赔额或者约定的免赔率与保险金额的乘积以后的金额。

第三十一条　如保险标的有重复保险的情况，保险人按照本保险合同的相关保险金额与所有有关保险合同的相关保险金额总和的比例承担赔偿责任。

其他保险人应承担的赔偿金额，本保险人不负责垫付。被保险人未如实告知导致保险人多支付赔偿金的，保险人有权向被保险人追回多支付的部分。

第三十二条　发生本保险责任范围内的损失，应由其他有关责任方负责赔偿的，保险人自向被保险人赔付之日起，取得在赔偿金额范围内代位请求赔偿的权利。保险人向有关责任方行使代位请求赔偿权利时，被保险人应当积极协助，并提供必要的资料和有关情况。

被保险人已经从有关责任方取得赔偿的，保险人赔偿保险金时，可以相应扣减被保险人已从有关责任方取得的赔偿金额。

保险事故发生后，在保险人未赔偿保险金之前，被保险人放弃对有关责任方请求赔偿权利的，保险人不承担赔偿责任；保险人向被保险人赔偿保险金后，被保险人未经保险人同意放弃对有关责任方请求赔偿权利的，该行为无效；由于被保险人故意或者因重大过失致使保险人不能行使代位请求赔偿的权利的，保险人可以扣减或者要求返还相应的保险金。

第三十三条　被保险人向保险人请求赔偿保险金的诉讼时效期间为两年，自其知道或者应当知道保险事故发生之日起计算。

（十）争议处理和适用法律

第三十四条　因本保险合同发生争议，由当事人协商解决。协商不成的，提交本保险合同载明的仲裁机构仲裁；本保险合同未载明仲裁机构或者争议发生后未达成仲裁协议的，可依法向人民法院起诉。

第三十五条　本保险合同的争议处理适用中华人民共和国法律（不包括港、澳、台地区法律）。

任务二　辨析各类货物运输保险

学习目标

通过学习本任务能够辨析我国办理的海上货物运输保险、陆上货物运输保险、航空货物运输保险等货物运输保险。

《《《 引入

"货物保价"不等于"货物运输保险"

相信绝大多数消费者都会误认为货物保价就是货物运输保险，甚至一些快递员也会这样跟你解释：货物保价跟货物运输保险是一样的！

事实真的如此吗？

货物运输保险服务是由保险公司向被保险人提供的一种风险保障服务。所有的保险产品都是经过严格的精算和分析后，依据《保险法》规定而设计产生的。保险产品的保险费率和承保范围都是受相关部门的监督和管理的。保险合同的签署一般还需要有相关执业资格的代理人或代理公司提供专业服务。

而货物保价服务是由物流公司或快递公司向货主提供的一种服务承诺，当货物出现损失时，物流公司会在"声明价值"的范围内赔偿货主的货物损失。货物保价服务的费率是由物流公司自己根据经验和市场行情自由制订的，而且不同物流公司之间的货物保价费率最高可能相差10倍！报价服务一般是快递员直接在运输合同（即快递单）上直接标注"保价金额"，并在收取相应比例的"保价费"后，就可以生效。

最后，也是最重要的，你所支付的"保价费"并不是交给任何保险公司的，而是直接进入物流公司的账户。当然，万一货物损坏，也是由物流公司自己来赔。

可见，货物保价服务与货物运输保险服务完全是两种服务产品，你所支付的保价费，都是交给物流公司的，与保险公司没有任何关系！

（节选自《货主们不可不知的"货物保价"七大"内幕"》；作者：陈萧雨）

活动一　回答海上货物运输保险相关问题

（1）什么是海上货物运输保险？
（2）海上货物运输保险的保险责任包括哪些？其有哪些附加险？
（3）海上货物运输保险的保险期限、保险金额及保险赔偿是如何界定的？

▣ 知识平台

一、海上货物运输保险

作为我国涉外保险最重要的业务险种，海上货物运输保险承保海上运输的进出口货物所遭受的意外损失。

海上货物运输保险的特点：第一，保险标的主要处在运动状态，风险种类多，保险责任广泛；第二，保险事故的发生往往涉及多方（收货人、发货人、承运人等）利益和责任，保险关系复杂，责任追偿工作很重要；第三，主要采用定值保险的方式。

海上货物运输保险保障风险包括海上风险和外来风险。从损失程度来划分，海上货物运输保险保障的损失可分为全部损失和部分损失；从损失性质来划分，海上货物运输保险保障的损失可分为单独海损和共同海损。海上货物运输保险保障的费用主要包括施救费用、救助费用和特别费用。

（一）保险责任

我国海上货物运输保险的险别分平安险、水渍险、一切险三种，承保的责任分述如下：

1. 平安险

平安险的英文原意是不负责单独海损，也就是不负责部分损失。它只负责由于自然灾害、意外事故造成的全部损失。经过长期以来不断地修订补充，当前平安险的责任范围已突破只赔全部损失的限制。我国现行《海上货物运输保险条款》中平安险的保险责任范围包括：

（1）被保险货物在运输途中由于恶劣气候、雷电、海啸、地震、洪水自然灾害造成整批货物的全部损失或推定为全部损失。被保险货物用驳船运往或运离海轮的，每一条驳船所装的货物可视作一个整批。

（2）由于运输工具遭受搁浅、触礁、沉没、互撞、与流冰或其他物体碰撞以及失火、爆炸等意外事故造成货物的全部或部分损失。

（3）在运输工具已经发生搁浅、触礁、沉没、焚毁意外事故的情况下，货物在此前后又在海上遭受恶劣气候、雷电、海啸等自然灾害而造成的部分损失。

（4）在装卸或转运时由于一件或整件货物落海造成的全部或部分损失。

（5）被保险人对遭受承保责任内危险的货物采取抢救、防止或减少货损的措施而支付的合理费用。

（6）运输工具遭遇海难后，在避难港由于卸货所引起的损失，以及在中途港、避难港由于卸货、存仓和运送货物所产生的特别费用。

（7）共同海损的牺牲、分摊和救助费用。

（8）运输契约订有"船舶互撞责任"条款，根据该条款规定应由货方偿还船方的损失。

由于平安险对单独海损原则上不负责任，保障范围很小，一般适用大宗、低值和粗糙的无包装货物，如废钢材、木材、矿砂等。

2. 水渍险

其负责单独海损或部分损失。它除包括平安险的各项责任外，还负责被保险货物由于恶劣气候、雷电、海啸、地震、洪水自然灾害而造成的部分损失。

3. 一切险

一切险除包括平安险和水渍险的各项责任外，还负责被保险货物在运输途中由于一般的外来原因所致的全部损失或部分损失。

无论是平安险、水渍险还是一切险，保险人对下列损失不负赔偿责任：被保险人的故意行为或过失所造成的损失；属于发货人的责任引起的损失；保险责任开始前被保险货物业已存在的品质不良或数量短差引起的损失；被保险货物的自然损耗、本质缺陷、特性以及市价跌落、运输延滞引起的损失；海上运输货物战争险、罢工险规定的保险责任和除外责任。

（二）海上货物运输保险的附加险

海上货物运输保险的附加险，是在基本险别，即平安险、水渍险和一切险上加保的险别。其可分为两大类，即一般附加险与特别、特殊附加险。

1. 一般附加险

一般附加险就是承保一般外来风险的附加险。由于一切险负责一般外来风险，因此，只有在保平安险和水渍险时，才需加保一般附加险。

我国海上货物运输保险的附加险有11种，分别是偷窃提货不着险、淡水雨淋险、短量险、混杂沾污险、渗漏险、碰损破碎险、串味险、受潮受热险、钩损险、包装破裂险和锈损险。

2. 特别、特殊附加险

特别、特殊附加险与一般附加险的区别在于，其承保责任超出了一般外来风险或一切险责任的范围，而往往同政治、战争及其他特殊风险相关联。投保人即使保了一切险，也要逐一加保，才能获得此类风险损失的保障。

🔖 **小知识**

特别附加险主要包括交货不到险、进口关税险、舱面险、拒收险、黄曲霉素险和出口货物到香港或澳门存仓火险。

特殊附加险主要包括战争险和罢工险。

（三）保险期限

海上货物运输保险的保险期限主要以"仓至仓"条款为依据。该条款规定：保险责任自被保险货物运离本保险单所载地点发货人的仓库或储存处所时开始生效，于正常运输途中继续有效，并于下面三种情况下终止。

（1）被保险货物运达保险单所载明的目的地收货人最后的仓库或储存处所。

（2）被保险货物运达保险单所载明的目的地或中途的任何其他仓库或储存处所。这些仓库或储存处所由被保险人用作：

①正常运输过程以外的储存场所。

②分派或分配货物的场所。

（3）被保险货物自海轮在最终卸货港卸载完毕后算起60天止。如在此期间将货物运往本保险单规定以外的其他目的地，则以货物开始运往其他目的地时终止。

因被保险人无法控制的运输延误、绕道、被迫卸货、重行装载、转运或承运人运用运输契约赋予的权限而做的任何航程上的变更或终止运输合同，致使被保险货物运到非保险单所载明的目的地时，在被保险人及时将获知的情况通知保险人，并在必要时加缴保险费的情况下，保险继续有效，并按以下规定终止责任：

①被保险货物在非保险单载明的目的地出售，保险责任至交货时为止；但不论任何情况，均以被保险货物在货物卸载港全部卸离海轮后60天止。

②被保险货物如在上述60天内继续运往保险单所载原目的地或其他目的地时，保险责任按"仓至仓"条款的规定终止。

注意：保险人承担风险损失，是以被保险人对保险标的拥有可保利益为条件的。

小思考

我国进口一批货物，保险由买方办理，按照国际惯例，买方只有在什么条件下才能取得货物权益或可保利益？

（四）保险金额

保险金额一般按照保险标的的实际价值确定，但海上运输货物具有流动性和价格经常变动的特点，很难为其确定一个合理的实际价值。因此，保险双方订立合同时，要约定一个价值来作保险价值（即定值保险）。按照该约定价值办理投保，应视为足额保险，不受市价涨落和不同地区市场价格的影响。

对于海上货物运输保险，按照国际贸易习惯，其保险金额一般是按照CIF发票金额加10%（这个10%包括买方营业费用及适当的利润率在内）计算。对超过10%的，应视具体情况确定，一般不能超过30%。这一习惯做法的目的是防止国际上的商业道德危险。

如客户要求或来证提出要按发票金额130%以上投保的，经过核实如无道德危险因素存在，从灵活做法考虑也可接受；对于来证超越成交合同规定，要求超额投保的，应及时查对原成交合同，并通知被保险人电告开证人修改来证；如果高额投保是因进口关税所引起，则可另行加保进口关税险。

（五）保险赔偿

1. 损失的检验及责任审定

海上货物运输保险的检验范围涉及被保险货物因海上风险或外来风险造成的破坏或灭失。检验的目的是确定损失的性质、范围、程度和数量，查明事故的原因等。这对保险公司来说至关重要，可以确定责任归属，决定着保险公司是否对该项损失负责。

2. 赔款计算

损失经检验分析，确认属于保险责任后，保险公司对该赔案需要进行具体计算，以确定保险赔款。不同的案情有不同的赔款计算方法。

3. 第三者责任追偿

如被保险货物发生的保险事故是由第三者责任引起的，那么保险人在支付赔款后可取得代位追偿权。

（1）追偿的对象主要是承运人。

（2）追偿的依据主要是提单条款，而提单条款都是以《海牙规则》为基础的。保险人行使代位追偿权，必须以船东对被保险货物的损失负有赔偿责任为条件。

（3）追偿的时效。《海牙规则》规定："除非从货物交付之日起或应付之日起一年内提起诉讼，承运人和船舶在任何情况下都应免除对于灭失或损害所负的一切责任。"由于船方常会利用这一期限规定，采取各种手段免除自己的责任，因此，保险人如需通过法规解决追偿问题，就决不能错过诉讼时效。

（4）追偿中的保全措施和扣船行动，主要适用于损失较大的案件或信誉不好的船东。保全措施就是要求船东对货损货差责任提供银行担保，如对方不提供担保，则可通过法院申请扣船。因为扣船不当，扣船申请人必须承担船方船舶被扣的全部损失责任，所以在做这项工作时，既不能缩手缩脚，又不能鲁莽从事。

（六）保险费率

海上货运风险复杂，不同的海域、不同的季节、不同的航线、不同的装卸港口，其风险程度都不一样，货物的不同种类和包装，也会产生不同的风险。

📖 **小知识**

我国的出口货物费率表由"一般货物费率表"和"指明货物加费费率表"两部分组成。指明货物系指在运输过程中较易发生残损的货物，如玻璃器皿容易破碎、家用电器容易碰损、袋装粮食容易破包散失等。对于指明货物，其除按一般货物费率表收费外，在承保一切险时，还得加上指明货物费率表的费率计收保险费。另外，如在平安险、水渍险、一切险的基础上，加保某种附加险，尚需根据该附加险别的费率另行加收保险费。

活动二　分组讨论判定保险公司赔付责任及赔款计算

案例： 四川红林果品公司于某年1月15日通过铁路运输给哈尔滨某单位运送一车四川蕉柑，共计2 000筐，在当地平安保险公司投保了铁路货物运输综合险。保险金额为4万元，每筐蕉柑20元，共缴纳保险费200元。货物在约定的15天期限内到达目的地。在卸货前发现左侧车门被撬开1米，有明显被盗的痕迹，被盗处保温层被撕破长1米、宽0.5米的口子，卸货后经清点实剩蕉柑1 760 筐，被盗240 筐。所剩蕉柑中 130 筐全部被冻坏（经询问气象部门得知当地当时最低气温为 −22℃ 左右）。损失发生后，投保人及时通知保险人，要求对被盗、冻损的蕉柑及 200 元拣选施救费给予赔偿。

保险公司在处理此案时，有以下几种意见：

（1）对冻损和被盗的蕉柑均按铁路货运险条款规定的"盗窃"责任予以赔偿。造成本案最直接的原因是"盗窃"，盗窃行为造成保温层被撕破，致使蕉柑冻损，而"盗窃"属于本保险责任范围，应予赔偿。

（2）对"冻损"损失不能赔偿。在盗窃、包装破损、天气这三个原因中，最直接的原因是天气寒冷，而天气寒冷不是保险责任。假如该批蕉柑运往南方地区，即使盗窃、包装破损，也不会造成冻损。因此不予赔付。

（3）投保人在投保时没有将哈尔滨的气温为 −22℃ 作如实申报，违反告知义务，因此"冻损"不予赔偿。

请思考：

你同意哪个观点？为什么？请填制货物运输险赔款计算书，详见表 6 − 1。

表 6 − 1 货物运输险赔款计算书

赔案编号：		保单号：	
被保险人：		保险险别：	
承运工具：		保险金额：	
开航日期：		保险标的：	
自　　　　　至			
检验人：		出险时间及地点：	
代理人：		损失原因：	
索赔人：		第三方责任：有/无	
损失项目	外币	折算率	人民币
货物损失			
施救费用			
检验费			
代理费			
合计			
经办公司签章 年　月　日		上级公司审批 年　月　日	

主管：　　　　　　　复核：

知识平台

二、陆上货物运输保险

（一）含义

陆上货物运输保险是货物运输保险的一种，承保除水上运输工具和飞机以外的所有其他货物运输方式的运输保险，运输工具包括机动的、人力的、畜力的，例如火车、汽车等。陆上货物运输保险的责任起讫采用"仓至仓"责任条款。陆上货物运输保险的索赔时效为两年，从被保险货物在最后目的地车站全部卸离车辆后开始计算。一般陆上货物运输保险条款以火车和汽车为限，其主要险别分为陆运险和陆运一切险，陆上运输货物战争险是陆上货物运输保险的附加险。

（二）保险责任

1. 陆运险

陆运险的承保责任范围与海上货物运输保险条款中的"水渍险"相似，其责任范围包括：

（1）保险人负责赔偿被保险货物在运输途中遭受暴风、雷电、洪水、地震等自然灾害或由于运输工具遭受碰撞倾覆、出轨或在驳运过程中因驳运工具遭受搁浅、触礁、沉没、碰撞，或由于遭受隧道坍塌，崖崩或失火、爆炸等意外事故造成的全部损失或部分损失。

（2）被保险人对遭受承保责任内危险的货物采取抢救，防止或减少货损的措施而支付的合理费用，但以不超过该被救货物的保险金额为限。

小知识

驳运是指使用驳船或平底船来转运或运输，在岸和大船之间用小船转运客货。

2. 陆运一切险

陆运一切险的承保责任范围与海上货物运输保险条款中的"一切险"相似，陆运一切险的责任范围除了陆运险的责任外，保险人还负责被保险货物在运输途中外来原因所致的全部损失或部分损失。

以上责任范围均适用于火车和汽车运输，并以此为限。

（三）除外责任

本保险对下列损失不负赔偿责任：

（1）被保险人的故意行为或过失所造成的损失。

（2）属于发货人责任而引起的损失。

（3）在保险责任开始前，被保险货物已存在的品质不良或数量短差而造成的损失。

（4）被保险货物的自然损耗、本质缺陷、特性以及市价跌落、运输延迟而引起的损失或费用。

（5）本公司陆上运输货物战争险条款和货物运输罢工险条款规定的责任范围和除外责任。

（四）责任起讫

本保险负"仓至仓"责任，自被保险货物运离保险单所载明的起运地仓库或储存处所开始运输时生效，包括正常运输过程中的陆上和与其有关的水上驳运在内，直至该项货物运达保险单所载目的地收货人的最后仓库或储存处所或被保险人用作分配、分派的其他储存处所为止，如未运抵上述仓库或储存处所，则以被保险货物运抵最后卸载的车站满 60 天为止。

（五）被保险人的义务

被保险人应按照以下规定的应尽义务办理有关事项：

（1）当被保险货物运抵保险单所载目的地以后，被保险人应及时提货；当发现被保险货物遭受损失时，应即向保险单上所载明的检验、理赔代理人申请检验。如发现被保险货物整件短少或有明显残损痕迹，则应向承运人、受托人或有关当局索取货损货差证明。如果货损货差是由于承运人、受托人或其他有关方面的责任造成的，则应以书面方式向他们提出索赔，必要时还需取得延长时效的认证。如未履行上述规定义务，那么保险人对有关损失不负赔偿责任。

（2）对遭受承保责任内危险的货物，应迅速采取合理的抢救措施，防止或减少货物损失；否则，对因此扩大的损失，保险人不承担赔偿责任。

（3）在向保险人索赔时，必须提供下列单证：保险单正本；提单；发票；装箱单；磅码单；货损货差证明；检验报告；索赔清单。如涉及第三者责任，则还需提供向责任方追偿的有关函电及被保险人所能提供的其他与确认保险事故的性质、原因、损失程度等有关的证明和资料。

陆上货物运输保险的索赔时效：从被保险货物在最后目的地车站全部卸离车辆后起算，最多不超过两年。

被保险人未履行前款约定的单证提供义务，导致保险人无法核实损失情况的，保险人对无法核实的部分不承担赔偿责任。

（六）赔偿处理

保险人收到被保险人的赔偿请求后，应当及时就是否属于保险责任做出核定，并将核定结果通知被保险人。情形复杂而使保险人在收到被保险人的赔偿请求并提供理赔所需资料后 30 日内未能核定保险责任的，保险人与被保险人应根据实际情形商议合理期间，保险人在商定的期间内作出核定结果并通知被保险人。对属于保险责任的，在与被保险人达成有关赔偿金额的协议后 10 日内，履行赔偿义务。

（七）相关险种

1. 陆上运输冷藏货物保险

其主要责任范围除负责陆运险所列举的自然灾害和意外事故所造成的全部或部分损失外，还负责赔偿由于冷藏货物解冻融化以致腐败的损失。但对于因战争、罢工或运输延迟而造成的被保险冷藏货物的腐败或损失，以及被保险冷藏货物在保险责任开始时未能保持良好状况，包括整理、包扎不妥，或冷冻上的不合规定及骨头变质造成的损失除外。一般的除外责任条款也适用本险别。

陆上运输冷藏货物保险的责任自被保险货物运离保险单所载起运地点的冷藏仓库装入运送工具开始运输时生效，包括正常的陆运及其有关的水上驳运在内，直至货物到达保险单所载明的目的地收货人仓库为止。但是最长保险责任的有效期限以被保险货物达到目的地车站后 10 天为限。

陆上运输冷藏货物保险的索赔时效：从被保险货物在最后目的地全部卸离车辆后起计

算，最多不超过两年。

2. 陆上运输货物战争险

加保陆上运输货物战争险后，保险公司负责赔偿在火车运输途中，战争、类似战争行为和敌对行为、武装冲突所致的损失，以及各种常规武器包括地雷、炸弹所致的损失。

但是，敌对行为使用原子或热核武器所致的损失和费用，以及根据执政者、当权者或其他武装集团的扣押、拘留引起的承保运程的丧失和挫折而造成的损失除外。

陆上运输货物战争险的责任起讫与海运战争险相似，以货物置于运输工具时为限，即自被保险货物装上保险单所载起运地的火车时开始到卸离保险单所载目的地火车时为止。如果被保险货物不卸离火车，则以火车到达目的地的当日午夜起计算，满48小时为止；如在运输中途转车，则不论货物在当地卸载与否，保险责任以火车到达该中途站的当日午夜起计算满10天为止。如货物在此期限内重新装车续运，仍恢复有效。但需指出，如运输契约在保险单所载目的地意外的地点终止时，该地即视作本保险单所载目的地，在货物卸离该地火车时为止，如不卸离火车，则保险责任以火车到达该地当日午夜起计算满48小时为止。

三、航空货物运输保险

（一）含义

航空货物运输保险是以航空运输过程中的各类货物为保险标的，当投保了航空货物保险的货物在运输途中因保险责任造成货物损失时，由保险公司提供经济补偿的一种保险业务。

（二）保险责任

航空货物运输保险分为航空运输险和航空运输一切险两种。被保险货物遭受损失时，本保险按保险单上订明承保险别的条款负赔偿责任。

1. 航空运输险

航空运输保险的承保责任范围与海上货物运输保险条款中的"水渍险"大致相同。其责任范围包括：

（1）被保险货物在运输途中遭受雷电、火灾或爆炸或飞机遭受恶劣气候或其他危难事故而被抛弃，或飞机遭受碰撞、倾覆、坠落或失踪意外事故所造成的全部或部分损失。

（2）被保险人对遭受承保责任内危险的货物采取抢救，防止或减少货损的措施而支付的合理费用，但以不超过该批被救货物的保险金额为限。

2. 航空运输一切险

除包括上列航空运输险的责任外，本保险还负责被保险货物由于被偷窃、短少等一般外来原因所致的全部或部分损失。航空运输一切险的承保责任范围与海洋运输保险条款中的"一切险"相似。

（三）除外责任

本保险对下列损失，不负赔偿责任：

（1）被保险人的故意行为或过失所造成的损失。

（2）属于发货人责任而引起的损失。

（3）保险责任开始前，被保险货物已存在的品质不良或数量短差所造成的损失。

（4）被保险货物的自然损耗、本质缺陷、特性以及市价跌落、运输延迟所致的损失或费用。

（5）本公司航空运输货物战争险条款和货物运输罢工险条款规定的责任范围和除外责任。

（四）责任起讫

（1）本保险负"仓至仓"责任，自被保险货物运离保险单所载明的起运地仓库或储存处所开始运输时生效，直到该项货物运达保险单所载明目的地收货人的最后仓库或储存处所或被保险人用作分配、分派或非正常运输的其他储存处所为止。如未运抵上述仓库或储存处所，则以被保险货物在最后卸载地卸离飞机后满 30 天为止。如在上述 30 天内被保险的货物需转送到非保险单所载明的目的地，则当该项货物开始转运时终止。

（2）被保险人无法控制的运输延迟、绕道、被迫卸货、重新装载、转载或承运人运用运输契约赋予的权限所作的任何航行上的变更或终止运输契约，致使被保险货物运到非保险单所载目的地时，在被保险人及时将获知的情况通知保险人，并在必要时加交保险费的情况下，本保险仍继续有效，保险责任按下述规定终止：

①被保险货物如在非保险单所载目的地出售，则保险责任至交货时为止，但不论任何情况，均以被保险的货物在卸载地卸离飞机后满 30 天终止。

②被保险货物在上述 30 天期限内继续运往保险单所载原目的地或其他目的地时，保险责任仍按上述第（1）条的规定终止。

（五）被保险人的义务

被保险人应按照以下规定的应尽义务办理有关事项：

（1）当被保险货物运抵保险单所载目的地以后，被保险人应及时提货；当发现被保险货物遭受任何损失，应即向保险单上所载明的检验、理赔代理人申请检验。如发现被保险货物整件短少或有明显残损痕迹，则应立即向承运人、受托人或有关当局索取货损货差证明；如果货损货差是由于承运人、受托人或其他有关方面的责任所造成，并应以书面方式向他们提出索赔，必要时还须取得延长时效的认证。如未履行上述规定义务，则保险人对有关损失不负赔偿责任。

（2）对遭受承保责任内危险的货物，应迅速采取合理的抢救措施，防止或减少货物损失。否则，对因此扩大的损失，保险人不承担赔偿责任。

（3）在向保险人索赔时，必须提供下列单证：保险单正本；提单；发票；装箱单；磅码单；货损货差证明；检验报告；索赔清单。如涉及第三者责任，则还须提供向责任方追偿的有关函电及被保险人所能提供的其他与确认保险事故的性质、原因、损失程度等有关的证明和资料。

被保险人未履行前款约定的单证提供义务导致保险人无法核实损失情况的，保险人对无法核实的部分不承担赔偿责任。

（六）赔偿处理

保险人收到被保险人的赔偿请求后，应当及时就是否属于保险责任做出核定，并将核定结果通知被保险人。情形复杂的，保险人在收到被保险人的赔偿请求并提供理赔所需资料后 30 日内未能核定保险责任的，保险人与被保险人根据实际情形商议合理期间，保险人在商定的期间内作出核定结果并通知被保险人。对属于保险责任的，在与被保险人达成有关赔偿金额的协议后 10 日内，履行赔偿义务。

任务三　货物运输保险业务处理

学习目标

通过本任务的学习，了解货物运输保险的展业与承保流程及相关流程，认识货物运输保险投保单和保险单及填写注意事项，掌握货物运输保险理赔流程及赔款计算等操作。

《《《 引入

保价运输

现如今的网购越来越发达，同时带动了快递业务的发展，然而在快递运送的过程中，购买的易碎品往往容易受到损坏，那么，物流运输已保价货物损坏，谁来担责呢？如果是邮寄较贵重物品、有价证券和重要文件等呢？此时，我们就会听业务人员询问是否保价运输？是是投保货物运输保险？

保价运输是指运输企业与托运人共同确定的、以托运人声明货物价值为基础的一种特殊运输方式，保价就是托运人向承运人声明其托运货物的实际价值。凡按保价运输的货物，托运人除缴纳运输费用外，还要按照规定缴纳一定的保价费。

一般来说，货物运输保险对危险所采取的对策只是善后处理，即对事故造成的损失进行被动的经济补偿，对危险的发生它不能采取有效的预防对策和抢救对策。这个特点使得货物运输保险承保不可抗力带来的损失成为优势。不可抗力所造成的损失往往是无法预见和无法预防的，具有很大的突然性和偶然性，事先很难采取有效的预防措施，发生后采取抢救措施的难度也很大。而保险业可以通过建立保险基金有效地对不可抗力险造成的损失给予经济补偿，保证经济活动的正常进行。保价运输的赔偿范围只限于承运人责任造成保价标的的损失，对于不可抗力造成的损失，即使保价了承运人也不负赔偿责任。同时，承运人对保价运输所承担的赔偿责任也可通过保险把这部分赔偿责任转移给保险人，不过这种险不属于货物运输险而是承运人的责任险，不能把这种承运人的责任保险同货物运输保险混淆起来。如果托运人或旅客仅向保险公司投保了货物运输险而承运人未向保险公司投保承运人责任险，那么一旦在运输过程中货物发生损失就要视造成损失的原因来确定是谁的责任，是承运人的责任由承运人负赔偿责任；是保险的责任则由保险负赔偿责任。有时承运人与保险人的责任难以划分或在一定的时间内难以划分，保险人在取得被保险人的代位行使权时可先行赔偿，再根据实际情况向承运人进行追赔。

活动：分组模拟进行货物运输保险展业、承保及理赔。

知识平台

一、货物运输保险展业与承保

（一）展业

货物运输保险的展业人员需要引导具有货物运输保险潜在需要的人参加保险。货物运输保险潜在需要的人即货物运输中的相关人员，如货物的买方、货物的卖方以及货物运输方，即三资企业和有自营进出口权的生产企业、进出口贸易公司、运输公司（包括船公司、陆上货运集散地、新型物流公司、铁路运输站）等。

（二）承保

第一步，协助客户根据自己的货物运输情况选择所需条款。

1. 进出口货物运输保险

（1）海洋货物运输保险条款、战争险条款、罢工险条款。

（2）陆上货物运输保险条款、战争险条款、罢工险条款。

（3）航空货物运输保险条款、战争险条款、罢工险条款。

（4）邮包险条款、战争险条款。

（5）海洋运输冷藏货物保险条款。

（6）活牲畜、家禽的海上、陆上、航空运输保险条款。

（7）ICC（A）、ICC（B）、ICC（C）及战争险、罢工险条款（英国伦敦协会条款）

小知识

ICC 是 INSTITUTE CARGO CLAUSES 的简称，由英国伦敦保险业协会制订，含 ICC（A）、ICC（B）、ICC（C）、战争险、罢工险和恶意损害险。ICC（A）承保的风险的范围最大，它承保除了保险规定的除外责任以外的一切风险。ICC（A）不承保的除外责任主要包含四个方面：

（1）一般除外责任。

（2）不适航不识货除外责任。

（3）战争除外责任。

（4）罢工除外责任。

ICC（A）类似于我国的一切险。ICC（B）承保的范围比 ICC（A）略小一些，它采用列明风险的形式，对保险条款列明的风险予以承保，它的除外责任与 ICC（A）差不多。ICC（C）只承保重大意外事故，对于因非重大意外事故和自然灾害而遭受的损失一律不予以承保，它类似于我国的平安险。

2. 国内货物运输保险

（1）国内陆路货物运输保险条款。

（2）国内铁路货物运输保险条款。

（3）国内公路货物运输保险条款。

（4）国内水路货物运输保险条款。

（5）国内航空货物运输保险条款。

第二步，指导客户填写投保单。

业务人员需要指导客户填写投保单，如为进出口业务，需提供信用证、提单、发票、装箱单、起运通知等资料，并进行风险评估。投保单填写内容包括保险标的的名称、保险标的的包装情况、保险标的的重量、保险标的的数量、承保险别、使用条款、运输工具（如船舶、火车、汽车、飞机）等。其中，如果船舶运输，则散装货物需提供船舶的名称、船龄、船级等资料，运输方式是否为集装箱运输、集装箱拼箱运输、散货、件杂货等。

第三步，确定保险金额。

进出口货物运输保险一般按照发票价格加成10%。国内货物运输保险的保险金额按照保险价值确定或由保险双方协商确定。保险价值按货价或货价加运杂费确定。若一张投保单投保不同单价、不同品名的货物，那么保险金额应分别列明，必要时，填写投保清单，同时填写保险金额总计。

第四步，费率厘定。

保险公司将根据承保的货物的性质、承载货物的船舶、承保货物的装载与包装情况、承保货物航程及起运港（地）及目的港（地）的管理情况以及市场的竞争等各类情况制定费率。

第五步，免赔条件。

根据承保的货物的性质、包装、船舶、港口的管理好坏，设定免赔率。

第六步，缮制保单及出具保单给投保人。

保险公司将根据以上条件缮制保单，在投保人支付保险费后，出具保单给投保人。特别要说明的是，如果货物运输根据信用证进行安排，则保险公司将按照信用证要求出具保单。

第七步，争取预约投保。

如全年有多次货物运输，且保险都准备在同一保险公司投保的，则可以选择采用方便的预约保险方式，即采用合同方式将全年的货物运输全都纳入保险范围之内，当然采用这种方式由于减少的保险公司的展业等费用成本，比较单独出单还能获得更为优惠的保险费率。

（三）认识货物运输保险投保单及保险单

1. 国内货物运输保险投保单

国内货物运输保险投保单样单参见表6-2。

表6-2 国内货物运输保险投保单样单

我单位下列货物拟向你公司投保国内货物运输保险，并确认和同意以本投保单作为订立保险合同的依据，从保险单正式签发之日起保险合同成立。同时也确认对该条款（包括除外责任部分）及保险条件的内容已经了解。

投保人：			
被保险人：			
标记或发票号码		件数（重量）	
保险货物名称		保险金额	
运输方式 工具名称	铁路	航空	联运
	公路	水路	
启运日期：约于　　年　　月　　日　　启运			
运输路线	自		
	经（转载地点）		
	到		

续表

投保险别及费率	铁路　　　水路		基本险		综合险
	公路险		航空险		联运险

备注：

有无附加险：

有无货物清单：

有无途耗（免赔）规定：

其他需告之的事实：

投保人（单位）签章

联系地址：

联系电话：

年　　　月　　　日

核保人：　　　　　　　　　　经办人：

2. 货物运输保险单

货物运输保险单示例参见表6-3。

表6-3　货物运输保险单（正本）

保险单号：＿＿＿＿＿＿＿＿＿＿＿＿＿＿＿＿＿＿＿＿＿＿＿＿＿＿＿＿＿＿＿＿＿＿＿＿

鉴于被保险人已向本公司投保国内货物运输保险及其附加险，并同意按本保险条款约定缴纳保险费，本公司特签发本保险单并同意依照中国保险监督管理委员会核准的货物运输保险条款和附加险条款及其特别约定条件，承担被保险人下列国内货物运输的保险责任。

被保险人			地址		
启运地		中转地		目的地	
启运日期		运输工具		运单或发票号码	
货物名称	件数/重量	保险金额	费　率		保险费
			基本险	综合险	附加险	

货物名称	件数/重量	保险金额	基本险	综合险	附加险	保险费

保险金额（大写）：　　　　　　　　　　　　　　　　（小写）：¥

保险费（大写）：　　　　　　　　　　　　　　　　　（小写）：¥

特别约定：

核保人：　　　　　　　　　　制单人：

3. 注意事项

在明确投保货物的投保金额，并根据货运价格、货物性质、包装特点、航线等确定投保险别后，向保险公司提供投保货物的有关单证以及检验证明，办理货物运输保险的投保手续，请注意以下几点：

（1）填写投保单。投保单是企业向保险公司申请订立保险合同的文字依据，也是保险公司签发保险单接受投保的重要依据。投保人应翔实、清楚地填写投保单的各项。

（2）被保险人栏目要按保险利益的实际有关人称谓的全称填写。因为保险是否有效，同被保险人保险利益直接有关。若买方为被保险人则保险责任从货物装上船才开始；反之，若卖方为被保险人，则保险自保单载明起运地运出时开始。

（3）货物名称应填写具体名称，一般不要笼统填写。例如，标记应与提单上所载的标记一致，特别要同刷在货物外包装上的实际标记符号相同；要将包装的性质如箱、包、件、捆及数量（即包装数量）都写清楚。

（4）保险金额一般按照发票金额10%加成计算，加成比例不得超过30%；国内水路货物运输、陆路货物运输可按发票金额或发票金额加运费投保。

（5）运输工具如是轮船，则应写明船名，需转运的也要写明确；如是火车、汽车或航空运输的，则仅写明火车、汽车牌号或空运（或航班号）即可。联运的最好写明联运方式。

（6）对于开航日期，有确切日期的，要填写具体日期；若无确切日期，则填上约于×月×日。

（7）提单或运单号码、航程或路程应按实际填写。

（8）承保险别，要将需要投保的险别明确填写清楚，如有附加险别或与保险人有其他特别约定的也要在此栏注明。

（9）货物运输保险的投保日期应在船舶开航或运输工具开行之前。

在填写货运险投保单时还应注意，投保的险别、币值与其他条件必须与销售合同、信用证上所列保险条件一致；若投保后发现投保项目有错漏，则要及时向保险人申请批改，否则在发生损失后发现与货运险投保单所填情况不符，将影响保险人及时、准确的理赔。对于特殊的货物，投保人要根据保险人的要求，提供货物的有关单证（如发票、提单复印件）及必需的检验证书。

二、货物运输保险理赔流程

（一）业务流程

（1）事故发生后，需第一时间（24小时内）找出保单并致电保险公司报案。

（2）保险公司安排查勘员进行查勘定损。

（3）铁路运输的需铁路公安部门出具货运记录，航空运输的需出具航空事故签证，公路运输属货物被盗的同时报当地公安机关。

（4）办理货物运输保险理赔时，请提供以下货运保险单证：

①出险通知书、索赔报告、财产损失清单、接受书、权益转让书、赔款收据（该六项单证由保险公司提供格式，由被保险人填写并加盖公章）。

②货运保险单正本原件、保险费发票复印件。

③货物运输合同复印件。

④整批货物的运单及货物发票（包含受损货物的单价明细）。

⑤被保险人的身份证明资料（如果是个人则为身份证复印件）。

⑥承运车辆的行驶证及驾驶员的驾驶证复印件。

⑦被保险人向承运人（货运公司）的索赔函及承运人的答复资料。

⑧其他必要的单证和资料。

（5）查勘定损人员应根据实际损失情况核定损失。

（6）以上货物运输保险单证齐备后，查勘定损人员将整理收集的单证并做出书面检验报告，然后提交理算部进行理算、核赔工作。

（7）理算核赔部门完成理算、核赔工作并报送财务处理中心划款支付。此时，您如果要查询赔案，请直接致电保险公司业务综合部或业务人员协助查询。

（二）业务处理

案例：某年3月3日，某运输集团有限公司与某保险公司签订了《国内货物运输预约保险协议书》。该运输集团有限公司由青岛经公路向沈阳运送一整车电器及手机，起运日期为12月16日。12月19日在途经高速盘锦服务区时，负责运输电器的鲁B12345牌号大货车与一车相撞，造成标的损失，且在停车查看过程中，致使手机丢失八部，当时向保险公司报案。12月23日，负责运输电冰箱的鲁B12345牌号大货车与所载货物返回沈阳要求查勘，经第二现场查勘情况如下：

运输车辆鲁B12345，装载在车辆后部的两台电冰箱外包装破损。经拆箱检查，一台右侧箱体破损一个10cm×10cm洞，一台左侧及后部箱体严重变形。手机丢失无法确认。为此，该运输集团有限公司向保险公司提出电冰箱损坏和手机丢失索赔19 460元。

备注：签订的《国内货物运输预约保险协议书》的承保险别为公路货物运输保险基本险，适用条款为公路货物运输保险条款。

问：保险公司应如何认定电冰箱损失和手机丢失的保险责任？请填制《货物运输险赔款计算书》（见表6-4）。

提示：请查看《公路货物运输保险条款》中的保险责任和责任免除部分。

表6-4　货物运输险赔款计算书

赔案编号：		保单号：	
被保险人：		保险险别：	
承运工具：		保险金额：	
开航日期： 自：　　　　　　至：		保险标的：	
检验人：		出险时间及地点：	
代理人：		损失原因：	
索赔人：		第三方责任：有/无	

续表

赔款计算方式：

损失项目	外币	折算率	人民币
货物损失			
施救费用			
检验费			
代理费			
合计			

经办公司签章 　年　月　日	上级公司审批 　年　月　日

主管：　　　　　　　　复核：

【项目小结】

本项目介绍了货物运输保险相关知识，通过学习本项目，重点能解读货物运输保险条款；辨析我国办理的海上货物运输保险、陆上货物运输保险、航空货物运输保险等货物运输保险；了解货物运输保险的展业与承保流程及相关要求，认识货物运输保险投保单和保险单及填写注意事项以及理赔流程。

【项目训练】

一、案例分析题：

案例一：关于保险公司是否应该负责赔偿的案例

某公司向欧洲出口一批器材，投保海运货物平安险。载货轮船在航行中发生碰撞事故，部分器材受损。另外，公司还向美国出口一批器材，由另外一船装运，投保了海运货物水渍险。船舶在运送途中，由于遭受暴风雨的袭击，船身颠簸，货物相互碰撞，发生部分损失。后船舶又不幸搁浅，经拖救脱险。

试分析上述货物是否该由保险公司承担赔偿责任？

案例二：无单放货造成货物锈蚀责任谁负

大连工业品进出口公司从西班牙进口一宗钢材，价格条件为 FOB（离岸价格），以信用证结算，承运人签发正本提单一式三份。随后该进出口公司向中国人民保险公司投保了货物运输险附加锈损险，保险期限为装船至卸货完毕。保险合同签订后，进出口公司向某班轮公司订仓并在西班牙港口装船运往中国。

装船时，承运人签发了正本提单一式三份，三份正本提单在到港前均掌握在进出口公司手中。国内的钢材买家试图越过进出口公司直接提货，于是在货物到港后，持副本提单要求班轮公司放货，班轮公司要求其提供担保，国内买家提供了担保后将货物提走，此后拒绝向进出口公司付款。进出口公司通过交涉取回货物，但发现货物已经锈蚀，随即按照保险合同向保险公司提出索赔。

(1) 试分析保险公司是否赔偿？

(2) 本案的启示是什么？

二、操作题：分析案例，缮制赔款计算书

某年10月，澳大利亚达通贸易有限公司向我国华东吉发有限责任公司订购饲料用玉米10 000吨。货船在厦门装船以后直接驶向达尔文港。途中船舶货舱起火，大火蔓延到机舱。船长为了船货的共同安全，命令采取紧急措施，往舱中灌水灭火。火虽然被扑灭，但由于主机受损，无法继续航行。为使货轮继续航行，船长发出求救信号，船被拖至就近的维佳港口修理，检修后重新将货物运往达尔文港。事后经过统计，事故总共造成如下损失：

(1) 2 500吨玉米被火烧毁。

(2) 1 300吨玉米由于灌水不能食用。

(3) 主机和部分甲板被火烧坏。

(4) 雇用拖船支付费用若干。

(5) 因为船舶维修，延误船期，额外增加了船员工资以及船舶的燃料。

试问：在上述各项损失中，哪些属于单独海损？哪些属于共同海损？在投保了平安险的情况下，被保险人有权向保险公司提出哪些赔偿要求？为什么？

货物运输险赔款计算书

赔案编号：		保单号：
被保险人：		保险险别：
承运工具：		保险金额：
开航日期：		保险标的：
自　　　　　至		
检验人：		出险时间及地点：
代理人：		损失原因：
索赔人：		第三方责任：有/无
赔款计算方式：		

续表

损失项目	外币	折算率	人民币
货物损失			
施救费用			
检验费			
代理费			
合计			

经办公司签章 　　年　月　日	上级公司审批 　　年　月　日

主管：　　　　　　　　复核：

工程保险业务处理

项目描述

我们知道，工程建设从筹划、设计、建造到竣工后投入使用，存在着诸多风险，任何一方或环节出险，都有可能影响整个工程建设的顺利进行。因此，工程的参与各方可以通过购买相应的保险，将风险因素转移给保险公司，以求在意外事件发生时，其蒙受的损失能得到保险公司的经济补偿。本项目学习的就是工程保险。

项目目标

（1）能够认识工程保险，并能对工程保险的责任范围进行解读和界定；

（2）能辨析我国办理的建筑工程保险、安装工程保险和科技工程保险等工程保险，并能进行简单的建筑工程保险和安装工程保险业务处理。

任务一 认识工程保险

学习目标

通过本任务的学习，能够认识工程保险，并能对工程保险的责任范围进行解读和界定。

引入

工程保险制度的由来

工程保险起源于20世纪30年代的英国。1929年，英国对泰晤士河上兴建的拉姆贝斯大桥提供了建筑工程一切险保险，开创了工程保险的先例。英国也是最早制定保险法律的国家。第二次世界大战后，欧洲进行了大规模的恢复生产、重建家园的活动，使工程保险业务得到了迅速发展。一些国家组织在援助发展中国家兴建水利、公路、桥梁以及工业与民用建筑的过程中，也要求通过工程保险来提供风险保障。特别是在国际咨询工程师联合会（FIDIC）将其列入施工合同条款后，工程保险制度在许多国家迅速发展起来。

活动：分组讨论以下问题：

（1）什么是工程保险？

（2）工程保险的意义何在？

（3）工程保险的特点是什么？

（4）工程保险的责任范围是什么？

（5）工程保险的自然灾害和意外事故指的是什么？

知识平台

一、工程保险

工程保险是对进行中的建筑工程项目、安装工程项目及工程运行中的机器设备等面临的风险提供经济保障的一种保险。工程保险在性质上属于综合险，既有财产风险的保障，又有责任风险的保障。一般而言，传统的工程保险仅指建筑工程保险和安装工程保险，但进入20世纪后，各种科技工程发展迅速，也成为工程保险市场日益重要的业务来源。工程保险的意义在于：一方面，它有利于保护建筑主或项目所有人的利益；另一方面，也是完善工程承包责任制并有效协调各方利益关系的必要手段。

二、工程保险的特点

工程保险作为由火灾保险、意外伤害保险等险种演变而成的一类综合性保险，与其他保险比较，有以下特点：

（一）风险具有特殊性，且风险广泛而集中

工程保险承保的风险具有特殊性表现在：第一，工程保险既承保被保险人财产损失的风险，同时，还承保被保险人的责任风险。第二，承保的风险标的中大部分裸露于风险中，对于抵御风险的能力大大低于普通财产保险的标的。第三，工程在施工工程中始终处于一种动态的过程，各种风险因素错综复杂，使风险程度加大。

工程保险的许多险种都冠以"一切险"，即除条款列明的责任免除外，保险人对保险期间工程项目因一切突然和不可预料的外来原因所造成的财产损失、费用和责任，均予赔偿；船舶工程保险则综合了一般建筑和安装工程保险、船舶保险、保赔保险的主要责任范围，可见，其责任十分广泛。同时，现代工程项目集中了先进的工艺、精密的设计和科学的施工方法，使工程造价猛增，造成工程项目本身就是高价值、高技术的集合体，此时使工程保险承保的风险基本上都是巨额风险。

（二）涉及较多的利害关系人

在工程保险中，由于同一个工程项目涉及多个具有经济利害关系的人，如工程所有人、工程承包人（含主承包商和分包商）、各种技术顾问及其他有关利益方（如设备供应商、设计师、贷款银行、工程监理等），均对该工程项目承担不同程度的风险，所以，凡对于工程保险标的具有保险利益者，均具备对该工程项目进行投保的投保人资格，并且均能成为该工程保险中的被保险人，受保险合同及交叉责任条款的规范和制约。

（三）保险期限具有不确定性

工程保险的保险期限一般是根据工期确定的，即自施工之日起到竣工验收交付工程所有人时止。但有的工程项目期限还包括工程交付后保证期的时间。工程保险期限的起止点也不

是确定的具体日期，而是根据保险单的规定和工程的具体情况确定的。工程保险对应采用工期费率，而不是年度费率。

（四）保险金额具有变动性

工程保险的保险金额在保险期限内是随着工程建设的进度不断增长的。所以，在保险期限内的任何一个时点，保险金额是不同的。

（五）保险双方信息不对称严重性

建筑业的产品单件性、工地转战性、作业室外性、人员流动性等特性，使保险公司的检查监督较难，对隐蔽工程质量等保险公司更不懂如何检验，保险公司与建筑企业之间信息不对称则很容易引起道德观念与逆向选择出现。

（六）工程保险的内容相互交叉

在建筑工程保险中，通常包含安装项目，如房屋建筑中的供电、供水设备安装等，而在安装工程保险中一般又包含建筑工程项目，如安装大型机器设备就需要进行土木建筑打好座基等；在船舶建造保险中，本身就是建筑、安装工程的高度融合。因此，这类业务虽有险种差异，相互独立，但内容多有交叉，经营上也有相通性。

（七）工程保险承保的是技术风险

现代工程项目的技术含量很高，专业性极强，而且可能涉及多种专业学科或尖端科学技术，如兴建核电站、大规模的水利工程和现代化工厂等，因此，从承保的角度分析，工程保险对于保险的承保技术、承保手段和承保能力比其他财产保险提出了更高要求。

（八）工程保险的保障具有综合性

工程保险针对承保风险的特殊性提供的保障具有综合性，工程保险的主责任范围一般由物质损失部分和第三者责任部分构成。同时，工程保险还可以针对工程项目风险的具体情况提供运输过程中、工地外储存过程中、保证期过程中等各类风险的专门保障。

三、工程保险的责任范围

工程保险的责任范围由两个部分组成：第一部分主要是针对工程项下的物质损失部分，包括工程标的有形财产的损失和相关费用的损失；第二部分主要是针对被保险人在施工过程中因可能产生的第三者责任而承担经济赔偿责任导致的损失。

（一）关于责任范围的限定

（1）工程保险的物质损失部分属于财产保险的一种，它主要是针对被保险财产的直接物质损坏或灭失。通常对因此产生的各种费用和其他损失不承担赔偿责任。

（2）造成损失的原因是除外责任以外的任何自然灾害和意外事故，"除外责任以外"的措辞使其成为"一切险"保单，尽管措辞是"任何自然灾害和意外事故"，但在之后的"定义"对自然灾害和意外事故的概念又做了限定。

（3）关于"在本保险期限内"，工程保险的保险期限的确定不同于其他财产保险，普通财产保险的保险期限是在保单上列明的具体日期，一般是一个确定的时间点。工程保险尽管在保单上也有一个列明的保险期限，但保险人实际承担保险责任的起止点往往要根据保险工程的具体情况确定，是一个事先难以确定的时间点。如工程项目所用的尚未进入工地范围内的材料、工程项目中已交付的部分项目发生保险责任范围内的损失，尽管发生损失的时间是在保单列明的保险期限内，但保险人对上述损失不承担赔偿责任。

（4）关于"在列明的工地范围内"，工程保险对于保险标的的地理位置限定于工地范围内，即被保险财产只有在工地范围内发生保险责任范围内的损失，保险人才负责赔偿。若在工地范围之外发生保险责任范围内的损失，则保险人不承担赔偿责任。被保险人若因施工的需要，必须将被保险财产存放在施工工地以外的地方时，应在确定保险方案时就予以考虑。解决的办法有两种：一是如果这种工地外存放的地点相对集中、固定，可以在保单明细表上的"工程地址"栏进行说明和明确；二是如果这种工地外存放的地点相对分散，且投保时尚无法确定，可以采用扩展"工地外储存"条款，对这类风险进行扩展承保。

（5）责任范围除了对承保的风险进行"定性"限制外，同时对保险人承担赔偿责任进行"定量"限制。在进行定量限制中采用的是分项限制和总限制相结合，分项限制主要是三类：一是保险单明细表的对应分项限额，如场地清理费用；二是特别条款中明确的赔偿限额；三是批单中规定的赔偿限额。总限额是对整个保险单的赔偿限额进行总体的限制，即在任何情况下保险人承担赔偿责任的最高数额。

（二）关于风险事故定义

风险事故是指造成生命和财产损失的偶发事件，它是造成损失的直接原因或外在原因，是损失的媒介物，即风险只有通过风险事故的发生，才能导致损失。

工程保险中的风险事故主要是指自然灾害或意外事故。

为了明确责任范围，工程保险的保单中采用了"定义"的形式对关键性的名词进行了明确的界定。

1. 对于"自然灾害"的定义

自然灾害就是地震、海啸、雷电、飓风、台风、龙卷风、风暴、暴雨、洪水、水灾、冻灾、冰雹、地崩、山崩、雪崩、火山爆发、地面下陷下沉及其他人力不可抗拒的破坏力强大的自然现象。

从上述定义可以看出，工程保险对于"自然灾害"的概念性定义是："人力不可抗拒的破坏力强大的自然现象"，凡是符合这一条件的均为"自然灾害"。同时，为了明确起见，保单罗列了常见的自然灾害现象。但由于这些自然灾害现象在程度是可能存在巨大的不同，可能造成损失的情况也有很大的差异，所以，在保险实践中，往往需要对这些现象做进一步的规定和明确，以免发生争议。一般是通过国家的保险监管机关，如中国保险监督管理委员会或以前的中国人民银行颁发的、具有法律效力的《条款解释》来实现的。

（1）地震。

地震指地下岩石的构造活动或火山爆发产生的地面震动。但地震根据强度不同其破坏力也存在很大的区别，一般保险所针对的是"破坏性地震"，根据国家地震局的有关规定震级在4.75级以上且烈度在6度以上的地震为破坏性地震。

（2）地崩和突发性滑坡。

石崖、土崖受自然风化、雨蚀、崖崩下塌或山上岩石滚下，或大雨使山上砂土透湿而崩塌。

突发性滑坡：斜坡上不稳的岩体、土体或人为堆积物在重力作用下突然整体向下滑动。

📚 **小知识**

地震、地崩使得不对称的设计和不同性质材料结合的建筑物在地震中比较容易受损；砖混或装配材料结构的房屋很容易受损。如遇到灾难性地震或地崩，则会对建筑物造成毁灭性的破坏。

（3）飓风。

飓风是台风的别称，即指中心附近最大平均风力 12 级或以上的热带气旋。对于这种热带气旋在东亚地区称之为"台风"，而在西印度群岛和大西洋一带叫作"飓风"。

（4）台风。

台风指中心附近最大平均风力 12 级或以上，即风速在 32.6 米/秒以上的热带气旋。是否构成台风以当地气象站的认定为准。

（5）龙卷风。

龙卷风是一种范围小而时间短的猛烈旋风。陆地上平均最大风速一般在 79～103 米/秒，极端最大风速一般在 100 米/秒以上，是否构成龙卷风以当地气象站的认定为准。

（6）暴风。

暴风指风速在 28.3 米/秒，即风力等级表中的 11 级风。本保险条款的暴风责任扩大至 8 级风，即风速在 17.2 米/秒以上即构成暴风责任。

📚 **小知识**

暴风、飓风、台风、龙卷风等强大的风力，使得未完工的结构非常容易遭受风暴破坏。如货棚的钢结构在没有加入起稳定作用的斜撑之前，经受不住水平方向来的风压；薄壳结构在只完成部分覆面镶板时十分脆弱。

（7）暴雨。

暴雨指每小时降雨量达 16 毫米以上，或连续 12 小时降雨量达 30 毫米以上，或连续 24 小时降雨量达 50 毫米以上。

（8）洪水。

山洪暴发、江河泛滥、潮水上岸及倒灌致使保险标的遭受浸泡、冲散、冲毁等损失都属洪水责任。

规律性的涨潮。自动灭火设施漏水以及在常年水位以下或地下渗水、水管爆裂造成保险标的损失不属于洪水责任。

（9）水灾。

水灾指因暴雨、山洪暴发、江河泛滥、潮水上岸及倒灌等造成的灾害。水灾这个概念较洪水范围更广，但同时也较难界定。

📚 **小知识**

暴雨、水灾、洪水泛滥等自然灾害会造成地下水位的明显上升，使建筑物的基坑塌陷，地基、地下室、水箱、管道、临时结构等浮起和浮动。

（10）地面下陷下沉。

地壳因为自然变异，地层收缩而发生突然塌陷。此外，对于因海潮、河流、大雨侵蚀或在建筑房屋前没有掌握地层情况，地下有孔穴、矿穴，以致地面突然塌陷所致保险标的损失，也在保险责任范围以内。对于因地基不固或未按建筑施工要求而导致的建筑地基下沉、裂缝、倒塌等损失，不在保险责任范围以内。

应当注意的是，这里所指的"地面下陷下沉"是地面的突发性的下陷下沉，而不是一些渐变性的下陷下沉。

小知识

地面下陷下沉会使地面下陷、下沉使桩的承载力量发生变化，建筑物可能因为开裂或倾斜危及安全。

（11）海啸。

海啸是由于地震或风暴而造成的海面巨大涨落现象，按成因分为地震海啸和风暴海啸两种。地震海啸是伴随地震而形成的，即海底地壳发生断裂，引起剧烈的震动，产生巨大的波浪，高度可达十余米，从而侵袭陆地。风暴海啸是强大低气压在通过时，海面异常升起的现象。

（12）雷电。

雷电为积雨云中、云间或云地之间产生的放电现象。雷电造成损失主要是通过雷击实现的，雷击的破坏形式分直接雷击与感应雷击两种。

①直接雷击：由于雷电直接击中保险标的而造成的损失，属直接雷击责任。

②感应雷击：雷击产生的静电感应或电磁感应使屋内对地绝缘金属物体产生高电位放出火花而引起的火灾，导致电器本身的损毁，或因雷电的高电压感应，致使电器部件的损毁，属感应雷击责任。

（13）冻灾。

冻灾指冰冻造成的灾害。

（14）冰雹。

冰雹指由于强冷空气的作用，空气水滴凝结成各种形体不规则的冰块，从升降气流特别强烈的积雨云中坠落的现象。

（15）雪崩。

雪崩是指山地大量积雪由于本身重量、大风、新旧积雪面摩擦力减少、积雪底部溶解、气温骤升等原因而引起的积雪顺坡下滑、大块塌落和巨团滚下等突然崩落的现象。

（16）火山爆发。

火山爆发是一种极为强烈的火山活动现象。地球内部深处呈熔融状态的岩浆在高温高压作用下，从地表喷溢出火山角砾岩、火山弹岩等各种碎屑物质以及熔岩岩浆、气体等，具有强大的破坏力。

（17）山崩。

山崩是指由于多裂隙的山岩体经强烈的物理风化、雨水渗入或地震而造成规模巨大的陡坡上大块的岩体在重力的作用下突然崩落的物理地质现象。

2. 对于"意外事故"的定义

意外事故指不可预料的以及被保险人无法控制并造成物质损失或人身伤亡的突发性事件，包括火灾和爆炸。

从上述定义可以看出，工程保险对于"意外事故"的概念性定义是："不可预料的以及被保险人无法控制并造成物质损失或人身伤亡的突发性事件"。凡是符合这一条件的均为"意外事故"。定义的关键词为：不可预料；无法控制；突发性。

工程保险将火灾和爆炸归入"意外事故"，为了进一步地明确概念，对火灾和爆炸的定义解释如下：

（1）火灾。

在时间或空间上因失去控制的燃烧而造成的灾害即为火灾。构成本保险的火灾责任必须同时具备以下三个条件：

① 有燃烧现象，即有热有光有火焰。

② 偶然、意外发生的燃烧。

③ 燃烧失去控制并有蔓延扩大的趋势。

因此，仅有燃烧现象并不等于构成本保险中的火灾责任。在生产、生活中有目的用火，如为了防疫而焚毁玷污的衣物、点火烧荒等属正常燃烧，不属于火灾责任。

因烘、烤、烫、烙造成焦糊变质等损失，既无燃烧现象、又无蔓延扩大趋势，也不属于火灾责任。

电机、电器、电气设备因使用过度、超电压、碰线、弧花、漏电，自身发热所造成的本身损毁，不属于火灾责任。但如果发生了燃烧并失去控制蔓延扩大，则构成火灾责任，并对电机、电器、电气设备本身的损失负责赔偿。

注意： 火灾是最频繁的威胁，也是最具破坏力的。对于木制脚手架和模板等临时建筑物、储存的木材和塑料建筑材料、临时工棚和临时仓库、机械设备、修理车间（有燃料和润滑剂），施工管理人员都要特别注意火灾的防范，否则将会带来难以预料的损失。

（2）爆炸。

爆炸分物理性爆炸和化学性爆炸。

①物理性爆炸：由于液体变为蒸气或气体膨胀，压力急剧增加并大大超过容器所能承受的极限压力而发生爆炸，如锅炉、空气压缩机、压缩气体钢瓶，液化气罐爆炸等。关于锅炉、压力容器的爆炸定义是："锅炉或压力容器在使用中或试压时发生破裂，使压力瞬时降到等于外界大气压力的事故，称为爆炸事故"。锅炉爆管不属爆炸事故。鉴别锅炉、压力容器爆炸事故的问题，以劳动部门出具的鉴定为标准。

②化学性爆炸：物体在瞬息分解或燃烧时放出大量的热和气体，并以很大的压力向四周扩散的现象，如火药爆炸，可燃性粉尘纤维爆炸、可燃气体爆炸及各种化学物品的爆炸等。

因物体本身的瑕疵，使用损耗或产品质量低劣以及由于容器内部承受"负压"（内压比外压小）造成的损失，不属于爆炸责任。

（三）灾害事故可能造成的损失

1. 财产损失

所有的自然灾害或意外事故最直接的后果就是造成工程本身的财产和施工机械的损失，造成工程在财务资金的被动以及施工进程的延误，从而也可能产生无法预计的间接损失。

2. 人员的人身伤亡风险

虽然全部现场作业和施工方法的适当性、稳定性和安全性已经过仔细的评估，但人员在施工作业中仍不可避免地面临着自然灾害或意外事故对健康甚至生命的威胁。这种风险贯穿于作业过程的始终，而且在主险中无法提供对此的保障。承建商必须投保雇主责任险和短期人身意外伤害保险来控制此类风险，以保证施工的顺利进行。

3. 对第三者造成人身伤亡或财产损失的风险

需考虑到邻近的财产可能遭受的风险程度和价值、附近地区的人口密度、施工可能造成财产损失和人身伤亡可能性等因素，以此来衡量施工作业方案的合理性。但即便如此，在现场作业中仍会发现由于对自然力和工地施工强度所造成后果的错误估计，而造成一些无法预见的事故发生，如挖掘机切断地下电力或电话线路、空中吊运重物跌落、临时性结构坍塌、打桩造成附近房屋产生裂缝等。

四、工程保险的作用

（一）工程保险是转移风险的有效工具

随着自主经营、自负盈亏的现代企业制度的深入开展，企业面临的风险越来越多，企业逐渐开始正视损失发生后对自身利益、正常经营的影响，同时逐渐意识到工程保险对于企业的意义。另外，建筑业生产及产品的特殊性和复杂性以及产品的特殊买卖关系，决定了施工承包企业在承包工程过程中需要承担许多的风险，如气候变化、不可预见的地质变化、安全事故等。而国际间的工程项目承包，因涉及国际上的政治、经济、进出口贸易、国际关系等一系列风云变化的影响，风险就更大。因此，通过工程保险来保障企业利益，转移风险损失，促进企业可持续发展和稳定市场秩序意义则更加重大。

（二）工程保险为企业参与国际市场竞争提供保障

在发达国家和地区，工程保险是工程风险管理采用较多的方法之一。国外的工程保险分为强制与自愿部分，作为国际工程的承包商，在参与国际工程业务时，参保工程保险是一项义务，而且大多数是强制性的。我国目前规定强制参保的只有"三资"项目和向国际专门贷款的金融组织贷款的项目。因此，为了企业的发展，以及适应国际市场竞争，企业有必要通过工程保险为其参与国际市场竞争提供保障。

（三）转移工程建设中不确定因素带来的经营风险

基于风险的特性，风险无论何时何地都是客观存在的，并且具有不确定性。基础设施工程建设具有投资金额巨大，建设周期长，参与方关系错综复杂等特点，因此一旦有风险事故发生，造成的经济损失，人员伤亡程度及影响范围将无法预估。因此，为了确保基础设施建设工程的顺利推进，通过工程保险来转移工程建设中的不确定因素带来的经营风险是十分重要的。

（四）有利于降低企业顾虑，开拓新市场

在工程保险期以来，投保人通过支付一定的保险费用，在风险来临时，可以降低损失，减轻企业财务压力，得到经济上的赔偿救助，促进企业平稳发展。有些企业由于惧怕承担风险而不敢进入新的市场，错失许多市场机会；而工程保险可以让企业减少顾虑，大胆开拓新的市场，增强竞争力。

（五）降低工程风险事故发生率

防损减灾也是保险公司承保服务的重要环节之一，保险公司凭借其专业的风险防控技术及其丰富的保险工作经验，积极参与到投保人的风险管理工作中去。为投保人提供专业化风险管理建议，如事前的风险预防、事中的损失评价以及损失控制等风险防控措施，从而有效减少风险发生的概率并降低风险损失程度。

任务二　工程保险业务处理

学习目标

通过本任务的学习，能辨析我国办理的建筑工程保险、安装工程保险和科技工程保险等工程保险，并能进行简单的建筑工程保险和安装工程保险业务处理。

≪≪≪ 引入

基建风险警钟长鸣　投保工程险太重要！

有风险的地方就有保障。在平常的生活中，大家都知道人身类保障产品五花八门，挑得让人眼花缭乱。但在财产保险领域，除了车险恐怕很多人并不了解其他细分险种。11 月，江西丰城造成 74 人罹难的"11·24"发电厂事故，暴露出基础设施建设环境下潜藏的巨大风险，但让人欣慰的是，事前工程方向保险公司投保了工程险。新快报记者了解到，工程险实际上包含三大类保障，其保障标的和保障责任都不尽相同，工程的雇员能够享受到直接或间接的保障。而针对工程人员的人身损伤，除了工程团意险之外的普通意外险以及常规寿险产品，也能够起到较好的保障作用，但这两类保障都需要自费投保。

（节选自：《基建风险警钟长鸣　投保工程险太重要！》李驰，新快报，2016－12－05）

活动一　回答建筑工程保险相关问题

（1）什么是建筑工程保险？
（2）保险责任和除外责任包括哪些？
（3）保险期限、保险金额及保险赔偿如何界定的？

知识平台

一、建筑工程保险

（一）建筑工程保险概述

建筑工程保险简称"建工险"，是以土木建筑为主体的民用、工业用和公共事业用的工程在整个建筑期间因自然灾害和意外事故造成的物质损失，以及被保险人对第三者依法应承担的赔偿责任为保险标的的保险。

（二）建筑工程保险的主要特点

1. 承保范围广

传统的财产保险只承保物质标的，而建筑工程保险除承保物质标的，还承保责任标的，并对保险事故发生后的清理费用均予以承保，系综合性保险。

2. 被保险人范围宽

被保险人可以包括业主、工程承包人、技术顾问以及其他关系方。

3. 保险期限不等

传统保险的保险期限通常为一年，期满可以续保；而建筑保险的保险期限一般按工期计算，自工程开工至工程竣工为止。特别是大型工程，其中有的项目是分期施工并交付使用，因而各个项目的期限有先有后，有长有短。

（三）适用范围

建筑工程保险适用于各种民用、工业用和公共事业用的建筑工程，如房屋、道路、桥梁隧道、港口码头、水库、大坝、电站、排灌工程、铺设管道（输油、输汽）、飞机场、娱乐场所、仓库、旅馆、商店等。

（四）被保险人

建筑工程保险的被保险人是指业主或工程所有人，即建筑工程的最后所有者（建设单位）；工程承包人，即负责承建该项工程的施工单位，可分为主承保人和分承保人；技术顾问，即由所有人聘请的建筑师、设计师、工程师和其他专业顾问；其他关系方，如贷款银行或其他债权人等。

（五）投保人

在保险实务中，建筑工程保险的投保人由于建筑工程的承保方式不同而不同。但建筑工程保险的投保人多为工程项目所有人或承保人，当存在多个被保险人时，对每一被保险人的赔偿以不超过其对保险标的的保险利益为限，必要时可附批单说明接受赔偿各方的顺序和金额。多方被保险人一般推举一方办理保险手续。办理保险手续的投保人一般是工程风险的主要承担者。建筑工程保险可以根据投保人的要求加保"交叉责任"，即每一被保险人给另一被保险人造成损失，都可由保险公司赔偿，被保险人之间无须相互索赔。

（六）建筑工程保险的主要条款

1. 保险项目及保险金额

建筑工程保险的保险项目即保险标的，通常包括物质损失、特种风险赔偿和第三者责任险的赔偿。

（1）物质损失。

物质损失可以分为七项，即建筑工程，工程业主提供的物料和项目，安装工程项目，建筑用机器、装置及设备，工地内现成的建筑物，场地清理费，业主或承包人在工地的其他财产。

（2）特种危险赔偿。

该限额根据工地的自然地理条件、工程本身的危险程度、工期长短等因素确定，一般不超过上述保险金额的 50%~80%，不论是一次事故还是多次事故，赔款都不得超过该限额。

（3）第三者责任险的赔偿。

建筑工程险的第三者责任是指被保险人在工程保险期间内因意外事故造成工地及邻近地区的第三者人身伤亡或财产损失依法应负的赔偿责任。第三者责任险没有保险金额，只规定赔偿限额。该限额分四类：每次事故、每个人人身伤亡的限额；每次事故人身伤亡的总限额；每次事故财产损失的限额；保险单总的限额。

2. 建筑工程保险的保险责任及责任免除

（1）物质损失部分保险责任范围。

一般只承保保险单上列明的自然灾害或意外事故所致保险财产的直接损失。

列明的自然灾害是指地震、海啸、雷电、飓风、台风、龙卷风、风暴、暴雨、洪水、水灾、冻灾、冰雹、地崩、雪崩、火山爆发、地面下陷下沉及其他人力不可抗拒的破坏力强大的自然现象。

列明的意外事故是指不可预料的、被保险人无法控制的并造成物质损失或人身伤亡的突发性事件，包括：火灾和爆炸；飞机坠毁、飞机部件或物体坠落；盗窃（由于明显的偷窃行为或暴力抢劫造成的损失）；工人及技术人员因缺乏经验、疏忽、过失、恶意行为等造成的事故；原材料潜在缺陷或工艺不善所引起的事故；除外责任以外的其他不可预料的自然灾害、意外事故；现场清理费用（发生事故后清理现场必须支付的费用，但事先须作为一个单独的项目投保）。

（2）物质损失部分的除外责任。

除了被保险人的故意行为、战争、罢工、核污染、自然磨损、停工和后果损失除外不保外，根据建筑工程保险的特点，还规定了以下除外责任：错误设计引起的损失、费用和责任；换置、矫正、修理标的本身原材料缺陷或工艺不善所支付的费用；非外力引起的机械或电器装置损坏或建筑用机器设备、装置失灵；保单规定的免赔额；领有公共运输用执照的车辆、船舶、飞机的损失。

（3）第三者责任险的保险责任。

保险期限内发生意外事故而给工地上或邻近地区的第三者造成人身伤亡或财产损失，依法应由被保险人承担的经济责任，包括经保险人同意被保险人支出的诉讼费用和其他费用。赔偿范围不包括任何罚款。其最高赔偿金额不得超过规定的赔偿限额。

（4）第三者责任险的除外责任。

被保险人和其他在现场从事与工程有关工作的职工人身伤亡和疾病；被保险人及其他承包人或其他的职工所有的或其照管控制的财产损失，这不属"第三者"的范畴。应由被保险人自行承担的每次事故的免赔额，但对第三者人身伤亡不规定免赔额。领有公共运输执照车辆、船舶和飞机造成的事故，这属运输工具第三者责任险的保险范围。由于震动、移动或减弱支撑造成的损失，这属设计和管理方面的事故，但可作为特约责任加保。

3. 保险期限

建筑工程的保险期限包括从开工到完工全过程，由投保人根据需要确定。

（1）保险责任的开始时间。

建筑工程保险的保险期限开始有两种情况：自保险工程在工地动工或用于保险工程的材料、设备运抵工地之时起始，两者以先发生者为准。

（2）保险责任的终止时间。

建筑工程保险的保险期限终止有三种情况：保单规定的终止日期；建筑工程完成移交给所有人时；所有人开始使用时，若部分使用，则该部分责任终止。三者以先发生者为准。

（3）保证期。

工程完成后，一般还有一个保证期。在保证期间如发生工程质量有缺陷甚至造成损失，根据建设工程施工合同承包人须负赔偿责任，这是保证期责任。保证期责任是否加保，由投保人自行决定，若加保则要加交相应的保险费。

另外，在保单规定的保险期限内，若工程不能按期完工，则由投保人提出申请并加交保险费后，保险人可延长保险期限。

4. 建筑工程保险费率的厘定依据

建筑工程保险没有固定的费率表，每个项目的费率，主要根据以下因素确定：

（1）保险责任范围的大小，它与保险费率成正比。

（2）工程本身的危险程度。

（3）承包人及其他工程关系方的资信、经营管理水平及经验等条件。

（4）保险人本身以往承保同类工程的损失记录。

（5）工程免赔额的高低及第三者责任和特种危险的赔偿限额。

免赔额的高低与费率成反比，第三者责任和特种危险的赔偿限额则与费率成正比。

5. 保险费率的组成

（1）建筑工程所有人提供的物料及项目。

（2）建筑工机器、装置及设备为单独的年度费率。

（3）保证期费率。

（4）各种附加保障增收费率。

（5）第三者责任险。

6. 建筑工程险的赔偿处理

对被保险财产遭受的损失，保险人可选择以支付赔款或以修复、重置受损项目的方式予以赔偿。

活动二 分组讨论建筑工程保险的承保与理赔的注意事项

知识平台

二、建筑工程保险业务处理

（一）建筑工程保险的承保

1. 承保前的风险调查

承保前的风险调查，主要包括：

（1）建筑工程本身种类、性质和风险程度。

（2）建筑工程项目所在地的自然环境和位置、有何特别明显的自然灾害威胁。

（3）设计单位的技术水平及资信情况。

（4）承包人的技术水平、经营管理水平及资信情况。

（5）工期长短及进度。

（6）工程造价和质量考核方式。

（7）原材料的供应方、厂方及质量情况。

（8）建筑工程合同的内容。

（9）投保人及被保险人的数量及相互关系。

（10）施工中的第三者责任风险大小。

（11）其他情况。

2. 现场勘查

现场勘查的主要内容有：

（1）工地的地理位置、地势及周围环境。例如，工地的位置是居高临下还是处于低洼之处，是闹市区还是乡村，是否靠近江河湖海；工地所处的地势相对于某种自然灾害而言是开放性还是遮蔽型；工地附近现有的建筑物及公共设施的情况，道路和运输条件等。

（2）工地内有无现成建筑物或其他财产，其所处的位置和现有物理状况。

（3）储存物资的库场的建筑状况及其所处的位置，物资运输的距离和方式。

（4）工地的管理状况及安全防范措施。例如，有无设置围墙，有无聘用门卫和巡逻警卫，有无防火、防水、防盗窃的设备和措施，临时工棚的密集度，工地的日常管理情况，是否允许外人进入等。

（5）工地周围的人文条件。例如，居民对该项工程的接受态度，附近社区的管理水平、人口密集程度等。

（6）工地的抗灾能力。例如，对洪水的防御能力，附近的消防站的数量、灭火能力、最近的距离和行车时间，有无自然消防水源等。

（7）施工单位的资质情况及对同类工程的施工经验。

3. 划分危险单位，进行风险评估

根据所掌握的风险资料，对建筑工程项目的风险状况逐一做出识别和评估。建筑工程项目物质损失的一般风险：

（1）自然灾害和意外事故，是指巨灾性自然灾害、一般性自然灾害及各种意外事故等。

（2）技术性风险，主要表现为地址勘探和设计的合理性、施工技术和装备的可靠性、施工工艺水平的高低以及原材料的技术指标等。

（3）人为风险，主要表现为业主和承包商的资质及经验、施工的组织管理能力和水平、所雇佣员工的素质、外来破坏和盗窃因素等。

4. 确定赔偿限额和免赔额

（1）物质损失免赔额。

建筑工程免赔额，一般为保险金额的 0.5%～2%，对自然灾害的免赔额大一些，对其他灾害的免赔额则小一些；建筑用机器装置及设备，免赔额一般为保险金额的 5%，或者按照规定损失金额的 15%～20%，以高者为准；其余保险项目的免赔额一般为保险金额的 2%，而对场地清理费一般不单独规定免赔额。

（2）第三者责任免赔额。

仅对财产损失部分有免赔额规定，可按每次事故赔偿限额的 1‰～2‰ 计算，由被保险人和保险人协商确定；除非另有规定，人身伤亡部分一般不规定免赔额。以上每项免赔额，均为每次事故的绝对免赔额。损失赔付后，保额应相应减少，要出立批单说明保险财产哪一项从何时起减少多少保额，要与明细表中的保险财产项目取得一致。对减少部分的保额不退回保险费，若被保险人要求恢复保额，则应出具批单说明，并对恢复部分按日比例增收保险费。

因地震、洪水等特约灾害造成损失的，保险人一般还另行规定赔偿限额，按保险金额的一定比例计算。在赔偿限额方面，一般对第三者的财产损失和人身伤亡分项确定赔偿限额，并按每次事故、整个保险期间的风险情况确定累计赔偿限额。在免赔额方面，保险人一般根据工程本身的危险程度、工地上的自然地理条件、工期长短、保险金额的高低以及不同的承保项目等因素与被保险人协商确定。有的保险人对地震、洪水等造成的损失还要规定单独的免赔额。

（二）建筑工程保险的理赔

建筑工程保险的理赔主要包括六个步骤：

1. 查勘前准备

保险公司相关工作人员到达现场进行查勘前，首先协助事故救援防止险情扩大，等险情稳定后对保险单进行审阅，了解保险条款，尤其是补充条款和特别扩展条款。然后了解险情，初步确定事故等级、类别和事故原因。

2. 现场勘察

现场勘察包括了解工程情况，查勘受损项目、清点损失，收集工程情况等任务。其具体内容包括：

（1）查看事故现场的设备、作业环境状况。

（2）拍摄、摄录有关的痕迹和物件，绘制有关处理的示意图。

（3）收集和妥善处理与事故有关的物证。

3. 事故调查

事故调查包括：

（1）向有关人员调查事故经过和原因，并做好询问记录。

（2）了解有关规章制度及执行情况，收集有关设计和工艺技术等资料。

（3）对设备、设施、原材料所做的技术鉴定材料或试验报告。

（4）安全生产责任制落实及有关监督管理情况。

（5）其他资料。

4. 灾害事故原因及责任分析

这一部分包括原因分析和责任分析两个部分。

（1）原因分析。根据现场勘察和相关资料确定事故的类别，并确定出事故的直接原因和间接原因。

（2）责任分析。此部分采用近因分析原则进行分析。所谓近因原则，是指按照造成保险标的的损失的有效原因来判断理赔责任。保险公司只对与损失有直接因果关系的承保风险所造成的损失负赔偿责任，而对不是由承保风险造成的损失，不负赔偿责任，这就是我国保险法规定的近因原因。

5. 损失金额的确定

根据责任分析结果，对属于保险赔付责任内的损失进行鉴定，计算损失量及相应的费用，并对相关财务清单进行审核，确定最终的损失金额的大小。与此同时对施救费用支出是否必要合理进行确认，以确定赔偿范围的过程。

6. 赔偿处理

保险公司在核定责任的基础上，对属于保险责任的，与被保险公司联系进行赔付；对不属于保险责任的案件，按拒赔案件流程处理。

任务三 对以下案例进行分析，了解安装工程保险

案例： 甘肃省电力开发公司安装工程保险赔偿案

某年 8 月 10 日，某保险公司甘肃省分公司以安装工程一切险保险单承保了甘肃省电力开发公司的两台德国 MANB/W 发电机组，保险期限为某年 8 月 21 日至次年 8 月 20 日，保险金额为美元 500 万。次年 8 月 9 日，该发电机组在运行中发生重大事故，使公司的用电全部消失，机组全部停机。

损失情况及对外商索赔过程：

经甘肃省电力开发公司、保险公司及保险人聘请的检验师三方检验，确定两台机组的损失金额共计人民币 2 000 万元，其中设备价值部分 1 200 万元，费用部分 800 万元。设备价值中包括零件费、材料费、检查费、修理费、测试维护费、运输及安装的保险费、新机组及部件的报关费、商检费、港口费、调试费等。

检验师还对事故的原因进行了分析，认为，油水泵由于公司变交流器电源失电而中断，停止运行，在断滑油、断冷却水的情况下机组没有正常运行，而是受大电网系统输出电拖带作逆功率运转，在干磨的情况下，轴承烧坏，活塞与气缸咬合，机组仍继续运转，致使连杆螺栓拉断，活塞碎裂，连杆飞出机外。造成交流电源失电的原因是 100A500V 的快速熔断器的熔断及电力公司变高低压开关处在非合闸状态，加上操作人员没能及时、准确地判断用电消失的原因并未及时采取相应的措施等。由于找出造成上述开关处于非合闸状态及快速熔断器熔断的原因需要做大量的检验分析工作；另外，还需要检验逆功保护系统，励磁装置线路、滑油故障报警线路、Ⅱ、Ⅲ段电气联锁线路等。检验师认为在低压直流控制线路上安装快速熔断器是不合理的，原设计图纸上也没有这一设计。由于安装了熔断器，又没有采取辅助措施保证在交流电源失电的情况下备用蓄电也可以向直流控制线路供电，从而无法保证机组油水泵的正常运转。

当地公安部门还组织了调查，排除了该公司机电事故存在故意破坏的可能，但对事故的根本原因仍无从确定。在这种状况下，保险公司甘肃省分公司从甘肃省电力公司处收集了大量文件材料，包括机组的买卖合同、附件、提单、信用证、机组安装合同等商业文件及机组安装线路图，保险公司还与聘请的检验师共同调阅了电厂工程图、机组运行记录、设计说明书等技术文件。通过综合分析，他们认为，该事故很大程度上是制造厂商（B/W 和西门子）在该电厂的机组线路设计上存在缺陷所致。根据买卖合同条款规定，由于这类缺陷的设计所致的损坏应由制造厂商负责赔偿，况且该事故发生在卖方的合同保养期内。

问：保险公司应如何赔偿？

▶ 知识平台

三、安装工程保险

（一）含义

安装工程保险是指以各种大型机器设备的安装工程项目在安装期间因自然灾害和意外事

故造成的物质损失，以及被保险人对第三者依法应承担的赔偿责任为保险标的保险，简称"安工险"。

安装工程的承包合同类型与建筑工程类似，有一般的安装合同，即把工程所有人购买的设备进行安装，就是包括设计、制造、安装、调试在内的一揽子总承包合同或者交钥匙工程。另一方面，安装工程既有在原来设备或其他生产系统基础上的改建、扩建，也有独立的成套设备安装。

（二）特点

（1）以安装项目为主要承保对象，即安装过程的风险。安装工程开工之前已经存在的风险应该排除在外。

（2）安装工程风险分布具有明显的阶段性，在试车、考核和保证阶段风险最大。

（3）承保风险主要是人为风险，并显具技术色彩。

（4）保险价值在工程开始时即具备初始值，这点与建筑工程有些不同。

（三）适用范围

安装工程保险的承保项目主要指安装的机器设备及其安装费，凡属安装工程合同内要安装的机器、设备、装置、物料、基础工程以及为安装工程所需的各种临时设施。此外，为完成安装工程而使用的机器、设备等，以及为工程服务的土木建筑工程以及工地上的其他财物、保险事故后的场地清理费等，均可作为附加项目承保。

（四）被保险人

安装工程保险的被保险人指：

（1）业主或工程所有人，即安装工程的最后所有者（建设单位）。

（2）工程承包人，即负责承办该项工程的安装施工单位，可分为主承保人和分承保人。

（3）供货人，即负责提供安装设备的供应商。

（4）制造商，即以原料或零组件（自制或外购），经过较为自动化的机器设备及工序，制成一系列的产品企业。

（5）技术顾问，即由所有人聘请的建筑师、设计师、工程师和其他专业顾问。

（6）其他关系方，如贷款银行或其他债权人等。

注意，如果投保人要求将设备供应商或制造商列入被保险人之一，则可能使保险人丧失可能的追偿机会，所以要有明显的费率增加。

即使需要增加他们作为共同的被保险人，保险人也只能接受设备供应商或制造商在安装工程工地的指导、调试、测试等行为作为安装工程保险的内容，对于设备运抵工地之前的任何行为均不予承保。

（五）投保人

安装工程保险的关系人包括安装工程项目的所有人、承包人、分承包人、供货人、制造商等，即上述各方均可成为安装工程保险的投保人，但实际情形往往是一方投保，其他各方可以通过交叉责任条款获得相应的保险保障。

安装工程的投保人主要是业主和承包商。工程由谁投保，实际操作时，可视承包方式而定。承包方式主要有以下几种：

1. 全部承包方式

业主将所有机器设备的供应及安装工程的全部工作包给承包商，由承包商负责设计、制造（或采购）安装、调试及保证期等全部内容，最后将完成的安装工程交付给业主。

2. 部分承包方式

业主负责提供（或采购）被安装的机器设备，承包商负责安装、试车，双方都承担部分风险责任。

3. 分段承包方式

对于大型的安装工程，业主常将一项工程分成几个阶段或部分承包。而每一个承包商对业主来说都是独立的，他们相互之间没有契约关系。

一般来说，在全部承包方式下，由承包商作为投保人投保整个工程的安装工程保险，同时把有关利益方列为共同被保险人。如非全部承包方式，最好由业主投保。

（六）安装工程保险的主要条款

1. 保险项目和保险金额

为了确定保险金额的方便，安装工程险保单明细表中列出的保险项目通常也包括物质损失、特种风险赔偿、第三者责任三个部分，其中，后两项的内容和赔偿限额的规定均与建筑工程险相同，故不再赘述。安装工程险的物质损失部分包括以下几项：

（1）安装项目。这是安装工程险的主要保险标的，包括被安装的机器设备、装置、物料、基础工程（地基、机座）以及安装工程所需的各种临时设施，如水、电、照明、通信等。安装项目保险金额的确定与承包方式有关，若采用完全承包方式，则为该项目的承包合同价；若由所有人投保引进设备，则保险金额应包括设备的购货合同价加上国外运费和保险费（FOB 价格合同）、国内运费和保险费（CIF 价格合同）以及关税和安装费（包括人工费，材料费）。安装项目的保险金额一般按安装合同总金额确定，待工程完毕后再根据完毕时的实际价值调整。

（2）土木建筑工程项目。这是指新建，扩建厂矿必须有的工程项目，如厂房、仓库、道路、水塔、办公楼、宿舍、码头、桥梁等。土木建筑工程项目的保险金额应为该项工程项目建成的价格。这些项目一般不在安装工程内，但可在安装工程内附带投保。其保险金额不得超过整个安装工程保额的20%；超过20%，则按建筑工程险费率收保险费；超过50%，则需单独投保建筑工程险。

（3）场地清理费。保险金额由投保人自定，并在安装工程合同价外单独投保。对于大工程，一般不得超过工程总价值的5%；对于小工程，一般不得超过工程总价值的10%。

（4）为安装工程施工用的承包人的机器设备。其保险金额按重置价值计算。

（5）所有人或承包人在工地上的其他财产。其指上述三项以外的保险标的，大致包括安装施工用机具设备，工地内现成财产等。保险金额按重置价值计算。

上述五项保险金额之和即构成物质损失部分的总保险金额。

2. 保险责任和除外责任

安装工程保险物质损失的保险责任和除外责任基本相同于建筑工程保险，但对设计错误引起的事故损失责任，安装工程保险与建筑工程保险有不同规定。建筑工程保险主要承保建造中的各种建筑物，设计错误可能给整个工程造成危害，而且这也常常是被保险人自己的责任，因此，建筑工程保险将由此引起的一切损失列为除外责任。安装工程保险主要承保对象是机器设备，机器设备的设计是制造厂的责任，而不是安装险被保险人的责任，因此，设计错误引起的事故损失可作为安装工程保险的保险责任。但保险人不负责机器设备本身的损失。

安装工程保险第三者责任险的保险责任范围和安装工程保险的保险责任起止时间与建筑工程保险相同。其他方面均与建筑工程险相同。因此，在实务中，建筑、安装工程保险总是合在一起，统称"建筑安装工程险"或简称"建安险"。

3. 赔偿限额

其包括特种危险赔偿限额和第三者责任附加险赔偿限额，确定方法与建筑工程保险相同。

4. 保险期限

1）施工工期

安装工程的施工工期与建筑工程的施工工期一样，都是工程合同规定的，包括按照合同规定调整后的施工工期，即用于安装、调试（含试车）工程设备时间期间。施工工期在安装工程保险中，就是保险期限的核心。此时，保险期限就是施工工期。

安装工程保险的保险期限开始有两种情况：自投保工程动工之日或自被保险项目卸至工地时起，两者以先发生者为准。保险责任的终止有以下几种情况（以先发生者为准）：保单规定的终止日期、安装工程完毕移交给所有人时和所有人开始使用时，若部分使用，则该部分责任终止。在保单规定的保险期限内，若工程不能按期完工，则由投保人提出申请并加交保险费后，保险公司可延长保险期限。

机器设备在安装完毕后，投入生产性使用前，为了保证正式运行的可靠性、准确性，必须进行试车。试车期通常被认为是风险相对集中时期。因此，保险人只对新机器在试车期内因试车引起的损失、费用和责任承担赔偿。试车期一般不超过 3 个月。如果保险设备是已经使用过的或转手的设备，一旦投入试车，保险责任即告终止。如果被保险人不附加投保试车期，保险人不承担因试车造成的损失，但保险标的在试车期内非试车原因造成的损失，保险人仍应按物质部分保险责任负责，因为试车期是包含在工程的工期之内的。

2）保证期

保证期，或者称为缺陷责任期，是在工程设备调试、试车完成并移交给建设单位后，承包人仍然承担缺陷矫正义务的时间期间，一般承包合同都有明确规定。

保险人在保证期内的责任与施工期间是完全不同的，仅负责承包人在履行保修义务（缺陷矫正义务）时造成的对工程的损坏，或者另外再包括由于完工前的原因造成的工程在保证期内的损坏。

5. 费率

安装工程险的费率主要由以下各项组成：

（1）安装项目。对于土木建筑工程项目，所有人或承包人在工地上的其他财产及清理费为一个总的费率，整个工期实行一次性费率。

（2）试车为一个单独费率，是一次性费率。

（3）保证期费率实行整个保证期一次性费率。

（4）各种附加保障增收费率实行整个工期一次性费率。

（5）在安装建筑用机器时，装置及设备为单独的年费率。

（6）第三者责任险实行整个工期一次性费率。

（七）建筑工程保险与安装工程保险的区别

建筑工程保险与安装工程保险有许多相似之处，但因保险标的的风险性质不同，也有一些区别，主要表现在：

（1）建筑工程保险的保险标的的价值自开工之后逐步增加，风险责任也随着保险标的价值的增加而增加，致使危险越来越集中；而安装工程保险的保险标的的价值在整个保险期限内基本没有发生变化，危险程度的变动不大。

（2）建工险与安装工程保险的保险标的所处的环境及性质不同，建筑工程保险的保险标的多处于暴露状态，遭受自然灾害破坏的可能性较大；安装工程保险的保险标的多半在建筑物内，自然危险较小，但由于机器设备安装的技术性较强，遭受人为事故损失的可能性较大。

（3）建筑工程险中，保险风险责任一般贯穿于施工过程中，而在安装工程险中，机器设备只要未正式运转，许多风险都不易发生。虽然风险事故的发生与整个安装过程有关，但只有到安装完毕后的试车、考核和保证阶段，各种问题及施工过程中的缺陷才会充分暴露出来。

（4）由于安装工程的特点，安装工程保险的保证期风险较大，而建筑工程保险保证期的危险程度相对较小。

（5）在安装工程施工过程中，机器设备本身的质量如何，安装者的技术状况如何，责任心如何，安装中的电、水、气供应及施工设备、施工方式方法等都是导致风险发生的主要原因。

四、安装工程保险的业务处理

（一）安装工程保险的承保

（1）承保前的风险调查。

（2）现场勘察。

（3）进行风险评估。

安装工程风险评估的原则与建筑工程基本相同，因承包人要承担设计风险，所以需要注意承包人的设计资质。

（4）根据投保人填写的投保单确定保险的各项内容

（5）确定赔偿限额和免赔额

（二）安装工程保险单的理赔，参见建筑工程保险

五、科技工程保险

科技工程保险是以各种重大科技工程或科技产业为保险标的的综合性财产保险，它是随着现代高科技、新技术的发展和广泛应用而逐渐发展起来的一种特殊工程保险业务。对财产保险承保人而言，能够承保科技工程保险业务，不仅是承保实力的显示，而且是开拓保险业务的途径。由于科技工程保险业务都是巨额的保险合同，极少有独家承保科技工程保险业务的做法，基本做法和惯例是多家保险人共同承保一笔科技工程保险业务，或一家保险人承保后再向多家保险人或再保险人分保，从而使其成为一种国际性业务，进一步沟通了财产保险界的联系。

科技工程保险主要分为海洋石油开发保险、航天工程保险、核能工程保险和其他科技工程保险等四大类。每一类业务既有相通的一面，又有根本的区别，从而构成了相对独立的业务体系。下面简单介绍以下目前国内已开办的科技工程保险。

（一）海洋石油开发保险

海洋石油开发保险是以海洋石油工业从勘探到建成、生产等整个开发过程中的风险为保

险责任，以工程所有人或承保人为被保险人的一种科技工程保险。由于海洋石油工业是分阶段进行的，只有前一阶段的成果得到充分肯定，才可能继续下一阶段，因此海洋石油开发保险必然要与之相适应，分阶段进行。保险人的承保一般分为以下四个阶段：普查勘探阶段的保险；钻探阶段的保险；建设阶段的保险；生产阶段的保险。

（二）航天保险

航天保险是以航天工业为标的的一种保险。航天工业是指研制、安装、发射包括卫星、运载火箭、航天飞机等各种航天产品在内的新兴、高科技产业。在我国，中国人民保险公司最早涉足航天保险市场。20世纪80年代初期，该公司曾多次接受过外国卫星发射保险业务的分保业务。航天保险的主要险种有发射前保险、发射保险、寿命保险三种。

航天保险的承保通常要经过以下几个步骤：顾问业务；承保准备工作；宣传工作；谈判阶段；保险安排；承保确认。

（三）核能保险

核能工业是以核电站为主体的新兴能源工业，它是随着核能技术的进步及其由军用转向民用方向发展而出现的新兴科技产业，是各国为了解决本国能源不足问题所采取的重要举措。核能保险是以核能工程项目为保险标的，以核能工程中的各种核事故和核责任风险为保险责任的科技工程保险。凡是建立有核电站的国家或地区，就必定有核能保险，核能保险是核能技术民用化的必要配套措施，也是财产保险承保人重视的高科技保险业务。

核能保险一般分为核电站建筑安装工程险、核电站运输险、核电站机器损坏险、核电站物质损失险、核电站核责任险和核电站利润损失险。

利损险主要是在保险期限内由于在机损险保单中保障的损失造成的利润损失。这种损失主要由固定费用和未实现利润组成。

（四）船舶工程保险

船舶工程保险是以被保险人建造或拆除的船舶及各种海上装置在建造、拆除过程中所造成的船舶和设备损失及第三者责任为保险标的的工程保险，主要有船舶建造保险和拆船保险。船舶工程保险主要承保各类船舶及海上装置如石油钻井平台在整个建造和拆除期间陆上、海上的各种风险。

【项目小结】

本项目重点是使学生认识工程保险，能对工程保险的责任范围进行解读和界定，能辨析我国办理的建筑工程保险、安装工程保险和科技工程保险等工程保险，并能进行简单的建筑工程保险和安装工程保险业务处理。

【项目训练】

案例分析题：

案例一：如何裁定违规操作酿成火灾？

某年1月底，服饰城4号馆至5号馆之间的天桥改造工程由服饰城工程部经理管某发包给一名没有资质的个体户施工。同年2月10日晚10时许，一名无证施工人员在天桥上进行电焊气割作业，违章操作导致气割熔渣飞溅到 4 号馆的一店铺内，引燃铺内物品，酿成火灾。后由于大众保险公司对大康公司提出的索赔请求予以拒绝，从而引发诉讼。试问法院应如何裁定。

案例二： 如何处理预期利润损失险保险事故

某纸业公司就二期工程向保险人承保建筑安装工程一切险附加预期利润损失险，工程保险、预期利润损失险的保险金额分别为 3 亿美元和 7000 万美元。保险期限自 2015 年 4 月 1 日至 2016 年 9 月 30 日，期间两次申请延期，第一次自 2016 年 10 月 1 日至 2017 年 2 月 28 日，第二次自 2017 年 2 月 28 日至 2017 年 3 月 2 日。2017 年 3 月，业主就保险单项下预期利润损失向保险公司提出索赔，理由是在保险期限内发生了 5 起保险事故，导致工程延误共计 57 天：2015 年 4 月 27 日，打桩机损坏，延误 11 天；2015 年 8 月 18 日，遭遇台风，延误 21 天；2016 年 3 月 16 日，纸浆筛选机坠落事故，延误 2 天；2017 年 1 月 27 日，电控柜驱动部分火灾，延误 18 天；2017 年 2 月 19 日，变压器损坏，延误 5 天。

保险单规定的免赔期为每次事故 15 天、累计 30 天。如果保险单责任成立，扣除 30 天免赔后，27 天的预期利润损失可达 270 万美元。

试问保险公司应做如何赔偿？

责任保险业务处理

项目描述

随着社会的进步、科学技术的发展和法制观念的增强，责任保险已经越来越引起人们的重视。为了生产经营和经济贸易的稳步发展以及日常生活的安定，投保责任保险，正确处理好责任风险具有重要意义。本项目学习的就是责任保险。

项目目标

(1) 认识责任保险，了解责任保险的特点及作用，并能解读雇主责任保险条款；
(2) 能辨析各类责任保险，并能进行相应的案例分析；
(3) 能清楚责任保险承保与理赔流程。

任务一 认识责任保险

学习目标

通过本任务的学习，认识责任保险，了解责任保险的特点及作用，并能解读雇主责任保险条款。

《《《 引入

三部门：2018 年起安全生产责任保险每死一人按不低于 30 万赔偿

人民网北京 12 月 21 日电据国家安监总局网站消息，国家安监总局、保监会、财政部近日印发《安全生产责任保险实施办法》（以下简称《办法》）。《办法》指出，各地区根据实际情况确定安全生产责任保险中涉及人员死亡的最低赔偿金额，每死亡一人按不低于 30 万元赔偿，并按本地区城镇居民上一年度人均可支配收入的变化进行调整。

《办法》明确，本办法所称安全生产责任保险，是指保险机构对投保的生产经营单位发生的生产安全事故造成的人员伤亡和有关经济损失等予以赔偿，并且为投保的生产经营单位提供生产安全事故预防服务的商业保险。按照《办法》请求的经济赔偿，不影响参保的生产经营单位从业人员（含劳务派遣人员，下同）依法请求工伤保险赔偿的权利。

煤矿、非煤矿山、危险化学品、烟花爆竹、交通运输、建筑施工、民用爆炸物品、金属冶炼、渔业生产等高危行业领域的生产经营单位应当投保安全生产责任保险。鼓励其他行业领域生产经营单位投保安全生产责任保险。各地区可针对本地区安全生产特点，明确应当投保的生产经营单位。安全生产责任保险的保险费由生产经营单位缴纳，不得以任何方式摊派给从业人员个人。

《办法》指出，安全生产责任保险的保险责任包括投保的生产经营单位的从业人员人身伤亡赔偿，第三者人身伤亡和财产损失赔偿，事故抢险救援、医疗救护、事故鉴定、法律诉讼等费用。保险机构可以开发适应各类生产经营单位安全生产保障需求的个性化保险产品。

保险机构应当严格按照合同约定及时赔偿保险金；建立快速理赔机制，在事故发生后按照法律规定或者合同约定先行支付确定的赔偿保险金。生产经营单位应当及时将赔偿保险金支付给受伤人员或者死亡人员的受益人（以下统称"受害人"），或者请求保险机构直接向受害人赔付。生产经营单位怠于请求的，受害人有权就其应获赔偿部分直接向保险机构请求赔付。

《办法》规定，同一生产经营单位的从业人员获取的保险金额应当实行同一标准，不得因用工方式、工作岗位等差别对待。各地区根据实际情况确定安全生产责任保险中涉及人员死亡的最低赔偿金额，每死亡一人按不低于 30 万元赔偿，并按本地区城镇居民上一年度人均可支配收入的变化进行调整。

对生产经营单位应当投保但未按规定投保或续保、将保险费以各种形式摊派给从业人员个人、未及时将赔偿保险金支付给受害人的，保险机构预防费用投入不足、未履行事故预防责任、委托不合法的社会化服务机构开展事故预防工作的，安全生产监督管理部门、保险监督管理机构及有关部门应当提出整改要求；对拒不整改的，应当将其纳入安全生产领域联合惩戒"黑名单"管理，对违反相关法律法规规定的，依法追究其法律责任。

《办法》规定，相关部门及其工作人员在对安全生产责任保险的监督管理中收取贿赂、滥用职权、玩忽职守、徇私舞弊的，依法依规对相关责任人严肃追责；涉嫌犯罪的，移交司法机关依法处理。本办法自 2018 年 1 月 1 日起施行。

（来源：人民网《三部门：2018 年起安全生产责任保险每死一人按不低于 30 万赔偿》，2017 年 12 月 21 日）

活动　分组讨论以下问题

（1）什么是责任保险？
（2）责任保险的意义何在？
（3）责任保险的特点是什么？
（4）责任保险的责任范围是什么？

知识平台

一、责任保险

责任保险是指以保险客户的法律赔偿风险为承保对象的一类保险，它属于广义财产保险范畴，适用于广义财产保险的一般经营理论，但又具有自己的独特内容和经营特点，从而是一类可以独成体系的保险业务。责任保险适用于一切可能造成他人财产损失与人身伤亡的各种单位、家庭或个人。

首先，责任保险与一般财产保险具有共同的性质，即都属于赔偿性保险。

其次，责任保险承保的风险是被保险人的法律风险。

最后，责任保险以被保险人在保险期内可能造成他人的利益损失为承保基础。

根据业务内容的不同，责任保险可以分为公众责任保险、产品责任保险、雇主责任保险、职业责任保险和第三者责任保险五类业务，其中每一类业务又由若干具体的险种构成。

二、责任保险的特点

责任保险与一般财产保险相比较，其共同点是均以大数法则为数理基础，经营原则一致，经营方式相近（除部分法定险种外），均是对被保险人经济利益损失进行补偿。

（一）责任保险产生与发展基础的特征

责任保险产生与发展的基础不仅是各种民事法律风险的客观存在和社会生产力达到了一定的阶段，而且是由于人类社会的进步带来了法律制度的不断完善，其中法制的健全与完善是责任保险产生与发展的最为直接的基础。

（二）责任保险补偿对象的特征

尽管责任保险中承保人的赔款是支付给第三者，但这种赔款实质上是承担的被保险人对第三者的赔偿责任，是间接保障被保险人利益、直接保障受害第三者利益的一种替代保障机制。

（三）责任保险承保标的的特征

责任保险承保的是各种民事法律风险，是没有实体的标的。

保险人在承保责任保险时，通常对每一种责任保险业务要规定若干等级的赔偿限额，由被保险人自己选择，被保险人选定的赔偿限额便是保险人承担赔偿责任的最高限额，超过限额的经济赔偿责任只能由被保险人自行承担。

（四）责任保险承保方式的特征

责任保险的承保方式具有多样化的特征。

在独立承保方式下，保险人签发专门的责任保险单，它与特定的物没有保险意义上的直接联系，而是完全独立操作的保险业务。

在附加承保方式下，保险人签发责任保险单的前提是被保险人必须参加了一般的财产保险，即一般财产保险是主险，责任保险则是没有独立地位的附加险。

在组合承保方式下，责任保险的内容既不必签订单独的责任保险合同，也无须签发附加或特约条款，只需要参加该财产保险便使相应的责任风险得到了保险保障。

（五）责任保险赔偿处理中的特征

（1）责任保险的赔偿，均以被保险人对第三方的损害并依法应承担经济赔偿责任为前提条件，必然要涉及受害的第三者，而一般财产保险或人身保险赔案只是保险双方的事情。

（2）责任保险赔偿的处理也以法院的判决或执法部门的裁决为依据，从而需要更全面地运用法律制度。

（3）责任保险中因是保险人代替致害人承担对受害人的赔偿责任，被保险人对各种责任事故处理的态度往往关系到保险人的利益，从而使保险人具有参与处理责任事故的权利；

（4）责任保险赔款并非归被保险人所有，而是实质上支付给了受害方。

三、责任保险的作用

责任保险的经济补偿和社会管理功能正在越来越充分地发挥，在维护社会稳定、支持经济发展方面的作用日益突出。

（一）及时进行经济补偿，有效地保障社会再生产的顺利进行

目前，市场销售的各类责任保险产品达 200 余个，承保的责任范围涉及社会的各个领域。以湖南为例，近三年来，湖南省保险业累计向社会赔付责任保险事故 3.2 万起，支付赔款 1.27 亿元，提供的责任保险金额超过了 1 000 亿元，对促进安全生产和维护社会的正常秩序起到了积极的作用。

（二）消除突发性风险事故的公众影响，防止社会安危意识激化

重大风险事故的发生具有巨大的公众影响，容易引发社会恐慌。一方面，保险业站在突发风险第一线，能够有效地搜集各种信息、清醒认识风险发生状况，通过其专业的信息发布机制进行信息披露，积极引导社会公众理性行为；另一方面，作为专门的风险经营行业，保险业在事故发生后能够作出快速反应，及时进行抢险、救援和赔偿，最大限度地降低事故灾难带来的负面影响。

（三）降低社会纠纷的解决成本，减轻政府进行事故处理的工作压力

大力发展责任保险，充分发挥责任保险在事故后的经济赔偿和纠纷理赔的主渠道作用，一方面，可以实现风险责任的分散，降低侵权纠纷的法律成本，使被保险人从烦琐的法律程序中解脱出来，同时保证受害人及时获得赔偿；另一方面，依靠市场机制进行社会管理，政府可以从事故后繁杂的事务性工作中得以解脱，有利于各级地方政府在宏观管理上充分发挥积极性、主动性和创造性。

（四）提高产品的市场竞争力，促进民营经济的发展

目前，民营经济利用责任保险，尤其是产品责任险大力提高品牌知名度、增强产品的市场诚信度、提升产品市场竞争力方面比较突出。越来越多的企业参加了产品责任保险，其中半数以上为民营企业。如企业投保产品责任保险，一方面解除了顾客在产品维修上的后顾之忧，另一方面增强了产品的知名度和诚信度，有力地促进了企业的发展。

四、雇主责任保险条款解读

我们以中国人民财产保险股份有限公司的《雇主责任保险条款（2015 版）》为例，来体会责任保险条款。

（一）总则

第一条　本保险合同由保险条款、投保单、保险单、保险凭证以及批单组成。凡涉及本保险合同的约定，均应采用书面形式。

第二条　凡依法设立的企事业单位、国家机关、社会团体及其他组织，有雇工的个体工商户，均可作为本保险合同的被保险人。

解读：为增强条款适用的广泛性，条款的被保险人约定采用了最为通用的表述，第二条中的企业和组织均可投保本保险并作为被保险人，未作行业类别的限制。

（二）保险责任

第三条 在保险期间内，被保险人的雇员因从事保险单载明的业务工作而遭受意外，包括但不限于下列情形，导致负伤、残疾或死亡，依法应由被保险人承担的经济赔偿责任，保险人按照本保险合同约定负责赔偿：

（1）在工作时间和工作场所内，因工作原因受到事故伤害；

（2）工作时间前后在工作场所内，从事与工作有关的预备性或者收尾性工作受到事故伤害；

（3）在工作时间和工作场所内，因履行工作职责受到暴力等意外伤害；

（4）因工外出期间，由于工作原因受到伤害或者发生事故下落不明；

（5）在上下班途中，受到非本人主要责任的交通事故或者城市轨道交通、客运轮渡、火车事故伤害；

（6）在工作时间和工作岗位，突发疾病死亡或者在48小时之内经抢救无效死亡；

（7）在抢险救灾等维护国家利益、公共利益活动中受到伤害；

（8）原在军队服役，因战、因公负伤致残，已取得革命伤残军人证，到用人单位后旧伤复发；

（9）法律、行政法规规定应当认定为工伤的其他情形。

解读：考虑到职业病与意外事故导致的雇员伤害差异非常大，而且职业病风险突出的行业较为集中，未来存在职业病索赔大面积发生的可能性，条款将职业病责任从主险中剥离，通过附加险提供。

另外，根据《劳动和社会保障部关于实施〈工伤保险条例〉若干问题的意见》（劳社部函〔2004〕256号）第三条中对"突发疾病"也作了解释，认为"这里的'突发疾病'包括各种疾病。'48'小时的起算时间，以医疗机构的初次诊断时间作为突发疾病的起算时间"。因此，因突发疾病导致48小时之内抢救无效死亡的，才属于保险责任，相关的死亡赔偿金应予赔偿。除此以外的疾病（包括职业病）造成的损失、费用和责任属于除外责任。

第四条 保险事故发生后，被保险人因保险事故而被提起仲裁或者诉讼的，对应由被保险人支付的仲裁或诉讼费用以及事先经保险人书面同意支付的其他必要的、合理的费用（以下简称"法律费用"），保险人按照本保险合同约定也负责赔偿。

（三）责任免除

第五条 下列原因造成的损失、费用和责任，保险人不负责赔偿：

（1）投保人、被保险人的故意行为、重大过失行为；

（2）战争、敌对行动、军事行为、武装冲突、罢工、骚乱、暴动、恐怖活动；

（3）核辐射、核爆炸、核污染及其他放射性污染；

（4）行政行为或司法行为；

（5）地震及其次生灾害；

（6）雇员犯罪、自杀自残、斗殴，或因受酒精、毒品、药品影响造成自身人身伤亡的；

（7）雇员因疾病（包括职业病）、分娩、流产以及因上述原因接受医疗救治的，但属于本条款第三条第（6）项约定的不在此限；

（8）雇员无有效驾驶证驾驶机动车辆或无有效资格证书而使用各种专用机械、特种设备、特种车辆或类似设备装置，造成自身人身伤亡的。

解读：针对"重大过失行为"的除外表述，考虑到虽然"重大过失行为"的学理定义操作性不强，在条款中也很难列明构成"重大过失行为"的所有情形，但是保留"重大过失行为"除外，符合责任保险的表述习惯。第（5）点：地震作为不可抗力，可能造成的损失巨大，为规避地震风险给保险行业带来重大冲击，进一步控制经营风险，条款将地震及其次生灾害风险进行了除外。第（8）点，为督促用人单位尽到安全生产管理责任，对于无有效驾驶证驾驶机动车和无有效资格证使用特种设备造成的雇员自身伤亡进行了除外。

第六条   下列损失、费用和责任，保险人不负责赔偿：

（1）罚款、罚金及惩罚性赔款；

（2）精神损害赔偿；

（3）超出雇员所在地工伤保险诊疗项目目录、工伤保险药品目录、工伤保险住院服务标准的医疗费用；

（4）工伤保险已经支付的医疗费用；

（5）雇员在中华人民共和国境外（包括港、澳、台地区）发生的人身伤亡；

（6）被保险人对其承包商的雇员的赔偿责任；

（7）保险单载明的免赔额。

解读：为明确医疗费用的赔偿项目和标准，避免实践中的争议，条款采用了工伤保险待遇的标准，对超出雇员所在地工伤保险诊疗项目目录、工伤保险药品目录、工伤保险住院服务标准的医疗费用进行了除外。第（4）点，"工伤保险已经支付的医疗费用"，医疗费用以损失补偿为原则，发生保险事故后，客户可选择在工伤保险或商业雇主责任保险进行理赔，如果工伤保险已经支付的医疗费用，则商业保险不再重复赔偿。

（四）责任限额与免赔额

第七条   除另有约定外，责任限额包括每人伤亡责任限额、每人医疗费用责任限额、法律费用责任限额、每次事故责任限额及累计责任限额。

各项责任限额由投保人和保险人协商确定，并在保险单中载明。

解读：在实践中，雇主责任保险业务约定每次事故责任限额的保单比例不高。条款增加了每次事故责任限额，目的是引导运用每次事故责任限额手段，控制群死群伤事故风险，改善目前亏损的雇主责任保险经营结果。

第八条   每次事故每人医疗费用免赔额由投保人和保险人协商确定，并在保险单中载明。

解读：考虑到雇主责任保险的操作惯例是对每次事故每人医疗费用约定免赔，不设其他项目的免赔。

（五）保险期间

第九条   除另有约定外，保险期间为一年，以保险单载明的起讫时间为准。

（六）保险人义务

第十条   本保险合同成立后，保险人应当及时向投保人签发保险单或其他保险凭证。

第十一条   保险人依本保险条款第十五条取得的合同解除权，自保险人知道有解除事由之日起，超过 30 日不行使而消灭。

保险人在保险合同订立时已经知道投保人未如实告知的情况的，保险人不得解除合同；发生保险事故的，保险人应当承担赔偿责任。

第十二条　保险事故发生后，投保人、被保险人提供的有关索赔的证明和资料不完整的，保险人应当及时一次性通知投保人、被保险人补充提供。

第十三条　保险人收到被保险人的赔偿请求后，应当及时就是否属于保险责任作出核定，并将核定结果通知被保险人。情形复杂的，保险人在收到被保险人的赔偿请求后 30 日内未能核定保险责任的，保险人与被保险人根据实际情形商议合理期间，保险人在商定的期间内作出核定结果并通知被保险人。

对属于保险责任的，在与被保险人达成有关赔偿金额的协议后十日内，履行赔偿义务。保险人依照前款的规定作出核定后，对不属于保险责任的，应当自作出核定之日起 3 日内向被保险人发出拒绝赔偿保险金通知书，并说明理由。

第十四条　保险人自收到赔偿保险金的请求和有关证明、资料之日起 60 日内，对其赔偿保险金的数额不能确定的，应当根据已有证明和资料可以确定的数额先予支付；保险人最终确定赔偿的数额后，应当支付相应的差额。

（七）投保人、被保险人义务

第十五条　投保人应履行如实告知义务，如实回答保险人就被保险人的有关情况提出的询问，并如实填写投保单。

投保人故意或者因重大过失未履行前款规定的如实告知义务，足以影响保险人决定是否同意承保或者提高保险费率的，保险人有权解除保险合同。

投保人故意不履行如实告知义务的，保险人对于保险合同解除前发生的保险事故，不承担赔偿责任，并不退还保险费。

投保人因重大过失未履行如实告知义务，对保险事故的发生有严重影响的，保险人对于保险合同解除前发生的保险事故，不承担赔偿责任，但应当退还保险费。

第十六条　如未约定分期交付保险费的，投保人应当在保险合同成立时交清保险费。

第十七条　被保险人应严格遵守国家有关消防、安全、生产操作、劳动保护等方面的规定，加强安全管理，采取合理的预防措施，尽力避免或减少雇员伤害事故的发生。

保险人可以对被保险人遵守前款约定的情况进行检查，向投保人、被保险人提出消除不安全因素和隐患的书面建议，投保人、被保险人应该认真付诸实施。

投保人、被保险人未按照约定履行上述安全义务的，保险人有权要求增加保险费或者解除合同。

第十八条　在保险期间内，如保险标的的危险程度显著增加的，被保险人应当按照合同约定及时通知保险人，保险人可以按照合同约定增加保险费或者解除合同。

被保险人未履行前款约定的通知义务的，因保险标的的危险程度显著增加而发生的保险事故，保险人不承担赔偿责任。

第十九条　发生可能引起本保险项下索赔的损害事故，被保险人应该：

（1）尽力采取必要、合理的措施，防止或减少损失，否则，对因此扩大的损失，保险人不承担赔偿责任；

（2）及时通知保险人，并书面说明事故发生的原因、经过和损失情况；故意或者因重大过失未及时通知，致使保险事故的性质、原因、损失程度等难以确定的，保险人对无法确定的部分，不承担赔偿责任，但保险人通过其他途径已经及时知道或者应当及时知道保险事故发生的除外；

（3）保护事故现场，允许并且协助保险人进行事故调查；对于拒绝或者妨碍保险人进行事故调查导致无法确定事故原因或核实损失情况的，保险人对无法确定或核实的部分不承担赔偿责任。

第二十条　被保险人收到受伤害雇员或其代理人的损害赔偿请求时，应立即通知保险人。未经保险人书面同意，被保险人对该雇员或其代理人作出的任何承诺、拒绝、出价、约定、付款或赔偿，保险人不受其约束。对于被保险人自行承诺或支付的赔偿金额，保险人有权重新核定，不属于本保险责任范围或超出应赔偿限额的，保险人不承担赔偿责任。在处理索赔过程中，保险人有权自行处理由其承担最终赔偿责任的任何索赔案件，被保险人有义务向保险人提供其所能提供的资料和协助。

第二十一条　被保险人获悉可能发生诉讼、仲裁时，应立即以书面形式通知保险人；接到法院传票或其他法律文书后，应将其副本及时送交保险人。保险人有权以被保险人的名义处理有关诉讼或仲裁事宜，被保险人应提供有关文件，并给予必要的协助。

对因未及时提供上述通知或必要协助引起或扩大的损失，保险人不承担赔偿责任。

第二十二条　被保险人请求赔偿时，应向保险人提交下列索赔文件：

（1）保险单正本；

（2）索赔申请书；

（3）能够确认被保险人与受伤害雇员存在劳动关系的人事、薪资证明；

（4）公安等有关主管部门出具的事故证明；

（5）该雇员就医治疗的诊疗证明、病历（原件）及医疗费用原始单据；该雇员残疾的，由保险人认可的伤残鉴定机构出具的伤残程度证明；该雇员死亡的，由公安机关或医疗机构出具的死亡证明；宣告死亡的，由人民法院出具的宣告死亡判决；

（6）被保险人与该雇员或其代理人签订的赔偿协议书或和解书，经判决或仲裁的，应提供判决文书或仲裁裁决文书；

（7）投保人、被保险人所能提供的其他与确认保险事故的性质、原因、损失程度等有关的证明和资料。

被保险人未履行前款约定的索赔材料提供义务，导致保险人无法核实损失情况的，保险人对无法核实部分不承担赔偿责任。

第二十三条　发生保险责任范围内的损失，应由有关责任方负责赔偿的，被保险人应行使或保留向该责任方请求赔偿的权利。

保险事故发生后，保险人未履行赔偿义务之前，被保险人放弃对有关责任方请求赔偿的权利的，保险人不承担赔偿责任。

保险人向被保险人赔偿保险金后，在赔偿金额范围内代位行使被保险人对有关责任方请求赔偿的权利，被保险人未经保险人同意放弃对有关责任方请求赔偿的权利的，该行为无效。

在保险人向有关责任方行使代位请求赔偿权利时，被保险人应当向保险人提供必要的文件和其所知道的有关情况。

由于被保险人的故意或者重大过失致使保险人不能行使代位请求赔偿的权利的，保险人可以扣减或者要求返还相应的赔偿金额。

（八）赔偿处理

第二十四条　保险人的赔偿以下列方式之一确定的被保险人的赔偿责任为基础：

（1）被保险人和受伤害雇员或其代理人协商并经保险人确认；

（2）仲裁机构裁决；

（3）人民法院判决；

（4）保险人认可的其他方式。

第二十五条　除另有约定外，雇员遭受保险责任范围内的事故伤害，被保险人未向该雇员赔偿的，保险人不负责向被保险人赔偿保险金。

第二十六条　在保险责任范围内，保险人按照以下方式计算赔偿：

（1）雇员死亡的，保险人按照保险单载明的每人伤亡责任限额赔偿；

（2）雇员残疾的，由保险人认可的伤残鉴定机构依据职工工伤与职业病致残等级的现行国家标准鉴定残疾程度，保险人按照本保险合同所附伤残赔偿比例表规定的百分比，乘以每人伤亡责任限额赔偿；

（3）雇员暂时丧失工作能力超过 5 天（不包括 5 天）的，经二级以上（含）或保险人认可的医疗机构证明，保险人依据所在地的最低工资标准，按照每人/天补助误工费用，医疗期满或确定残疾程度后停发，最长不超过 365 天；如最终鉴定为残疾的，保险人对残疾赔偿金与误工费用的赔偿金额之和，以本条第 2 款计算的责任限额为限；

（4）被保险人承担的诊疗项目、药品、住院服务及辅助器具配镶费用，保险人均按照国家工伤保险待遇规定的标准，在依据本款下列①～④计算的基础上，扣除每次事故每人医疗费用免赔额，在每人医疗费用责任限额内据实赔偿。除另有约定外，医疗费用具体项目包括：

①挂号费、治疗费、手术费、检查费、医药费；

②住院期间的床位费、陪护费、伙食费、取暖费、空调费；

③就（转）诊交通费、急救车费；

④安装假肢、假牙、假眼和残疾用具费用。

除紧急抢救外，雇员均应在二级以上（含）或保险人认可的医疗机构就诊。

解读：本条款的赔偿项目分为每人伤亡赔偿金、误工费用、医疗费用、法律费用四项。其中，每人伤亡赔偿金为定额赔偿，医疗费用、误工费用、法律费用均需经过计算据实赔偿。"医疗费用"方面，为确保理赔环节的操作性，条款采用列明方式明确了医疗费用的赔偿项目，所列项目均为国家及各地工伤保险待遇内的补偿项目。另外，"各项责任限额之间关系"方面，在保险期间内，保险人对多次事故损失的累计赔偿金额不超过累计责任限额；对于每次事故造成的伤亡责任、医疗费用以及法律费用的赔偿金额之和不超过每次事故责任限额；伤亡赔偿金、误工费用之和不超过每人伤亡责任限额。其具体关系如表 8-1 所示。

表 8-1　赔偿项目的具体关系

累计责任限额
每次事故责任限额

续表

每人伤亡责任限额	每人医疗费用责任限额	法律费用
误工费	每次事故每人医疗费用免赔额	

第二十七条 在保险期间内，发生一次或多次保险事故时，保险人按照以下方式处理：

（1）保险人针对每名雇员赔偿的伤亡赔偿金、误工费用之和不超过每人伤亡责任限额；针对每名雇员赔偿的医疗费用不超过每人医疗费用责任限额；

（2）对应由被保险人支付的法律费用的累计赔偿金额不超过法律费用责任限额；

（3）发生一次保险事故造成一名及以上雇员伤害的，保险人针对雇员伤亡赔偿金、误工费用、医疗费用以及法律费用的赔偿金额之和不超过每次事故责任限额；

（4）保险人对多次保险事故的累计赔偿金额不超过累计责任限额。

第二十八条 保险人按照被保险人提供的雇员名单承担赔偿责任。

被保险人对名单以外的雇员承担的赔偿责任，保险人不负责赔偿。

解读：条款坚持了雇主责任保险业务的规范操作，要求雇员记实名承保，对于不在承保雇员清单中的雇员伤害，不属于保险责任。

第二十九条 被保险人向保险人请求赔偿保险金的诉讼时效期间为两年，自其知道或者应当知道保险事故发生之日起计算。

（九）争议处理

第三十条 合同争议解决方式由当事人在保险合同中约定的下列两种方式中选择一种：

（1）因履行本保险合同发生的争议，由当事人协商解决，协商不成的，提交保险单载明的仲裁委员会仲裁；

（2）因履行本保险合同发生的争议，由当事人协商解决，协商不成的，依法向人民法院起诉。

第三十一条 本保险合同的争议处理适用中华人民共和国法律（不包括港、澳、台地区法律）。

（十）其他事项

第三十二条 保险责任开始前，投保人要求解除保险合同的，应当向保险人支付相当于保险费5%的退保手续费，保险人应当退还剩余部分保险费；保险人要求解除保险合同的，不得向投保人收取手续费并应退还已收取的保险费。

保险责任开始后，投保人要求解除保险合同的，自通知保险人之日起，保险合同解除，保险人按照保险责任开始之日起至合同解除之日止期间与保险期间的日比例计收保险费，并退还剩余部分保险费；保险人也可提前15日向投保人发出解约通知书解除保险合同，并按保险责任开始之日起至合同解除之日止期间与保险期间的日比例计收保险费，并退还剩余部分保险费。

第三十三条 本保险合同约定与《中华人民共和国保险法》等法律规定相悖之处，以法律规定为准。本保险合同未尽事宜，以法律规定为准。

（十一）释义

第三十四条 本保险合同涉及下列术语时，适用下列释义：

【雇员】指与被保险人存在劳动关系、事实劳动关系的年满 16 周岁的劳动者及其他按国家规定和法定途径审批的劳动者。

【依法】指依照中华人民共和国法律（不包括港、澳、台地区法律）。

【无有效驾驶证驾驶】指下列情形之一：

（1）无驾驶证，驾驶证被依法扣留、暂扣、吊销、注销期间；

（2）驾驶与驾驶证载明的准驾车型不相符合的车辆；

（3）持审验不合格的驾驶证驾驶。

【职业病】指符合国家现行的职业病分类和目录的疾病。

【保险人认可的伤残鉴定机构】指司法鉴定机构以及国家卫生部医院等级分类中的二级以上（含）的医疗机构。伤残程度一览表，见表 8 - 2。

表 8 - 2 伤残程度一览表

项目	伤残程度	百分比/%
（一）	一级伤残	100
（二）	二级伤残	80
（三）	三级伤残	65
（四）	四级伤残	55
（五）	五级伤残	45
（六）	六级伤残	25
（七）	七级伤残	15
（八）	八级伤残	10
（九）	九级伤残	4
（十）	十级伤残	1

任务二 辨析各类责任保险

学习目标

通过本任务的学习，能辨析各类责任保险，并能进行责任保险案例分析。

《《《 引入

保险业制定首个环保责任保险金融行业标准

为促进环境污染责任保险发展，发挥保险作用服务国家环境治理，中国保险监督管理委员会近日发布实施《化学原料及化学制品制造业责任保险风险评估指引》（以下简称《指引》）。

制定实施《指引》是贯彻落实国务院《关于加强环境保护重点工作的意见》、环境保护部与中国保监会联合印发的《关于开展环境污染强制责任保险试点工作的指导意见》等文件要求的具体举措。2013 年 10 月，保监会组织中国保险行业协会及相关保险机构开展《指引》研究制定工作。经反复研究论证，《指引》于 2017 年初获全国金融标准化技术委员会批准，成为保险业首个环保责任保险金融行业标准。

《指引》对化学原料及化学制造企业的环境污染风险从政策、经营、管理、工艺、运输、行业、敏感环境等方面进行量化分析。通过对企业基本情况、生产工艺、主体工程及环保工程、企业选址环境敏感性、安全管理措施、安全及污染事故情况等方面进行量化分析，计算复杂的化学原料及化学制造企业的相关风险，为保险公司承保前风险评估制定了参考标准。该标准对规范保险公司承保前风险评估行为，稳定投保企业的生产经营秩序，保护环境污染受害者的合法权益将起到重要作用。

（资料来源：《保险业制定首个环保责任保险金融行业标准》中国保险监督管理委员会，2017 年 5 月 22 日）

活动一　分组讨论分析公众责任保险案例

某年 7 月 15 日，5 岁的豆豆随妈妈到某商场四楼儿童用品部的一冷饮销售处买饮料喝，在喝完饮料后，豆豆独自跑到位于电梯旁边的果皮箱扔冷饮盒，不慎摔下了电梯。豆豆被迅速送往该市人民医院急救，但因原发性脑干损伤，小豆豆抢救无效死亡。因该商场已在某保险公司投保了顾客团体意外伤害险，在事故发生后，保险公司按照合同规定赔付给豆豆的父母 3 万元。但保险公司赔付后，豆豆父母又向商场进行索赔。该商场认为，商场投保"团体意外伤害保险"，就是为了维护消费者的利益，也减少自身风险。保险公司赔付的保险金就是商家对顾客的责任，因此不同意在保险公司赔偿之后再承担任何赔偿责任。你认为该案件应该如何处理？

知识平台

一、公众责任保险

公众责任保险承保被保险人在固定场所或地点进行生产营业或其他活动中，因疏忽、过失行为致使公众利益受到损害依法应承担的民事损害赔偿责任。在许多国家，公众责任保险也被称为普通责任保险或综合责任保险。我国《民法通则》是调整民事关系的基本法，凡损害他人身体或财产的，均应承担赔偿责任。

（一）公众责任保险的种类

1. 场所责任保险

其承保固定场所因存在结构上的缺陷或管理不善，或被保险人在该场所内进行生产经营活动时因疏忽发生意外事故给他人造成损害的经济赔偿责任，如旅馆责任保险、电梯责任保险、展览会责任保险、车库责任保险、游乐场责任保险等。我国公众责任保险主要适用于场所责任。

2. 承包人责任保险

其适用于建筑、安装、修理工程等承包人、承保被保险人在进行合同项下的工程或其他作业时造成他人损害的赔偿责任（工程保险的第三者责任）。

3. 承运人责任保险

其承保承运人在进行客货运输中所造成的损害赔偿责任。

4. 个人责任保险

其承保私人住宅及个人在日常生活中造成的损害赔偿责任。

（二）公众责任保险的基本内容

1. 保险责任

一是被保险人在保险单列明地点和保险有效期内发生意外事故引起他人的人身伤亡、财产损失在法律上应承担的赔偿责任；二是经保险公司事先同意的被保险人发生损害事故引起的诉讼、抗辩费用。

2. 责任免除

公众责任保险的责任免除概括为三大类：一是绝对责任免除，即保险人不能承保的风险，如被保险人的故意行为、军事、战争、核武器、核反应等核风险；二是不能在公众责任保险中承保的但可以在其他保险中承保的风险，如被保险人的职工或雇员所遭受的损害，不在公众责任保险的责任范围之内，但属于雇主责任保险的责任范围；三是经过加具批单、增收保险费才能承保的风险。

3. 赔偿限额和免赔额

赔偿限额由保险双方根据可能发生赔偿责任的风险大小协商制定，可分为财产损失限额和人身伤亡限额两部分，也可将它们合并为一个限额。有的保险单仅规定每次事故的责任限额，无累计限额的规定；有的保险单既规定每次事故的责任限额，又规定保险期限内的累计限额。但采用累计赔偿限额的不多。公众责任保险项下人身伤亡无免赔额规定，但对财产损失都规定有每次事故的免赔额。

4. 保险期限和保险费率

保险期限一般为一年或短于一年。被保险人的索赔期限，从损失发生之日起，不得超过一年。公众责任保险多以"期内发生式"为承保基础。

我国公众责任保险单的费率表（年度）是以每次事故的累计赔偿限额和经营性质来分类的，以赔偿限额乘以适当费率计收保险费。

5. 代位追偿权

📚 **小思考**

首先看一个案例：某消费者在一家投保了公众责任保险的餐厅用餐，服务员在开启酒瓶时，酒瓶爆裂，致害于该消费者。后经鉴定，啤酒瓶系因质量问题而爆炸。

问：谁应对消费者所受损害承担责任？消费者向谁索赔？餐厅、啤酒商能否从中获利？

责任保险同样适用于财产保险的损害补偿原则，无疑代位追偿权应适应于责任保险。其适用范围非常狭窄，仅适用于共同侵权的情形。即被保险人和其他共同侵权行为人致人损害而应当承担连带责任时，保险人依照保险合同对被保险人承担赔偿责任后，可以就其他共同侵权行为人应当承担的赔偿责任份额，代位被保险人请求其他共同侵权人予以赔偿。

活动二　分组讨论分析产品责任保险案例

北京某生物医药工程公司在某保险公司投保了质量责任险。某年3月，被保险人医药工程公司投保的产品"人工股骨"，在植入病人高某体内两年后断裂。现高某要求医药公司赔偿医药费、误工费等实际支出，另要求依医药工程公司与保险公司签订的产品质量责任保险合同得到10万元的赔偿，但要求被拒绝。高某便委托其代理人向某区人民法院提起诉讼。您认为本案应该处理？

知识平台

二、产品责任保险

（一）产品责任保险的含义

产品责任保险承保被保险人生产、销售的缺陷产品，造成使用者或其他人的财产损失和人身伤害应负的经济赔偿责任。

目前，我国办理的产品责任保险主要有电热毯、电视机、洗衣机、电冰箱、空调器、防盗门、食品、药品等产品责任保险。

（二）产品责任保险的主要内容

1. 投保人与被保险人

投保人与被保险人是制造商、出口商、进口商、批发商、零售商以至修理商等一切可能对产品事故造成损害负有赔偿责任的人，都可投保产品责任保险，但以制造商投保的居多。其中，被保险人除投保人本身外，经投保人申请和保险人同意，也可将其他有关各方作为被保险人（必要时须加费），并规定各被保险人之间的责任互不追偿。

2. 保险责任

（1）在保险有效期内，被保险人生产、销售、分配或修理的产品发生事故，造成用户、消费者或其他任何人的人身伤害或财产损失，依法应由被保险人承担的赔偿责任。

（2）被保险人为产品事故所支付的诉讼、抗辩费用及其他经保险人事先同意支付的费用。

3. 除外责任

（1）被保险人根据合同或协议应承担的责任。

（2）被保险人根据劳工法或雇佣合同对其雇员及有关人员应承担的责任。

（3）被保险人所有或照管或控制的财产的损失。

（4）被保险人故意违法生产、销售的产品发生事故，造成用户或其他人的人身伤害或财产损失。

（5）被保险产品本身的损失（属于产品质量保证保险的责任）以及回收有缺陷产品造成的费用及损失。

4. 责任限额

产品责任保险的责任限额，根据不同产品事故后可能引起的赔偿责任的大小，以产品销售区域确定。在确定责任限额时应考虑不同产品、不同地区的差异，可能发生较大赔偿责任的产品或销往实行绝对责任地区产品，采取较高的责任限额。

食品、药品或某些机电产品，发生事故后可能造成众多的人员伤害或财产损失，应确定较高的责任限额。销往美国的产品，一旦发生事故，索赔金额巨大，因此其赔偿限额也应高于销往其他国家的产品。

责任限额由被保险人提出，经保险人同意后在保险单中列明。

产品责任保险单通常规定两项限额，即每次事故的限额和保单累计限额。这两种限额下还分别划分为人身伤害限额和财产损失限额。赔偿限额应根据不同产品、不同地区发生事故后可能引起赔偿责任的大小确定。保险人所负责的诉讼抗辩费用，可在限额以外偿付。

5. 保险期限与承保基础

产品责任保险的保险期限通常为一年，期满可以续保。产品责任保险可以已"期内发生式"或"期内索赔式"作为承保基础。

1）期内发生式

以保险事故发生为前提，即不论产品什么时候生产或销售，只要产品事故发生在保险期限内，不管受害人是否在保险期限内向被保险人提出索赔，只要在保险合同规定的追溯期内，保险人都必须履行赔偿责任。

2）期内索赔式

以索赔为前提，即不论产品事故是否发生在保险期限内，只要在保险合同规定的上溯期内，保险人对于保险期限内发生的受害人向致害人提出的索赔都必须履行赔偿责任。

传统的责任保险大多采用"期内发生式"。原则上讲，凡保险事故发生后能够立即得知或发现的，宜采用"期内发生式"；反之，如果保险事故发生后不能立即得知或发现的，宜采用"期内索赔式"。例如，某些具有缺陷"潜伏期"的产品（如药品）应采取"期内索赔式"。

小思考

假设某制药厂在 1998 年投保了产品责任保险，保险期限为一年。在保险期限内，某患者服用了该厂生产的已投保了产品责任保险的药品，因药品配制上的过失导致该患者身体受到了潜在的伤害。该患者于 2000 年发现并提出索赔。

问：如果该保单以"期内发生式"为承保基础，那么保险人对此索赔需不需要负赔偿责任？若以"期内索赔式"为承保基础，则需不需要负赔偿责任？

6. 保险费率

不同产品以及不同的承保条件应制订不同的费率。应根据以下因素决定费率的高低：产品的特点和可能对人体或财产造成损害的风险大小；赔偿限额的高低；适用的地区范围大小；产品数量和产品价格的区别；保险人以往经营该项业务的损失赔付统计资料。

7. 承保方式及保险费计算

通常按照制造商、销售商生产或销售的全部产品承保，并按上年的生产、销售总额或营业收入总额预收保险费，待保险期限结束后再根据实际生产或销售产品的情况计算保险费，多退少补。经保险公司同意，也可按指定的某一产品甚至某一批产品投保，或仅仅投保销往某个地区或国家的产品。

保费的计算公式为

$$应收保险费＝上年度生产（销售）总额×适用费率$$

8. 赔偿处理

产品发生责任事故后，责任方如何承担赔偿责任，由当地法院根据有关产品质量法律规定。但是，责任方所负责任的划分及其大小，却因各国法律制度的不同而有较大差异。

产品责任的法律赔偿原则经历了三个阶段：合同关系原则；疏忽责任原则；严格责任原则。

1）合同关系原则

合同关系原则是指产品事故的受害人（消费者或用户）必须同生产商、制造商或销售商有生产或销售合同，才能向生产商或销售商提起诉讼，而且只能在合同规定的范围内向被告索赔。

众所周知，产品最终用户或消费者往往与生产商或销售商没有合同关系，因而无权提出索赔。所以，这一原则是以维护生产商和销售商的利益出发，对消费者或用户极为不利。

2）疏忽责任原则

疏忽责任原则又叫"举证责任原则"，是指用户在使用产品过程中受到损害，就可以向生产商或销售商提出索赔，但必须负举证之责，能够证明以下事实的存在：致害人在产品设计或制造中有缺陷；该缺陷必须保持原状到受害人受害之时；受害人对该缺陷必须是未知的，既经过简单检查未能发现的；受害人对产品的使用与产品的用途是一致的。对受害人而言，疏忽责任比合同责任较为有利，但因有"举证之责"的限制，在索赔时仍有困难。因为举证产品在设计或制造中的缺陷并非普通消费者的知识和能力之所及。

3）绝对责任原则

绝对责任原则又叫严格责任原则，即消费者或用户因使用某中产品造成损害，即使未能证明制造商或销售商有过失，制造商或销售商也要承担责任。绝对责任原则对消费者相当有利，对于生产者和销售者提出了很高的产品质量要求。目前，美国等发达国家在处理产品损害赔偿问题时，普遍采用了绝对责任原则。

生产出售的同一批产品或商品，由于同样原因造成多人的人身伤害、疾病或死亡或多人的财产损失，应视为一次事故造成的损失。

被保险人的索赔期限，从损失发生之日起，不得超过两年。

活动三 分组讨论分析职业责任保险案例

某医院向保险公司投保了医疗责任保险，保险合同规定每起事故赔偿限额为 50 000 元。在保险期间内，该医院接受孕妇李某作胎儿性别鉴定，结论是"胎儿性别为女性"。结果，孕妇生产时却发现生下来的是男孩，孕妇遂以医院医疗责任事故为由向法院起诉，要求院方赔偿责任。你认为该案件应该如何处理？本案例中的情况是否属于医疗事故？是否构成保险赔偿，为什么？假如法院判决院方赔偿 8 万元，同时承担 2 000 元诉讼费，保险人应该赔偿多少？

■ 知识平台

三、职业责任保险

（一）职业责任保险的含义

承保各种专业技术人员因从事职业技术工作时的疏忽或过失造成合同对方或他人的损失。在当代社会，医生、会计师、律师、设计师等技术工作者均存在职业责任风险，因此，就出现了医疗责任保险、律师责任保险、会计师责任保险等险种。保险公司对不同专业技术人员的保险，确定不同的保险内容和条件，用专门设计的保险单和条款承保。

职业责任保险一般由提供专业技术服务的单位投保，如医院、设计院、律师事务所等。如果是个体专业技术人员如私人医生等，则由其本人投保个人职业责任保险。

（二）职业责任保险的主要内容

1. 保险责任

（1）保险单只负责专业人员由于职业上的疏忽行为、错误或失职造成的损失，而不负责与该职业无关的原因，如被保险人在场所以外或其他行为造成的损失。

（2）保险单负责的被保险人的职业疏忽行为，不仅包括被保险人自己，还包括被保险人从事该业务的前任、被保险人的雇员及从事该业务的雇员的前任的职业疏忽行为。在被保险人为一个单位的情况下，对应由个人承担的职业责任不予负责。有时个人责任和单位责任不易划分，所以，该两种保险最好在同一保险公司投保。

（3）赔偿责任包括两方面：被保险人因责任事故的发生的依法应承担的赔偿金和法律诉讼费用。

2. 除外责任

（1）因被保险人及其从事该业务的前任，被保险人的任何雇员及从事该业务雇员的前任不诚实、欺骗、犯罪或恶意行为所引起的任何索赔。

（2）因文件的灭失或损失引起的任何索赔。

（3）被保险人隐瞒或欺诈行为，或在保险期间不如实报告情况而引起的任何责任。

（4）被保险人被指控有对他人诽谤或恶意中伤而引起的索赔。

3. 承保条件及保险期限

职业责任保险通常采取以"期内索赔式"为基础的条件承保，即保险人仅对保单有效期内提出的索赔负责，而不管导致索赔的事故是否发生在该保单的有效期内。为使风险责任有所控制，保单一般都规定一追溯日期，只有从追溯日期起发生的疏忽行为并在保单有效期内提出的索赔，保险人方可负责。

■ 小思考

假如某保险单保险期限为 2019 年 1 月 1 日至 2019 年 12 月 31 日，追溯日期为 2017 年 1 月 1 日。那么，只有在什么条件下保险人才予以负责？

在某些国家，有的保险人也按事故发生为基础的条件承保，保险公司仅对保险有效期内发生事故引起的损失负责，而不问是否在有效期内提出索赔。采取这种条件承保，其赔偿责任的确定往往要拖很长时间，而且因为货币贬值等因素，最终索赔数可能大大超过疏忽行为发生当时的水平。

4. 赔偿限额

职业责任保险的赔偿限额一般为累计限额，而不规定每次事故的限额；但也有些保险人采用每次索赔或每次事故的限额，并不规定累计赔偿限额，法律诉讼费用则在限额以外另行赔付。

5. 保险费率

职业责任保险费率的确定需要考虑许多因素：被保险人及其雇员从事的职业种类；被保险人每年提供专业技术服务的业务数量；被保险及其雇员的专业技术水平、工作责任心和个人品质；被保险人的职业责任事故记录；赔偿限额和免赔额的高低。

（三）目前保险公司开办的一些新险种

1. 律师职业责任保险

经我国司法行政管理部门批准成立并依法有效存续的律师事务所，均可作为投保人或被保险人。凡被保险人在册工作人员，在本保险有效期内，在中国境内以执业律师身份代表被保险人办理约定的律师业务时，由于错误、过失或疏忽行为而违反《中华人民共和国律师法》（以下简称《律师法》）及律师委托合同的约定责任，而致委托人的经济损失，依法应承担的经济赔偿责任，保险人根据本保险单的规定，在约定的赔偿限额内予以赔付。由此而支出的诉讼费用，保险人亦负责赔偿。

2. 供电责任保险

供电责任保险是专为供电企业提供保障的一个险种。供电企业在运营过程中可能出现因施工造成的供电线路断路、断路、搭错线等现象，导致第三者人身伤亡或财产损失。根据《民法通则》和《中华人民共和国电力法》（以下简称《电力法》），供电企业对此承担赔偿责任。为了有效转嫁风险，减轻供电企业的赔偿压力，最佳途径是投保供电责任保险。保险公司不仅承担事故发生后的赔偿责任，而且将在风险管理、防灾防损方面给予大力协助。

3. 机场责任保险

机场责任险的投保人为国内各主要机场，保障范围是机场在经营业务或提供服务过程中，对人身伤亡/财产损失负有赔偿责任时的损失补偿。此外，还有一些扩展保障范围，包括：人身侵犯（如机场对个人的非法拘禁）；火灾救援服务；机场租用或借用飞机的损失；机场合同或分包商的失误造成的损失；航空战争、劫持等风险。

4. 旅行社责任保险

旅行社责任保险是中国人民财产保险股份有限公司推出的新险种之一。凡是在中华人民共和国境内依法设立并登记注册、合法经营的旅行社均可作为被保险人参加本保险。本保险还有附加旅行社特殊旅游项目责任保险，专门针对赛车、赛马、攀崖、滑翔、探险性漂流、潜水、滑雪、滑板、跳伞、热气球、蹦极、冲浪等高风险旅游活动中发生的保险事故进行赔偿。

5. 校方责任保险

近年来，因学生在校内或学校组织的校外活动中发生意外伤害事故而向校方提起索赔的现象越来越多，而学校对学生负的这种保护和管理义务越来越为社会所关注，有的地方人大代表还提出了校园安全立法的提案。由中国人民财产保险股份有限公司最新推出的校园方责任保险将帮助校方转嫁赔偿责任，根据条款规定赔偿给学生，既为学校分忧，保障了校方的正常工作秩序，也使学生得到赔偿，维护了学生的合法权益。

6. 医疗责任保险

近年来，随着人们法律意识的增强，对医疗纠纷的索赔日渐增多。为保障医患双方的利益，中国人民财产保险股份有限公司推出医疗责任保险，承担医院因医疗事故或差错对病人的经济赔偿责任，既有利于减少医患纠纷、弥补病人损失，更为医院提供了保障，有利于医院保持经营的稳定和营业秩序的正常。无论是依法设立有固定场所的医疗机构，还是经国家有关部门认定合格的医务人员，均可通过购买医疗责任保险实现风险转嫁。

7. 保险中介人职业责任保险

其是指承保中介人因业务上的错误、遗漏或其他过失行为，致使他人财物损失依法应承担的赔偿责任。尤其是保险公估人，如果超越委托权限，实施了某种"违法"行为或"因过错"给当事人造成损害，应当由行为事实保险公估人所在的公估机构对当事人承担经济赔偿责任。因此，保险监管规定从事公估业务的公估人必须办理职业责任保险。

活动四　分组讨论分析雇主责任保险案例

某货物运输公司为其所雇用的50名驾驶员与某保险公司订立了雇主责任险合同。合同规定：每人死亡赔偿限额是40个月工资，伤残赔偿最高限额为48个月。投保人按保单约定缴纳了保险费。保险期间内某日，公司驾驶员任某驾驶的大货车发生车祸，任某受伤，花费医疗费10万元。由于该公司还为每名员工参加了工伤保险，因此，是不是有了工伤保险，保险公司就可以不用赔付？为什么？

知识平台

四、雇主责任保险

（一）雇主责任保险的含义

其是以被保险人即雇主的雇员在受雇期间从事业务时因遭受意外导致伤、残、死亡或患有与职业有关的职业性疾病而依法或根据雇佣合同应由被保险人承担的经济赔偿责任为承保风险的一种责任保险。

构成雇主责任的前提条件是雇主与雇员之间存在着直接的雇佣合同关系。

雇用的人员包括长期固定工、短期工、临时工、季节工和徒工。

（二）雇主责任保险的主要内容

1. 投保人与被保险人

由于雇主责任保险是以雇主责任为承保风险的责任保险，所以雇主责任保险的投保人和被保险人都是雇主，但受益人是与雇主有雇佣关系的雇员。

2. 保险责任

很多企业在经营管理中，如雇员在工作中发生意外，为了获得更好的保障，会要求雇主进行赔偿。但是一般情况下，如果雇员要求雇主进行赔偿，那么首先便要满足造成意外事故的原因是由于雇主的过失，那么雇主的哪些过失会造成雇主责任呢？

第一，雇主提供的工作地点、机器工具以及相关的工作程序存在着一定的风险性，并不能够保证百分百的安全。

第二，雇主雇用的管理人员没有发挥相应的作用，并且在工作的过程中非常的不称职。

第三，由于雇主的直接疏忽而导致雇员受伤的情况。

只有满足上述条件，才能够确定工伤的原因是由于雇主的过失，这样才能够真正地构成雇主责任。

被保险人雇用的人员包括长期固定工、短期工、临时工、季节工和徒工，在保单有效期间，在受雇过程中包括上下班途中，在保单列明的地点，从事保单列明的业务活动时，遭受意外而受伤、致残、死亡或患与业务有关的职业性疾病所伤残或死亡的经济赔偿责任；因患有与业务有关的职业性疾病而导致所雇用员工伤残或死亡的经济赔偿责任；被保险人应支付的有关诉讼费用。

3. 除外责任

下列原因导致的责任事故通常除外不保：一是战争、暴动、罢工、核风险等引起雇员的人身伤害；二是被保险人的故意行为或重大过失；三是被保险人对其承包人的雇员所负的经济赔偿责任；四是被保险人的合同项下的责任；五是被保险人的雇员因自己的故意行为导致的伤害；六是被保险人的雇员由于疾病、传染病、分娩、流产以及由此而施行的内、外科手术所致的伤害等。

4. 保险费率

雇主责任保险的保险费率，一般根据一定的风险归类确定不同行业或不同工种的不同费率标准，同一行业基本上采用同一费率，但对于某些工作性质比较复杂、工种较多的行业，则还须规定每一工种的适用费率。同时，还应当参考赔偿限额。

雇主责任保险费的计算公式为

应收保险费＝A 工种保险费（年工资总额×适用费率）＋B 工种保险费（年工资总额×适用费率）＋…

其中

$$年工资总额＝该工种人数×月平均工资收入×12$$

如果有扩展责任，还应另行计算收取附加责任的保险费，它与基本保险责任的保险费相加，即构成该笔业务的全额保险费收入。

5. 赔偿限额

在处理雇主责任保险索赔时，保险人必须首先确立受害人与致害人之间是否存在雇佣关系。根据国际上流行的做法，确定雇佣关系的标准包括：一是雇主具有选择受雇人的权力；二是由雇主支付工资或其他报酬；三是雇主掌握工作方法的控制权；四是雇主具有中止或解雇受雇人的权力。

雇主责任保险的赔偿限额，通常是以每一雇员若干个月的工资收入作为其发生雇主责任保险时的保险赔偿额度，每一雇员只适用于自己的赔偿额度。

在一些国家的雇主责任保险界，保险人对雇员的死亡赔偿额度与永久完全残废赔偿额度是有区别的，后者往往比前者的标准要高。但对于部分残废或一般性伤害，则严格按照事先规定的赔偿额度表进行计算。其计算公式为

$$赔偿金额＝该雇员的赔偿限额×适用的赔偿额度比例$$

如果保险责任事故是第三者造成的，保险人在赔偿时仍然适用权益转让原则，即在赔偿后可以代位追偿。

需要注意的是，在雇主责任保险中，规定了个人保险金额和事故限额，每次发生保险事故，若有多位被保险人受伤，则对每一被保险人保险金给付额的总和不超过事故限额；对个人而言，在保险期限内获得的保险金给付总额不超过个人的保险金额，亦即所谓的"双重限额"。

（三）附加险

1. 附加第三者责任保险

该项附加险承保被保险人（雇主）因其疏忽或过失行为导致雇员以外的他人人身伤害或财产损失的法律赔偿责任，它实质上属于公众责任保险范围，但如果雇主在投保雇主责任保险时要求加保，保险人可以扩展承保。

2. 附加雇员第三者责任保险

该项附加保险承保雇员在执行公务时因其过失或疏忽行为造成的对第三者的伤害且依法应由雇主承担的经济赔偿责任。

3. 附加医药费保险

该项附加险种承保被保险人的雇员在保险期限内，因患有疾病等所需的医疗费用的保险，它实质上属于普通人身保险或健康医疗保险的范畴。

此外，雇主责任保险还可以附加战争等危险的保险和附加疾病引起的雇员人身伤亡的保险。

五、第三者责任保险

第三者责任保险是指被保险人由于自身的过错、疏忽等给第三方的造成人身伤害和财产损失，依法或依惯例须由被保险人承担的经济赔偿责任由保险人承担的保险。在机动车辆第三者责任保险中，指被保险人或其允许的驾驶人员在使用保险车辆过程中发生意外事故，致使第三者遭受人身伤亡或财产直接损毁，依法应当由被保险人承担的经济责任，保险公司负责赔偿。同时，若经保险公司书面同意，被保险人因此发生仲裁或诉讼费用的，保险公司在责任限额以外赔偿，但最高不超过责任限额的30%。该部分已在前面项目学习过，这里只是简单介绍一下。

任务三　辨析责任保险业务处理

学习目标

通过本任务的学习，清楚责任保险承保与理赔流程。

《《《引入

某市政公司于某年5月向保险公司投保了公众责任保险，保险责任是其施工过程中的过失造成他人的人身伤害或财产损失的赔偿责任，赔偿限额为每起事故10 000元。同年10月2日，该公司一队工人在维修路边窨井时因下大雨跑回施工棚，忘记在井边设立标志，也未盖好窨井盖子。傍晚时分，雨还在下，一行人骑自行车经过此地时跌入井中受伤，并受感染而致死。

受害人家属向该市人民法院起诉要求市政公司承担损害赔偿责任。法院判决被告方应向死者家属支付 16 756 元。你认为保险公司是否应承担赔偿责任？赔偿多少？如果保险公司赔偿的不够受害人怎么办？

活动　分组模拟演练责任保险承保过程

知识平台

一、责任保险的承保

（一）明确保险责任与责任免除

我们知道，责任保险所承保的风险是被保险人对第三者依法应负的民事损害赔偿责任。即一是依法应承担的经济赔偿责任（赔偿限额内），其具体包括：财产损害赔偿（间接损失和被保险人自身财产损失除外）和人身伤害赔偿（赔偿金含医疗费、误工费、护理费、交通费、住宿费、住院伙食补助费、营养费、残疾赔偿金、残疾辅助器具费、康复费、后续治疗费、丧葬费、被抚养人生活费、死亡赔偿金、精神损害抚慰金，以及参加丧葬活动的患者的配偶和直系亲属所需交通费、误工费、住宿费等）。二是合理的费用支出（因赔偿纠纷引起的由被保险人支付的诉讼费、律师费以及其他事先经过保险人同意支付的）。

责任免除部分包括：法定除外责任（含已发生的保险事故、道德风险、不经济防损而扩大的损失）和约定除外责任（含不可抗力引起的损害赔偿责任、核风险、被保险人的亲属、雇员的人身伤害或财务损失，以及被保险人所有、占有、使用或租赁的财产，或由被保险人照顾、保管或控制的财产损失，和被保险人的合同责任（特别约定除外））。

（二）明确承保方式

（1）作为与财产损失保险的组成部分或附加险来承保，不签发专门的责任保险单。

（2）作为财产损失保险相联系的险种独立承保，签发专门的责任保险单。

（3）作为完全独立的责任保险单独承保，签发独立的责任保险单。

（三）确定承保基础

1. 以索赔为基础的承保方式

所谓以索赔为基础的承保方式，是保险人仅对在保险期内受害人向被保险人提出的有效索赔负赔偿责任，而不论导致该索赔案的事故是否发生在保险有效期内。这种承保方式实质上是使保险时间前置了，从而使职业责任保险的风险较其他责任保险的风险更大。

采用上述方式承保，可使保险人能够确切地把握该保险单项下应支付的赔款，即使赔款数额在当年不能准确确定，至少可以使保险人了解全部索赔的情况，对自己应承担的风险责任或可能支付的赔款数额作出较切合实际的估计。

同时，为了控制保险人承担的风险责任无限地前置，各国保险人在经营实践中，又通常规定一个责任追溯日期作为限制性条款。

2. 以事故发生为基础的承保方式

该承保方式是保险人仅对在保险有效期内发生的职业责任事故而引起的索赔负责，而不论受害方是否在保险有效期内提出索赔，它实质上是将保险责任期限延长了。

它的优点在于保险人支付的赔款与其保险期内实际承担的风险责任相适应，缺点是保险人在该保险单项下承担的赔偿责任往往要经过很长时间才能确定，而且因为货币贬值等因素，受害方最终索赔的金额可能大大超过职业责任保险事故发生当时的水平或标准。在这种情况下，保险人通常规定赔偿责任限额，同时明确一个后延截止日期。

从一些国家经营职业保险业务的惯例来看，采用以索赔为基础的承保方式的职业责任保险业务较多些，采用以事故发生为基础的承保方式的职业责任保险业务要少些。

（四）了解司法管辖

民事法律赔偿关系有两层：第三者向被保险人索赔；被保险人向保险人索赔。后者行为的规范是我国的《保险法》《合同法》，前者的行为规范则要具体分析，但通常受我国的司法管辖。

根据惯例，司法管辖权范围与承保区域相一致。

（五）厘定费率

1. 责任保险费率厘定的原则

（1）保险费率应与承担的风险高低成正比。

（2）简便易行，便于计算。

（3）厘定费率的基础应准确无误并易于取得。

为保障保险人的偿付能力，最终保护受害人的利益责任保单中常有最低保险费的规定。如一份雇主责任保单最低保险费 500 元，一份产品责任保单最低保险费 2 万元等。

2. 责任保险费率厘定的因素

（1）被保险人的业务性质、工作环境、产品种类、产生责任事故可能性的大小。

（2）赔偿限额和免赔额的高低。

（3）营业范围、承保区域的大小。

（4）司法管辖、当地法律对损害赔偿规定的区别等。

（六）承保流程

1. 展业准备

展业人员必须熟悉责任保险相关内容。

2. 展业宣传

宣传责任保险相关内容。

3. 风险评估

全面了解投保项目，作出风险评估。

4. 保险建议

为客户提供防灾防损和保险建议书。

5. 承保方案

根据风险评估、客户的反馈意见，制定承保方案。

6. 投保验险

填写投保单，检验核保。

7. 缮制保险单

复核核保意见、核收保险费、出单和出收据。

二、责任保险的理赔

（一）接受报案

报案管理实行保险服务专线接受报案的集中管理方式，帮助客户报案或其他途径接到客户报案的均要通过服务专线，由专线信息员进行接受报案的工作程序。

1. 询问案情

专线信息员接到报案时，应详细询问投保险种及附加险、被保险人名称、保单号码、出险时间、出险地点、出险原因、人员伤亡、是否采取施救措施和善后处理、报案人姓名、联系电话及方式等情况。

2. 查询承保、理赔信息

业务人员查抄保单、批单等有关单证，了解客户承保及以往理赔情况，或直接进行记录。注意查询内容：保险单底、批单副本、缴费情况、分保情况以及以往有关承保、理赔的信息，以便了解被保险人的保险情况。

3. 报案登记

在《出险报案登记表》上记录出险情况、客户及承保等有关信息。

4. 通知查勘定损

（1）对于待查勘定损地点在覆盖范围内的报案，依据出险报案信息，需要赴现场查勘的，应迅速安排出险地公司查勘定损，非正常上班时间通知值班查勘定损人员。同时，对于一些特定/重大出险案件，立即通知上级公司参与查勘定损。

（2）对于查勘定损地点在覆盖范围外的报案，依据出险报案信息，应迅速通知相关人员安排查勘定损，非正常上班时间通知值班查勘定损人员。

（二）查勘定损

1. 查勘定损工作程序

（1）查勘定损人员接到专线信息员通知后，应立即将承保情况与报案记录的内容详细核对，如被保险人名称是否相符、出险日期是否在保险期限内、雇员伤亡是否属于承保的责任范围、索赔是否失效等情况，初步审核报案人所述事故是否属于保险责任范围。对于明显不属于保险责任的情况，应与客户明确说明，并耐心细致地向客户做好解释工作。同时通知专线信息员在报案画面相关项目内填写拒赔或不予受理的理由，并进行立案前的拒赔处理。

（2）与被保险人联系，了解事故的概况和性质，根据情况决定是否勘查事故现场，或者进行必要的事故调查。需勘查事故现场的由两人完成。对复杂的事故可以通知医疗跟踪人员介入，根据需要邀请有关部门或聘请专家查明原因，做出鉴定，调阅、封存被保险人有关记录。

（3）对附加险受损害的第三者已经向法院或仲裁机构起诉被保险人的，查勘定损员应索取起诉状、仲裁申请书及其他法律文书，询问被保险人是否已委托律师介入司法程序，并根据情况建议是否由保险人委派代表或律师参与事故处理。

（4）在规定的时间内向专线信息员反馈案件定损情况。

（5）在规定的时间内整理并移交查勘定损资料。

2. 现场查勘

对于需要现场查勘的，查勘定损人员要在充分把握承保情况的前提下，及时赶赴现场，进行现场查勘，以掌握第一手资料，确保理赔工作的准确无误。现场查勘应制作查勘笔录，并签字确认，查勘人员不得少于两人。鉴于雇主责任险业务的特殊性，涉及人身伤亡的情况，很难做到及时查勘第一现场，应在了解案情后，马上到第二现场（如医院等地）查勘。查勘完毕后要尽快根据查勘情况缮制查勘报告。现场查勘内容：

（1）调查出险时间、地点、原因。

调查出险时间：了解事故发生的具体时间，对接近保险起讫期出险的案件，应慎重查实。

调查出险地点：对发生事故的第一现场要仔细勘察，绘制现场查勘平面图。要细致了解现场有关人员，作详细现场询问记录。对于人身伤亡进行第二现场查勘的，要对受伤人员及了解案情的有关人员就出险情况进行详细了解。

调查出险原因：要深入调查，收集证据，索取证明，详细调查事故发生的原因，是由于被保险人造成的事故或是第三者行为所导致。

（2）现场拍照。

现场查勘过程中，查勘人员应进行必要的现场拍照。照片应显示出险地点、现场概貌、人员伤亡情况等，必要时应拍摄特写镜头。

（3）估计损失情况。

详细了解人员伤亡情况，对被保险人向保险人提供的索赔清单中所列明的损失情况，逐项核实，并根据被保险人应承担的责任，概算赔偿金额。

3. 查勘定损注意事项

（1）要注意查看被保险人的工资表、考勤表及受伤雇员的身份证，以确定受伤人员是否是被保险人雇员。

（2）对于异地出险的，承保公司因故不能前往现场查勘，应及时与当地公司联系委托查勘事项。如是境外出险，境外有公司驻外机构或受聘代理人的，应委请驻外机构或代理人帮助查勘检验。如没有，则可委请当地合格检验代理人查勘。境外出险案件承保公司一经获悉，应立即上报上级公司指导处理。

（3）一般情况下，查勘定损人员应进行医疗跟踪服务，定期到伤者入住医院了解治疗情况，并监督受伤人员的治疗、用药情况，必要时，聘请专业医务工作者审查受伤人员的治疗方案及医药费。

（4）对于案情重大，需要聘请专业人员、机构鉴定的，保险公司要与被保险人协商，并按理赔权限报上级批准，共同聘请专业人员、机构进行审核。

（5）要注意搜集有关单证。根据查勘情况，请被保险人尽快提交事故证明、政府有关部门作出的事故调查报告、死亡伤残证明、法医作出的尸体检验报告、医疗证明、药费单据等证明材料。

（6）缮制现场查勘记录。现场查勘记录是判定赔偿责任和计算赔款的依据，查勘人员查勘完现场后，应及时出具现场查勘记录，并初步确定是否属保险责任以及估损金额。对于不负赔偿责任的也要出具现场查勘记录。查勘人员要在现场查勘记录上签字，并及时录入核心业务处理系统。

（7）对商业分保业务，现场查勘后，及时将出险通知书、现场查勘记录交同级分管再保的部门。

（8）确定保险责任后，应向被保险人明确：必须在征得保险人的同意后才能向受害方进行赔付，被保险人在未征得保险人同意之前，不得对索赔做出任何拒绝、承诺、提议或赔付。如被保险人擅自处理，那么保险人可以拒赔。必要时保险人可以以被保险人的身份向第三者进行诉讼。由保险人自行处理的案件，费用由保险人自行承担。

（三）立案

（1）对在保险有效期内，且属于保险责任的赔案，现场查勘后 24 小时内，查勘定损人员必须将现场查勘记录和相关资料交于综合岗人员，由综合岗人员进行立案处理。

（2）对于确定立案的案件，业务人员要进行立案登记。立案登记项目依据报案登记和现场查勘记录中的有关内容认真、准确、详实地录入。

（四）责任分析与确定

理赔人员应根据查勘报告、事故证明及有关材料，遵照条款及条款解释的有关规定，全面分析主客观原因，确定事故是否属于保险事故。对不属于保险责任的案件，经慎重研究做出拒赔结论后，通知被保险人。

责任分析与确定时应注意的几个问题：

（1）出险时保险合同是否有效。

（2）伤亡人员是否在保险范围内。

（3）被保险人行业性质或职业是否已发生变化。被保险人出险时其行业性质或所从事的职业危险性增加的且事先未向保险人做变更通知的，保险人不承担保险责任。

（4）地点是否发生在条款或保险单约定的范围内。

（5）出险原因是否属于保险责任或扩展承保的保险责任范围。

（6）索赔时效问题。被保险人请求索赔的时效期为两年，自其知道或应当知道保险事故发生之日起两年内向保险人提出正式索赔，并提供全套索赔单证。如果超过两年未能做到有效索赔，则视同自动放弃索赔权益。值得注意的是，索赔与报案不同，索赔时效虽为两年，但被保险人发生保险事故立即通知保险人的义务不能因此免除，仍应按保险合同的规定履行。被保险人对保险事故的报案，并不意味着被保险人提出了正式索赔，必须出具索赔通知书，才能视为有效索赔，提供全套索赔单证后，方可赔付。对于诉诸法律的索赔，只要初次诉诸法律行为发生在规定的两年期间内，对以后（超过两年）法院的判决，保险人仍予负责。

（7）被保险人应提供全套索赔单证，包括出险证明、事故报告、人员伤亡清单等与案件有关的有效证明和单据。证明单据必须由社会职能部门出具，必须真实、规范，并加盖公章。对于缺少必要单证的案件，应通知被保险人限期提供，待单证齐全后，再依程序进行案件处理。审阅证明和单证时应注意的问题：

①联合事故调查报告。与政府负责处理事故的部门共同出具。

②死亡证明。在医院死亡的，由救治医院出具，否则，由公安部门出具。

③尸体检验报告。不在医院死亡的，由公安部门派法医验尸并出具尸检报告。

④永久性残疾证明。由救治医院按有关规定检验后出具。对于身体内部的残疾，或有疑点的，应请专业鉴定部门复检。

⑤身份证复印件。要求清晰。

⑥诊断证明书、病历、医疗费用单据及明细。由救治医院出具。

⑦职业病及程度证明。由市地及市地以上职业病医疗机构出具。

⑧户口注销证明。由死者常住户口所在地派出所出具，有条件的应复印户口登记簿。

⑨裁决书、调解书或判决书。裁决书由仲裁委员会做出，调解书或判决书由人民法院做出。

⑩仲裁或诉讼费用单据。由仲裁委员会或人民法院出具。

⑪其他单证。根据案件需要确定。

（五）损失确定

1. 熟悉法律法规

根据《保险法》规定"责任保险是指以被保险人对第三者依法应负的赔偿责任为保险标的的保险。"依法应承担的民事赔偿责任，是责任保险存在的基础。因此，要求责任险理赔人员在处理责任险赔案时，要熟悉相关法律法规条文中有关赔偿的规定。

注意问题：责任保险的责任范围不能完全包括被保险人的法定赔偿责任，保险赔偿限额可能低于被保险人实际应该承担的赔偿责任。

2. 损失确定范围和标准

应根据条款所列保险责任，以法院或政府有关部门的裁决或国家有关法律法规逐项核定赔偿责任和赔偿金额。

（1）死亡、永久丧失全部/部分工作能力：按保单所附伤残赔偿额度表规定的百分比乘以出险员工的死亡、伤残赔偿限额赔付。

（2）暂时丧失工作能力超过五天（不包括五天）的，在此期间，经医院证明，每人/天按当地政府公布的最低生活标准赔偿工伤津贴，工伤医疗期满或确定伤残程度后停发，最长不超过1年。如经过医疗机构诊断确定为永久丧失全部/部分工作能力，按（1）确定赔付金额，与应付工伤津贴合并在赔偿限额内予以赔偿。

（3）医疗费用：本公司赔偿包括挂号费、治疗费、手术费、床位费、检查费（以300元为限）及非自费药费部分。但不包括受伤员工的陪护费、伙食费、营养费、交通费、取暖费、空调费及安装假肢、假牙、假眼和残疾用具费用。除紧急抢救外，受伤员工均在县级以上医院或政府有关部门或承保公司指定的医院就诊。

保险公司对被保险人所聘用员工个人的上述各项赔偿金额，不得超过被保险人依法或合同应承担的责任，最高不超过本保险单规定的每人的各项赔偿金额。

死亡和伤残赔偿不得兼得，且与医疗费用限额不能相互调剂使用。

在本保险期限内，保险公司对本保险单项下的各项赔偿的赔偿责任之和不得超过本保险单中列明的累计赔偿限额。

（4）法律费用：事先经保险人书面同意的仲裁或诉讼费用及律师费用。

该项费用应在被保险人与索赔方为确定赔偿责任提起诉讼或进行仲裁的情况下发生的。保险人对此费用的赔偿应符合以下条件：

（六）赔款理算

在损失确定的基础上，理赔人员应对具体的赔款金额进行理算，并缮制赔款计算书。

（七）核赔

赔案理算完毕，应将有关文件进行最后的整理，做到资料完整、准确、单证齐全。严格按照授权理赔权限逐级进行核赔。

（八）赔偿处理

赔案经审批后，理赔人员应及时通知被保险人；被保险人在领取赔款时应向保险人出具"赔款收据"。财务部门收到有关审批人签章的赔款计算书及被保险人出具的赔款收据，即可凭此支付赔款。

（九）结案处理

支付赔款后，理赔人员应出具"赔款批单"，注明赔款及保单有关项目的变动情况，加批于各联保险单后，并加盖骑缝章，另留一份存入赔案案卷。

【项目小结】

本项目使学生认识责任保险，了解责任保险的特点及作用，重点是能解读雇主责任保险条款；能辨析各类责任保险，并能进行相应的案例分析；能清楚责任保险承保与理赔流程。

【项目训练】

案例分析题：

案例一：

甲医院于 2013 年 3 月向乙保险公司投保医疗责任保险，保险期限为一年（2013 年 3 月 1 日至 2014 年 2 月 28 日），追溯期从 2011 年 3 月 1 日起。保险合同约定：累计赔偿限额为 320 万元，每次事故赔偿限额为 20 万元。患者徐某于 2013 年 3 月 25 日因交通事故致颅骨骨折、胸腹积压综合征并胸腔急性出血，急诊住甲医院后经抢救无效死亡，医患双方由此产生医疗赔偿纠纷。经某市卫生法研究会医疗纠纷调解中心组织专家鉴定组鉴定。专家对医疗行为是否违反法律规范及医疗护理操作规范，是否存在医疗过失，医疗过失与死亡后果进行了因果分析与责任分析。鉴定组一致认为：被保险人的医疗行为违反了医疗法律规范及各种医疗护理操作常规，医疗行为与患者死亡后果中的责任程度达到主要责任以上，构成一级甲等医疗事故。经调解，纠纷双方达成协议：由被保险人一次性补偿患者近亲属医疗费、丧葬费、被抚养人生活费等共计 12 万元。事后，甲医院向乙保险公司索赔。你认为保险公司是否应该赔偿？为什么？

案例二：

原告：王甲，系被保险人之父；王乙为被保险人。

被告：华夏人寿保险股份有限公司。

某年 6 月被告与被保险人单位签订了华夏附加意外伤害团体医疗保险合同，保险期间为 12 个月，保险金额为 10 000 元，被保险人王乙于某年 10 月因车祸经抢救无效死亡，花去医药费 12 462.20 元，原告为被保险人王乙的法定继承人，多次到被告处索要保险金，被告总是推拖，找各种理由不予支付。针对此案例，你认为应如何裁定？

参 考 文 献

［1］李立，李玉菲．财产保险（第二版）［M］．北京：中国人民大学出版社，2014.

［2］孟辉，赵浏洋，赵晶晶．财产保险［M］．上海：上海财经大学出版社，2013.

［3］梁景禹．财产保险理论与业务实训［M］．北京：经济科学出版社，2014.

［4］林瑞全，林全德，杨立功．财产保险实务，北京：中国人民大学出版社，2017.

［5］张晓华．财产保险［M］．北京：机械工业出版社，2015.

［6］郑功成．财产保险［M］．北京：中国金融出版社，2010.

［7］蒲成毅．保险案例评析与思考［M］．北京：机械工业出版社，2004.